记者札记

没有新闻的角落

新闻四部曲之一

A REPORTER'S NOTES

WHEN NEWS IS HARD TO FIND

梁衡 著

中国人民大学出版社
·北京·

图书在版编目（CIP）数据

记者札记：没有新闻的角落/梁衡著．—北京：中国人民大学出版社，2018.10
（新闻四部曲）
ISBN 978-7-300-26226-0

Ⅰ．①记… Ⅱ．①梁… Ⅲ．①新闻事业史-中国-现代 Ⅳ．①G219.297

中国版本图书馆 CIP 数据核字（2018）第 208992 号

新闻四部曲
记者札记
没有新闻的角落
梁　衡　著
Jizhe Zhaji

出版发行	中国人民大学出版社		
社　　址	北京中关村大街 31 号	邮政编码	100080
电　　话	010－62511242（总编室）		010－62511770（质管部）
	010－82501766（邮购部）		010－62514148（门市部）
	010－62515195（发行公司）		010－62515275（盗版举报）
网　　址	http://www.crup.com.cn		
经　　销	新华书店		
印　　刷	涿州市星河印刷有限公司	版　　次	2009 年 6 月第 1 版
开　　本	720 mm×1000 mm　1/16		2018 年 10 月第 2 版
印　　张	20.5 插页 2	印　　次	2023 年 12 月第 3 次印刷
字　　数	277 000	定　　价	68.00 元

图1　1982年，任《光明日报》驻山西记者站记者。

图2　本书原名《没有新闻的角落》，这是曾出版的部分版本。

图3

图4

作者1968年毕业后分配到内蒙古临河县，先劳动锻炼一年。图5为作者工余读《人民日报》，图6为放羊。想不到“一读定终身”，此生竟以报为业，并最后退休于《人民日报》。

图5 工余读《人民日报》。

图6 放羊。

图7　1980年在悬空寺。

图8　1982年《晋祠》一文入选中学课本。第二年作者应邀与中学师生见面。

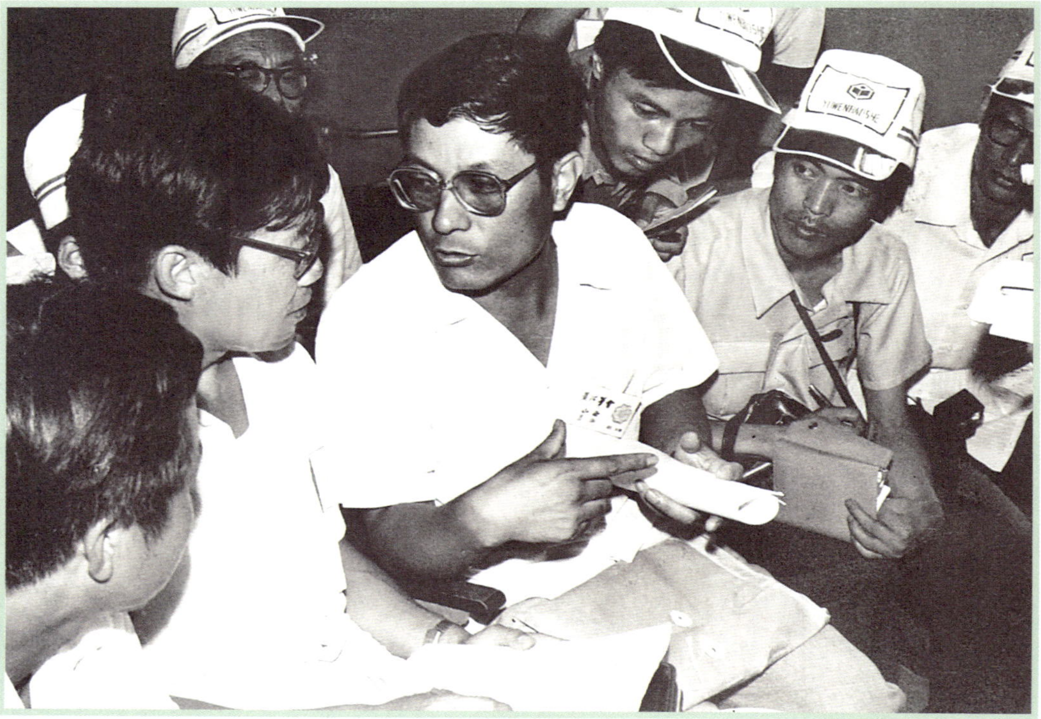

图9　1983年9月在新疆采访。

图10　1984年在中央党校学习。完成《数理化通俗演义》。

图11 1987年4月由山西记者站调新闻出版署，
行前山西作协为作者举办个人作品研讨会。

图12 1997年作者采访凤阳县小岗村，发表《黄土地上的红手印》。

图13　1994年9月，采访途中。

图14　1996年在云南泸沽湖采访摩梭人小学。

图15　1997年4 月在江西采访当年邓小平下放的地方。后发表《一座小院和一条小路》。

图16　2001年3月在澳大利亚采访土著人。

总　序

从大学毕业到退休，我这一生的公务年龄都是在新闻这个平台上度过的。全部时间中正好有一半是做新闻业务，一半是做新闻管理。而且是干几年业务，又做几年管理，再回归业务，两面体验，交错而行。县委宣传部干事、省报驻县记者、省委宣传部干事、中央报纸驻省记者、国家新闻出版署官员、《人民日报》副总编。管过人，也被人管。新闻人如我这样的夹馅面包，并不多见。其中甘苦只有自知。就是退休之后，也还在大学带博士生，在为报纸写文章，总之是没有离开新闻业务。此生难脱新闻的干系了。

我大学学的专业并不是新闻。一个外行，一步步走入新闻殿堂。我总觉得自己是个外来户，一方面心存怯懦，如履薄冰，小心观察，谨慎体悟，孜孜以求。另一方面，没有旧框子、旧规矩，常有奇想，时有新论。我有一个顽固的习惯，不论是从事管理工作、新闻写作还是文学创作，都不盲目跟行前车之辙，总想在实践的同时弄清它的理论根据，走自己的路。我把这比作“打着灯笼走路”。

中国古代的学术研究有一个好的传统，就是联系实际探求理论。但这个理论绝不枯燥，探求的过程也不艰涩，是寓研究于体味、把玩、欣赏之中。这就是诗话、词话、笔记这一支。这有点类似现代西方的案例教学，但现在的教学有事，有理，却少有其美。中国画的教学作品叫“课徒稿”(比现在电脑课件要早好多年)，是教师边画边讲演示技法的手稿，有其法，有其理，却又一样地美。有的简直成了传世名作，如著名的《芥子园画谱》。鲁迅小时候，在私塾里除学正课外还偷偷地临它，可见其吸引力，至少说明它不枯涩。这大概就是列宁说的笑谈真理。我从小就喜欢诗话、笔记体的学术书，后来做了新闻，便以这种方式边实践边探寻新闻写作和管理的原理。积以时日，当我告别新闻平台时便有了现在这个“新闻四部曲”。它不是作品集，是作品加剖析；也不是回忆录，是回忆加反思。它是我自己几十年在新闻之路上使用过来的一盏照路的灯笼，或一根跋涉用的拐杖。

“四部曲”其实是我一生所亲历的四种新闻业务人身份的忠实记录。

第一部《记者札记：没有新闻的角落》，是我 1978 年到 1987 年在《光明日报》驻基层记者站期间新闻作品的自我剖析。本来记者你我，大同小异，并无可记之处。但这里有两点特殊。一是，这九年正是中国经“文革”大乱之后的一个复兴转折期。这些文字中所记的人物、事件、思想都已超出新闻而有了时代印痕，对研究那一时期社会可资参考。二是，以个人而言，可以看出一个小记者的成长过程。九年来我以大报记者身份沉在最基层，初出茅庐，含辛茹苦，格外小心，因之也有一些特殊的收获。这期间曾获得“全国好新闻奖”“青年文学奖”“全国优秀科普作品奖”，还有四篇作品入选中小学语文教材，有作品入选大学新闻教材。这本书原名《没有新闻的角落》，本意是一个记者在不大出新闻的地方，如何抓到新闻，有所作为。该书 1990 年 7 月由山西书海出版社初版，后又经新华出版社、人民出版社先后再版、重印 14 次，影响过一代新闻人。书中归纳出的一些新闻法则、警句也广为流传，如“记者出门跌一跤，也抓一把土”“三点一线采访法”等。

第二部《评委笔记：新闻绿叶的脉络》，是我在新闻出版署工作期间担任各种新闻奖项评委时的随笔。时间约是 1987 年到 2000 年。当时的管理工作分两条线，一是报纸的行政管理，二是报纸内容的质量管理。为配合行政管理，我每年都要主持和组织各种新闻作品评奖。没有哪一个新闻人不梦想得奖、一稿成名的。评奖过程，最能看出作者的拳路和作品的写作脉络。但过去人们较多地关注得奖名次，而忽略了作品上榜或落榜的理由。这是新闻研究中的一大空白，也是纯新闻院校或一个新闻单位自身难以做到的。必须有一个机构能统筹全国和各方之力。我有幸参与其中。评奖过程，其实就是对作品的解剖，是案例教学，是大赛后的复盘，是“顺瓜摸藤”逆求新闻原理和新闻写作方法。工作之便，我保存了大量送评原稿，这本研究笔记就是一一辨析作品的得失，它们上榜、落榜的原因，并尽量上探其源，分别归纳为采访、写作、原理等八个方面。该书原名《新闻绿叶的脉络》，1995 年 5 月由新华出版社出版，先后五次再版、重印。这次略有补充修订。

第三部《署长笔记：新闻原理的思考》，是我在新闻出版署期间的工作记录和全局性的理论、政策思考笔记，包括一些重要的职务性讲话、调研报告、案例资料。当年机构初立，百废待兴，这是一份摸索求真的探路实录。1987 年国家组建新闻出版署，我从基层记者站直接调到国家机关。时间跨度是 1987 年到 2000 年，曾先后任研究室主任、司长、副署长，从事新闻出版的行政管理。在这之前，国家没有专门的新闻出版研究机构。理论思维的习惯使我在管理之余读书、调研，探求一些新闻出版的原理，所以当初这本书 1996 年 8 月由人民出版社首次出版时就定名为《新闻原理的思考》。该书先后四次再版、重印，书中提出了一些重要原理，如新闻的新定义、报纸的四个属性等。

第四部《总编手记：版面背后的故事》，是 2000 年到 2006 年底我在《人民日报》任副总编期间的策划和改稿记录，及退休后为报纸写的少量时评。说是记录，但不是流水账，重在展示思考和操作过程。同是研究怎样写稿，但该书与《记者札记》《评委笔记》的角度完全不同。首先，它强调站在全局看一点，一稿牵全局，特别是头条稿的编排使用。实际上是讲怎样当总编。虽然是一个具体改稿过程，但心里总是想着整张报纸，想着新闻与社会。其次，由于负有领导之责，所以由稿及人，也总是着眼于队伍素质的提高，间或还有一些尖锐批评。让部下难堪、哭鼻子的事也曾有过。另外，书中文章不只是改稿，更多的时候是选题、策划、版面、新闻思想等宏观层面的运筹。书中内容大都是在夜班审稿、编前会定稿、出报后评稿时的批语、发言，间有一些编报背后的故事。这些文章大都在业务研究刊物上发表过。这本书 2008 年由中国人民大学出版社初版，先后四次再版、重印。这次出版时为体例统一加了一个副题《版面背后的故事》。

本来在 2008 年时中国人民大学出版社曾将《记者札记》《评委笔记》《总编手记》作为“跟梁衡学新闻书系”出版，现都已售罄。当时主要考虑《署长笔记》偏重宏观理论和管理，未收入丛书。随着时间推移，《署长笔记》的史料和理论价值愈加显现，所以这次便合收为一套完整的“新闻四部曲”，以备学者和一般读者查用。

这套丛书，时间跨度从 1978 年到 2018 年，客观上记录了我国改革开放后新闻业发展过程中的一个侧面，也记录了一个新闻人的成长。这是一件没有刻意包装，甚至没有特别打磨的产品。四本书严格保持原来的时空背景，只是修订时为论证方便，使用了后来见报的个别例子，这是需要提醒读者的。之所以这样，是想保持一点原生态，为新闻史和研究工作者留一点资料，同时也是敞开心扉与同行切磋交流。

感谢我的母校中国人民大学的出版社能出版这套体例特别的书，愿读者能够喜欢。

梁衡

2018 年 5 月 10 日

第五版序

本书原名《没有新闻的角落》，意思是一个记者在任何困难的情况下也要能设法采到新闻。后来我把这提炼成一句话："记者出门跌一跤，也抓一把土"，在业界流行甚广。本书是我 1978—1987 年在《光明日报》任驻站记者时的作品抽样。它的最大特点是大多数作品后面都有一篇"独白"，叙写稿件背后的故事或采写经过、作者的构思过程以及见报后的反响。本书于 1989 年初版，收入《梁衡文集》时列为第四卷。之后重印多次。这次更名重出应该是第五版了。

我想这本书能在十年间多次再版重印，主要原因有三：一是它的内容记录了 1978 年之后中国进入改革开放新时期的最初十年，而且是来自最基层的第一手信息，有史料价值。二是它以作者现身说法的形式，写出怎样写稿，怎样当记者。这十年也正是作者——一个年轻记者，从一个初生牛犊走向成熟的过程。我当了《人民日报》副总编后曾对年轻记者说过一句话："五年看稿，十年看人。"这是我的心里话。三是这本书不是作品集，每篇"独白"都力求上升到情和理的高度，超出作品本身，而具有对写作和做人的指导意义。所以这次中国人民大学出版社编四卷本"跟梁衡学新闻书系"时仍将它收入，更名为《记者札记》，相信它对读者仍会有一定的参考价值。

感谢十年来多个出版社和一茬又一茬的读者对这本书的厚爱和支持。

是为序。

梁　衡

2009 年 4 月 15 日

目　录

第一编　怎样采访

第二编　怎样写消息

第三编　怎样写通讯

第四编　怎样写记者来信和内参

第五编　怎样写报告文学

第六编　怎样当记者

第一编

怎样采访

敢于当家 发挥才干 立志改革

解进保自荐任林科所负责人取得显著成绩

山西省交城县林业局技术员解进保毛遂自荐，在艰苦的条件下办起了一个林科所，用合同制的办法择优用人，并实行一套有效的奖惩制度，一年来已经取得显著的成绩。

这个县历史上盛产一种名枣——骏枣，它个大肉厚，曾参加过国际博览会，闻名国内外。由于林彪、"四人帮"极左路线的干扰，前几年全县骏枣的年产量已由过去的 150 万斤跌到 40 万斤以下。又因这种枣繁殖较为困难，枣树也日益减少。对这种情况，解进保这个 1962 年参加工作的农业专科学校毕业生，非常着急。去年初，县委决定筹建林科所时，他主动要求去挑这副担子。当时办所条件困难，只有 60 亩地、21 棵枣树、10 间房。解进保同志向组织表示，一定当年见效。他还立下"军令状"：向林业局暂借两万元作为基金，年底归还，如到时完不成计划甘愿受罚。

解进保到林科所任负责人后，用合同制的办法管理科研。除他和另外一位 70 多岁的老林业干部是国家职工外，他只以合同形式从生产队择优录用了 10 名懂枣树栽培的农民，作为基本力量。然后根据季节的忙闲，随时增减人员。他又制定了一套奖惩制度，把全部人员分成 6 个小组，各组在固定任务和资金的情况下，都有自行用人、安排科研和业务的自主权。他向大家讲："我们谁也不要有'铁饭碗'的思想。咱们这个所的人员随时可进可出。有用的人才要不断请进，不适宜的也要淘汰，包括我自己在内。"然后他就选择了骏枣快速育苗和老树丰产两个课题，带领大家开始了紧张的试验活动。解进保根据自己多年的实践经验，分别试用 8 种办法来快速育苗，又采取多种办法来使老树增产。经过他们的艰苦努力，当年就育成了这种稀有的骏枣苗 40 亩，又使所内 21 棵多年不挂果的老枣树重新结果，其中有一棵产量达到 164.9 斤。他们的成果引起了专家们的重视，一些外省区的同志也来参观学习。去年这个所不但完成了合同上规定的两万元收入，还多收入了三万元。解进保同志和这个所受到了上级的表扬和奖励。

［编后］

技术员解进保办研究所的事迹，给人以多方面的启示。他有强烈的事业心，敢于当家，勇挑重担；他有专业知识，既动脑，又动手，是真正的内行；他有自主权，又能在办所用人上一反陈规，不是先去铺摊子设冗员，而是真正按照科研、生产的需要择优用人，完全打破了“铁饭碗”的框框。总之，他具有一心一意奔四化的实干精神，而毫无官僚主义的腐朽气味。这正是我们的事业所需要的。这个事实又一次证明：精明能干的人才到处都有，关键是要使他们有用武之地。

（《光明日报》1980 年 5 月 14 日）

［附］

党的十一届三中全会以后，科技界不少有识之士都意识到科研体制的改革势在必行。至于如何改，一时又说不出个究竟。这篇消息的好处，就在于它较早地提出了这个带有方向性的问题。虽然通篇不过 800 字，却以生动的事实说明了解进保怎样打破“铁饭碗”，合理安排使用人才，充分发挥林科所内部的潜力，在短短的一年时间里即取得了可喜的成效。它犹如一块投入静水中的石头，发表时曾引起了比较强烈的反响，开阔了人们的思路。

本文写法不落俗套，它没有按条罗列经验，而是始终让事实说话。由于剪裁得体，使得文势跌宕起伏，宛如叙述一个动人的故事。

（注：此附文为《全国林业好新闻获奖作品选》收录原新闻稿时所加的评介。）

独白 1

在春风中寻找破土的新芽

这篇稿之所以能获得首届“全国林业好新闻奖”，并被列为140篇获奖作品的第一篇，事后我想主要原因是一个“新”字，在全国林业科技界，最早报道了“自荐”、承包这件新事物。

新闻记者的使命就是以最快的速度发现社会生活中的新东西并传播出去。新闻记者每天的活动都是在进行一场求新竞争。但是新东西常常是在不知不觉中出现的。它好比春风吹过田野时，这里那里悄悄拱出的几点草芽。一场大的变革正如季节的更替，冬尽春来，先是隐隐的雷声、习习的和风，而后才是脚下渐湿的土地、河边变软的柳丝。春来之时先是以一种无形的气息让我们来感觉它。但人们总不能满足于虚缈的感觉，还要寻求和捕捉切实的证据。假如朋友们在早春的黄土地上散步，谁要先发现两三苗破土的草芽，那必定能给大家带来一阵由衷的喜悦。

1980年的春天，具有伟大历史意义的党的十一届三中全会刚开过一年多。三中全会标志着共产党和人民在经过十年浩劫的沉痛教训后，开始了一种新的思维，开始了大变革前的思想解放。而在“文化大革命”之乱中被压在最底层的知识分子，要从传统束缚中挣脱出来，就更难一些。在大家已经感到这种变革的气息已至，正茫然企盼着具体办法、翘首以待新人物时，解进保这个乡间的技术员却迈着大步勇敢地走了出来。他毅然自荐任职，借款办所，并甘立“军令状”，其敢作敢为的精神，正像刚开始苏醒的黄土地上冒出的第一根草芽。要紧的是作为记者要及时发现，春天的原野眨眼之间就会变成一片绿茵，到那时再喊发现绿草，便毫无意义了——因为夏天都快到了。

这篇稿子采写于省里召开的一次科技成果颁奖会现场。那天，一千多人的会场里鼓乐齐鸣，正在隆重颁奖，形式毫无新鲜之处。我坐在最后一排空座上翻大会发言的文件，突然一份典型材料吸引了我。我摸出一张缺了角的稿纸，草成这份千把字的新闻稿，又找解进保本人核对了一下，不等散会便向邮局奔去……这篇稿子见报时，我正在外地采访一个蔬菜研究所。那天早晨，我正蛮有诗意地在那个大棚成排、绿苗满地的菜地里散步，突然听见广播里播出这条消息。这条新闻稿不但见了报，还被选入中央人民广播电台当天早间的新闻节目，我高兴地绕着菜地连走了两圈，看着那一片油油的新绿，心里有一种说不出的得意。

［作者补记］

文中所提到的蔬菜研究所是指农业专科学校毕业的仲济学扎根大同郊区办的一个民办研究所，在解决高寒地区吃菜问题上，功劳不小。见报后，仲成为公众人物，先后当了第 6、7、8、9 届人大代表，任省科委副主任、农科院长、科协副主席。退休后又重返乡间指导农民种菜。2009 年被评为“全国最有影响力新闻人物”。五一节前我作为发奖嘉宾，在发奖时意外地见到他。30 年前为一个埋名乡下的知识分子写稿，30 年后为一个名满天下的劳动者发奖。这真是一段缘，新闻缘。时在 2009 年 4 月 26 日。

利用农村技术力量　开展生产科研活动

繁峙县试办农技推广联合体

以当地农民技术员、农技户为首自愿组织，增产分成、互相换工，对全县推广农业技术起到了示范作用。

本报讯　一种新型的农民科技合作组织，最近在山西省繁峙县农村试办起来。农村实行责任制后，一方面是“技术能人”“尖子户”大量涌现，另一方面是很多不懂新技术的农民急于学习。今年春天以来，这个县的农业推广站调查了农村的科技状况后，在全县试办了农业技术推广联合体。现在全县已有 92 个这样的组织，参加户数达 2 860 户。

这种联合体充分利用农村现有的技术力量，围绕一项或几项农业新技术，以本地的农民技术员、农技户为首，自愿组织在一起，开展生产和科研活动。联合体内部采用增产分成、互相换工等办法来进行管理和分配。有的推广一项新技术后或收完一茬庄稼后即解散，然后围绕新课题，再组织新的联合体。

城关公社二大队种菜科技户高保林、郝计国，去年采用地膜覆盖技术，菜的产量比别人要多一倍。今年春天有 15 户菜农主动和他们组成了一个地膜覆盖种菜联合体。他俩负责购地膜、农药、菜籽，及时传授技术。今年这 15 户的蔬菜都普遍比去年增产 80%以上。被人们称为“大能人”的下茹越公社大沟大队农技户左润仓，今年负责指导了一个有 200 户社员参加的水稻化学除草联合体。他负责培训了 10 名技术骨干，指导社员对 50 亩秧田和 800 亩稻田进行统一化学除草，除草率达到 90%。只此一项就省工 6 400 个，大大减轻了农民的劳动强度。联合体试办半年多来推广了 15 项新技术，并且培养了一大批技术员，对全县的农业新技术推广起到了示范作用。

（《光明日报》1983 年 9 月 11 日）

技术推广工作的一项新创造

农艺师郭蒲生牵头建起繁峙县科技承包网

几年来，全县农民增产粮食 6 600 万斤，经济作物多创收入 3 000 余万元。忻州地区向他颁发特别奖。

本报讯　在最近召开的山西省忻州地区农业科技表彰大会上，地委书记阎广洪将一个装有 1 000 元的大红纸袋放在农艺师郭蒲生手中，并热情地说："这是地委和行署对你勇于搞科技承包的特别奖，你为我们全区农业生产做了一件大好事。"

郭蒲生 1967 年从山西农大毕业后，就来到山高水寒的繁峙县，长期坚持在基层搞技术推广工作。1980 年，他开始试验与农民订技术承包合同，很快就有许多人找上门来，使他应接不暇。他在下乡调查中发现，冬天，许多农民都主动挤到个别有技术专长的农户家的热炕头上，要求春天与他们签订技术合同。怎样才能满足农民科学种田的要求呢？郭蒲生想：我们推广站应该来办这件事。于是，就把站内的 21 名同志分成三片，每片负责若干村，每村又通过科技户来联系若干种植专业户，层层按人签订承包合同，形成一个四级农技推广承包网。合同规定：农技人员和农科户为甲方，农户为乙方。甲方负责提供全部生产过程中的良种、农药、复合肥料、塑料薄膜及技术指导。增产部分的一至二成提归甲方，减产部分的八至九成由甲方赔偿。科技承包网试行后，大大调动了农技干部的积极性，全站 21 名同志，除两三名后勤人员外，人人头上有合同，再通过他们又联络了 600 多个科技户，每户又经常联系着七八十个农户，全县有五分之四的农田都先后参加了科技承包网。许多从没使用过的新技术，通过承包推广，在这个高寒山区大见奇效；过去这里的农民从没有见过化学除草剂，现在全县已推广到 6 000 多亩；过去这里从没有种过花生，现在全县推广地膜覆盖花生 2 000 余亩；过去在这里危害较大的莜麦黑穗病、谷子白发病，现在发病率已下降到1%以下。农技承包网推广五年来，已为全县农民多增产粮食 6 600 余万斤，葵花、花生等经济作物多创收入 3 000余万元。他们和农民搞技术承包已影响到外地，附近的静乐县有几户农民找上门来，要求订跨县承包合同。去年，在他们的指导下，从未种过稻子的静乐县，竟出现了 50 亩丰产稻。今年，这个县又将与他们签订 1 000 亩的承包合同。干部和群众都高兴，认为“技术承包双方有利，实打实。过去，靠行政指挥的四级农科网，随着农村体制改革，早就线断了，网破了。现在，郭蒲生用经济加技术承包的办法，又把它织好了”。

技术承包也使农技推广人员增加了收入。按合同规定，个人承包所得收入的 60%，作为全站的承包和福利基金，其余归己。五年来，全站每人每年可得承包分红 90 元至 300 元。最高的一人一年拿到 800 多元。郭蒲生则坚持拿全站的平均分红额。这个站还建起了自己的办公楼、推广基地。郭蒲生被国家经委、科委、农牧渔业部、林业部联合命名为“全国农林科技推广先进个人”，他在中南海怀仁堂受到中央领导同志的亲切接见。在这次召开的忻州地区农业科技表彰会上，地委和行署为他颁发了特别奖，并作出决定，号召全区科技人员和广大干部学习他这种走出机关，勇于率领技术人员到基层搞承包的精神。发奖会结束后，行署副专员王文学对记者说：“我们全区有科技人员 5 000多人，长期坚持在第一线的不到 1 000 人，如果有一半人能像郭蒲生这样，我们的农业就好办了。”

（《光明日报》1987 年 1 月 25 日）

山西忻州地区鼓励科技人员下乡搞承包

本报讯 中共山西忻州地委和行署最近作出决定，凡是农技人员密集的单位都可以有组织地选派科技人员到农村，特别是到贫困山区，同农民签订种植、养殖、加工等技术承包合同。还可以承包、租赁、领办乡镇企业，或到这些机构任职。

忻州地区的决定中还有这样的内容：全区科技人员都可以采取辞职、停薪留职、业余兼职等多种方式承包单项或综合农业技术，承包“星火计划”项目，承包科研攻关项目。

以单位组织的承包，所得收入按5∶3∶2比例进行分配。即50%归单位，做承包基金；30%归直接承包者，不计入奖金；20%给承包单位做集体福利。个人业余时间承包所得全部归自己。

（《光明日报》1987年2月5日）

独白 2

采访如采药

采访如同采药。采药人大致分为两种。一是背上药篓，漫无目的，忽而山巅，忽而沟底，很是辛苦；二是有经验者，他有固定的活动范围，比如几座山，几条沟，平时他一边采，一边记住这里的地形地貌，时间长了便稔熟于心。采药方式不同，收获自然也不同。前者或许会在山腰下发现一两株珍贵的人参、首乌，但更多的是徒劳数日，空手而归；后者发现药材时，他并不一定立即就挖到篓子里，而是看其年龄成色，如果这支人参长得还不大不壮，他宁肯再等一两年，这期间还要常来看看。这样整个采药区在他心里就排出一张收获时间表，下个月该挖哪棵灵芝，明年该刨哪株黄芪，他都心中有数，不盲目外出，因而也很少空手而归。

记者采访也有类似的两种情形：有的记者漫无目的，出去急扫一圈，撞见什么写什么；有的记者则是眼看心想，认真观察，哪个材料成熟，哪个材料还要待其发展，都在自己的脑子里画了一张时间表，绝不做无用功。显然，前者是西瓜芝麻一起抓，常有饥不择食之困、寒不择衣之窘；后者则是知己知彼，心知肚明，往往能取事半功倍之效。这两者的根本区别在于对采访的态度不同：是主动还是被动，是有备而来还是匆忙上阵，是积极面对还是消极应付。由此，采访的结果自然也就有了高下、优劣之分。

1983 年，我去五台山繁峙县，发现县农科站帮助农民自动联网，结合实例搞推广，很快写了第一篇稿，但可以看出，推广干部的潜力还没有发挥出来，于是我继续注意这一事态。尽管写这稿时站长郭蒲生已做了许多工作，但我不急于让他露面。1987 年，郭蒲生带头搞了承包，我极兴奋，当时地委行署正开农技成果发奖会，我向地委建议，他们虽无具体研究成果，但推广有功，为农业增产带来了巨大效益，应给郭蒲生发特别奖，并进一步建议地委作出相应决定，鼓励农技人员下乡。这就是后来的第二、第三篇稿。这三篇稿前后跨度五个年头，发生在同一县区，都上了头版，两个还是头条。

俗话说得好，靠山吃山。但不能坐吃山空，若从长远考虑，还要靠山养山。同理，一个记者要靠辖区里的新闻来源吃饭，需要不断关心这里发生的事，发现苗头，注意趋势，并尽可能用自己的力量加以引导。新闻采访不是一种被动的巧合，而是主动的把握，不是纯自然的采集，还要加一点人工的培育。采访，只是记者的表面劳动，这背后还有许多细致、耐心的工作。都说记者的功夫在抢，其实还有一种常被忽略的功夫，就是“养”——涵养新闻资源。

怀仁县为老教师举行年会并颁发教龄纪念章

终身从事教育事业光荣

本报讯 山西省怀仁县最近召开了一次老教师年会，授予具有25年以上教龄的教师以教龄纪念章。

怀仁县有老教师150多人，占全县教师总数的90%。县委从1978年开始，每年召开一次老教师年会，并作为一种制度坚持下来。该县为全县具有25年和30年以上教龄的教师建立了档案，并分别制作了两种刻有“教龄纪念”字样的精致的证章，以表彰他们长期坚持教育事业的功绩。每年都有一批老教师被邀请参加年会，授予纪念章。年会由县委领导同志主持，对老教师颁发纪念章和奖品，并听取他们对教育工作的意见和建议。

在今年的年会上，老教师们提出，校舍问题已经直接影响到教学，应抓紧解决。县一中是重点中学，教师挤住在过去的学生宿舍里，学生白天在教室上课，晚上在教室住宿，冬天气候寒冷，影响学生健康。县委听取了这些意见，决定从地方财政中拿出16万元专款修建校舍，其中有6万元专门用于县一中修建职工宿舍，现已破土动工。这个县有160个自然村，过去初中就有99所。县委根据教师们的意见，重新调整了学校布局，加强重点学校的建设。

老教师年会活动的开展和颁发教龄纪念章，在全县形成了一种尊重教师，以终身从事教育事业为荣的好风气。一些在林彪、“四人帮”制造的“十年浩劫”时期离开教育岗位的同志，现在已重返讲台。许多中青年教师也表示要把一生献给教育事业。

（《光明日报》1980年6月5日）

［附］

山西为两万九千多名老教师颁发纪念证书

山西省人民政府于2月18日召开大会，为全省两万九千多名从事教育工作25年以上的教师颁发了纪念证书。罗贵波省长等代表省政府向来自全省各地的大、中、小学校，各类职业学校及幼儿园的老教师代表颁发了纪念证书。

（《光明日报》1981年3月5日）

独白 3

有钱难买回头问

经常出差的人，今日住在这里，明天住在那里，总难免丢失点肥皂、毛巾之类的小东西，于是在采购、记者等行业里就有一句话：“有钱难买回头看。”就是说临出旅馆之前再回头看一下，是否丢下了什么东西。这一着还真灵，常会有所补救。我想将这句生活上的行话移用于工作，这就是“有钱难买回头问”。

教育新闻是最难采写的，它不像科技有具体成果可言，不像社会新闻容易吸外人，教学秩序按部就班，平静安定，要在这种平静中发现新闻是需要特别的耐心的。

1980 年我到怀仁县采访教育方面的情况，县教育局的同志抱了一大堆年度总结、工作简报来招待所找我。我们一直谈了两个多小时。我仔细问了校舍、教学、教师质量、学校管理等各方面的问题，还是没有发现一条新闻线索。看来今天是要落空了，县里的同志也不免有点沮丧。这时局长和助手已将他们面前的那一大堆材料一一收起，准备结束谈话了。我忙起身送客，但还是习惯地问了一问：“一年来学校就这些新鲜事？”局长说：“我们还为老教师发了教龄纪念章。”说着他从牛皮纸袋里摸出两枚，金光闪闪，正面的图案是一口钟，表示准时上下课的学校生活。我反复看着，上面分别有教龄 25 年、30 年的字样。局长见我有兴趣又加了一句：“这是我们专门到天津定制的呢。”我不禁高兴地大喊一声：“这就是新闻，你们县出了一条全国第一的好新闻，怎么刚才不讲呢！”局长让我说蒙了，不好意思地说：“我当是这点小东西不值得谈呢！”我忙拉他坐下兴奋地细问原委，屋里的空气顿然活跃，真有点“添酒回灯重开宴”的味道。我们又谈了 20 分钟，这就产生了上面那条新闻。

1980 年，我国的教育事业经“文化大革命”十年破坏后刚刚开始恢复秩序，教育界问题甚多，当时最突出的是教师无地位，不安心，老人要走，新人不来。这时提高教师职业的荣誉感很有必要。而这个北方小县居然想出这么个点子，为老教师发教龄纪念章，其意义无异于战后为老兵授勋。我们的许多政策是要靠具体行动来体现的，新闻就是要报道这些行动的结果。也许执行这行动的人并不自觉其意义的重大，大概是“只缘身在此山中”吧，但作为记者则不但要有歌颂新事物的热情，还时时要具备旁观者的冷眼和搜求新苗头的慧眼。这样，我们就能在漫不经心地回头一问中发现新闻，甚至是大新闻。这条消息见报后很快被全国各报转载，各地纷纷效法怀仁县的做法，形成一股全国性的颁发教龄章、为教师办实事的尊师热潮。这里同时也收录了一条九个月后山西省为老教师颁发纪念证书的消息，虽是全省性的，但发表时的字数和处理的位置都远不如前一条。这就可知新闻的新鲜度对其价值的影响之大了。

上张家坟大队人均年收入 1 500 元

重视智力投资　建设精神文明

社员子女由小学到大学的学费全部由大队供给

本报讯　地处深山沟里的山西省左云县上张家坟大队目前正在加紧修建一座 960 平方米的二层小学教学楼和一座包括社员夜读学校、社员图书馆、游艺室和电影放映室的三层文化楼。

这个大队为了加强精神文明建设，还采取了其他几项措施：(1) 本队社员子女由小学到大学的学习费用全部由大队供给；(2) 在全大队普及高中教育，所有小学毕业生必须考初中，初中毕业必须考高中，凡考中者必须上学，不得中途辍学，否则本队不给安排任何工作；(3) 本村学校教师教学成绩显著，每学期奖 100 元～300 元；(4) 对全村男 65 岁、女 60 岁以上的社员实行退休制，一律发给相当于本人退休前年收入的 30%～60%的退休金。

在进行以上这些建设以前，上张家坟大队已经在扩大再生产和改善社员生活条件方面进行了大量投资。它还先后购买了四部大型卡车和推土机等设备，同时改善了队办小煤矿的生产条件，去年建起了 4 栋 24 套（每套 110 平方米）的二层社员宿舍楼，今年又盖了公共浴室。

上张家坟大队在三中全会以来，主要利用当地丰富的煤炭资源，集体经营，联产承包计酬，自采自销，大幅度地增加了收入。此后，这个大队又用开采煤炭的这笔收入添机械、办灌溉、改良土壤、增施化肥，农业生产迅速发展，使这个 55 户的大队，近几年来每年的公共积累都达到了几十万元。去年上张家坟大队人均纯收入达到 1 500 元，成为远近闻名的富队。

（《光明日报》1983 年 4 月 28 日）

独白 4

“三点一线”采访法

因为是驻地方的记者，得不到中央的大新闻，我采写最多的是那些乡间僻壤发生的事。但有时这些事也能上头版头条去和北京的重要会议、领导人的活动抢地盘。县里的通讯员常问我这有什么诀窍，我说：“其实很简单，就是三点一线。”

打靶时有一个术语“三点一线”：眼睛从标尺缺口里看出去，缺口对准星，准星对目标，三点连一线，这时扣动扳机，就能击中目标。记者的上稿率也就是他对目标的命中率，要提高命中率也有个“三点一线”，这就是政策、形势和事实，或者可以通俗地表达为，上面抓什么、群众想什么、你找到了什么这样三个点。一般来说，只要你采访的事实既能呼应中央的政策，又紧扣目前的形势，你这篇稿子就基本命中了。政策，主要指中央的政策，一个社会的活动和发展，在一个时期内必然要在这个社会的组织者——政府的政策指导下进行，这就形成了这个时期社会或社会上某方面工作的主要趋向，即政府部门的中心工作。政府始终很关心自己的政策的客观效果，一方面希望听到来自社会的反馈信息，另一方面又希望用这种实例去进一步推动政策。而作为政府部门主办的报纸，这时当然应优先收集和传播这种信息。这就决定了你采访的事实要考虑与这个“点”连接。形势，是这一个时期社会的趋势和民心，包括人们的思潮、行动、所说、所议等。形势和政策、中心工作可能一致，也可能不一致。当政策顺乎民心，上面所为和下面所想合拍时，社会就政通人和，生机勃发，如我国在党的十一届三中全会后几年间的局面；当政策不符合民心时，或者是万马齐喑，或者是火山爆发，如“四人帮”高压时期，群众以沉默、以“四五”运动来反抗。当然，如果政策和民心不符，大部分时候都到不了尖锐对立的程度，这时就表现为群众对政治和时局的漠然态度。就是说政策和形势有时共振，有时不谐，有时还有对立。而生活中的事实千千万万，新闻媒介只是选择那些与全社会关系较大且为多数读者关心的事。记者常常用政策和形势来做取景框，收集新闻事实。于是这事实就可能有这样几种新闻效果：

（1）当政策与民心不符，或者关联不紧时，你采写的事实，如果只与政策连线，就是生硬的图解。我们常看到一些稿子，如上面说廉政，就去找廉政的例子，上面说抓思想工作，就去找思想工作的例子，但这并不真正是群众当时所最关心的。这叫“两点一线”的新闻。眼睛向上，只顾和上面挂钩，这种新闻在我们过去的报纸上司空见惯，太多太多了。这就是大家所讨厌的“假”“空”的毛病。

（2）当群众所想的事已经发生，但还没有这方面的政策，这事实可能就引不起上面的注意，发不出稿去。但是一旦能发出去，就会引起大的轰动，或者反过来影响上面的新政策。比如“大寨”这个典型，到“文化大革命”结束后社会上都看到它“左”的错误，但上面还没有定论，这时发这方面的稿子就很难。但拖延了很长时间，终于推出揭露“西水东调工程”的稿子后，就引起很大的反响，接着上面发布了有关政策。就是说，有时新闻事实只与客观形势挂钩，“两点一线”的新闻也是很难发表的（或者发不出，或者要经过极大的努力）。

（3）当政策与形势正好一致，发生共振，我们采写的事实正好在这个共振点上时，这篇新闻就可顺利发表，这时的新闻就不是“两点一线”，而是“三点一线”了。

一般来说，坐在编辑部里的记者，很容易写与上面政策“两点一线”的新闻，而经常跑基层的记者，则要掌握好“三点一线”，将政策、形势、事实很好地结合。这事实必须是新鲜的，能说明政策的生命力与形势的新特点，而给人以启发。打倒“四人帮”后，我们确立了大抓教育的国策，社会上都为教育忧虑，在这种情况下，一个生产队具体提出了以自己的财力办教育的方案，这件事虽发生在一个深山沟的小村子里，但它确是一个新鲜的、代表着方向、发生于政策与形势共振点上的事实，所以采写后很快发表在头版。

山西出现第二个“太阳村”

临猗县牛杜公社东水南新村统一规划
建起整洁宜人的新村舍

本报讯　最近在山西省召开的北方十三省（市）协作区卫生宣教业务讨论会的代表们，参观了临猗县牛杜公社东水南新村后，高兴地说：“50 年代山西曾出现过毛主席亲自表扬的全国卫生模范太阳村，现在这里又出现了一个太阳村式的新农村。”

这个新村共有 48 户人家，新建了 48 座院落，一条 18 米宽 200 多米长的沙石大道，四条南北小巷，组成一个整齐的棋盘格。街巷两旁花木成行，并装有新式路灯。一座三丈多高的水塔矗立在新村的东北角上，把深井里的清水一直送到每户社员家的锅台上。每家的院落有 150 平方米，一律是带前廊的北房。有一间会客室、四间卧室、一间厨房，宽敞明亮，舒适美观。这个新村设计的一个重大改革是每排房间专有一个群众称为“一水冲”的卫生巷，各家的柴火、厕所、猪圈、鸡舍等都整齐地排列在这里，下有暗道，一切粪便、污物都可随时用自来水冲洗，全部流到村外的大型地下茅库，经过发酵灌田。卫生巷与村中街道隔绝，走到村里见不到猪、鸡等畜禽及柴火杂物，全村绿树白墙，整洁宜人。这样的新村舍，既符合当地农民的生产、生活方式，又满足了发展养猪、养鸡等家庭副业的需要。

粉碎“四人帮”以后，随着集体经济的不断发展，社员生活水平的日益提高，全村有一半社员户要求重盖新房。村党支部吸取了不少地方在盖房问题上浪费耕地、影响团结的经验教训，决定在旧有的宅基地上，统一规划，建设新村。它采取社员个人出一部分钱加上集体补助的办法，从 1979 年开始，用一年多就建起了这座新村。由于统一规划，所以虽然社员住房都有扩大，全村还节约出 19.2 亩耕地。

这个村准备近年内再建起澡堂、游泳池、体育场、花园、图书室等，让全村实现公园化。东水南新村的经验，已引起各方面的注意。

（《光明日报》1982年6月12日）

联合国成人教育展览会介绍了它的事迹

临猗县牛杜公社业余农技校办得好

学生读书不出钱，在校有收入，在科学种田中发挥了积极作用

本报讯　山西省临猗县牛杜公社兴办的业余农技校，两年来围绕生产实际教学，学校越办越好。它的事迹，不久前被介绍到日内瓦，参加了联合国举办的成人教育展览会。

实行生产责任制后，这个公社招考了一批高中毕业生，办起了一所学制三年、开有五门专业课的业余农技校。学生既接受课堂教学，又有实验仪器和场地；既是学员，又是农民；读书不出钱，在校有收入。学校特别强调“课堂学习，小田实验，回队推广”，学生在本队都建立了技术联系户，学到的知识很快就可在队里应用。去年秋天公社棉田发生棉叶穿孔虫害，正好课堂上讲了棉虫防治，师生立即动手调查、试验，制定出治虫方案，又分头冒雨把技术送上门，大大减轻了虫害造成的损失。

这个学校还经常深入各队分别以办短训班、设教学点、树样板田、开展咨询函授、搞广播讲座等五种形式送技术上门，向不能入学的青年和广大农民及时传播科学技术。去年春天棉苗出土，学校办了塑料薄膜覆盖新技术短训班，秋天运输大忙前又办了驾驶员训练班。两年来学校义务办了 27 期农、林、牧、副方面的短训班，参加学习的达 800 多人次。学校还深入生产队举办各种现场讲座，参加学习的共有 11 000 多人次。

办学两年来，这所学校已为全社培养了 587 名农民技术员，这些人都成了农村科学实验的骨干，其中有的还担任了干部。官庄大队生产条件差，群众非常需要一名懂科学有技术的带头人。学校派学员黄

创治回村任队长，他使出在校学到的全副本领，一年就使小麦由亩产177斤增加到450多斤，劳动日分值从0.15元增到1.3元。全公社由于改善管理和发挥了这个技术中心的示范作用，去年粮食总产比上年增产了16.7%，棉花增产了11.9%，人均收入增加了11元。这个学校曾作为先进集体，光荣地出席了省工农教育先进代表和全省劳模大会。

（《光明日报》1982年6月15日）

独白 5

发现新闻的亮点

当我们在荒凉的海滩散步时，常常会被突然一闪的贝壳惊起一丝的欢乐，眼睛也因之放光。是贝壳的亮点为海滩和观海的人带来了新的美感。

平日里生活中发生的新闻浩如烟海，而大新闻又很少，所以记者或通讯员常处于两种极端情况：要么找不到新闻，觉得哪一条也不够分量；要么觉得新闻很多，写出后上稿率却很低。在基层采访，从那些平凡的工作、平凡的人处找新闻确实很难。但有一个办法，就是不妨先拉开距离，从整体上远远一望，就如我们举目海滩一样。这时就会发现新闻的亮点。我们只抓住这有亮点的新闻，其余不要，如对海滩上那些碎石败木看也不用看一样。所谓新闻的亮点就是这条新闻最引人的所在，它是美人惊鸿回眸的一瞥，是早春灰褐色的玉兰树枝条上最先绽开的一朵雪白的花，是一幅暗重的油画上点着的一两笔明快的亮色。有了这一个亮点，这条新闻就与众不同了，在同类题材中就有了竞争力，就会木秀于林。我们是远距离扫描，先发现这个亮点后再具体采访它的细部，正如在画展上总是先看到一幅好画，远观一会儿，再到跟前研究它的笔法、着色等。这样的新闻在题材的取舍上可以省掉许多无效劳动，事半功倍。因为亮点决定了新闻的价值，同时也决定了竞争力、命中率，剩下的便是写作的技巧了。

以上这两条新闻发生在同一个小县，是我在两天之内采写的，只隔两天在同一报纸见报，一个是头版头条，一个是二版头条，命中率应该说是高的。就题材来说，农村讲卫生、搞农技教育太平常了，无论如何不会让它们在这样集中的时间内和显著的位置上发表。但它们各有自己的“亮点”，前者是“第二个太阳村”，后者进了联合国。“太阳村”是50年代闻名全国的卫生村，时隔30年后在北方农村又出现一个“太阳村”，自然易引起读者的兴奋；联合国是处理国际大事的地方，一个小村子里的事与此相关也会引起读者的好奇。一条消息有了这种亮点，就不怕有多少条新闻熙熙攘攘地在报纸上抢地盘。它不必声张，编辑提笔点稿时“众里寻他千百度，蓦然回首，那人却在，灯火阑珊处”。

农民医生史铭珂进行断指再植成功

他对传统的痔瘘病手术和用药进行了较大的改进，疗效很好

本报讯　当我最近到山西省翼城县中卫公社采访时，一位青年农民闻讯赶来。他欣喜地举起自己有四个指头断指再植成功的双手给我看。我问："这是在哪家医院做的?"他说："就是在公社这个小卫生院做的。"我又问："哪里来的医生做的?"答："就是咱当地的农民医生做的。"

这位农民医生叫史铭珂，从未进过专门医学院校。他从小先是跟祖父学中医，后来看到农村外科医生缺乏，又自学外科手术。5 年前，本公社青年木匠王际武的左手四指和右手拇指被电锯一下截断，他当即在条件很简陋的公社医院进行了连续 5 个小时的断指再植手术。100 天后，病人又能用接上的手指拉锯干活了。5 年来，这双手一直胜任着正常的劳动。

俗话说"十人九痔"，史铭珂看到痔瘘病痛对乡亲们折磨很大，便又集中攻这一专科。他向省内专家学习，结合自己的实践，对传统的手术和用药进行了较大改进。过去，瘘管手术需要开两次刀，病人痛苦较大；现在，他一次便可处理完毕。他还利用眼科器械对肛裂手术进行改进，收到了奇效。现在，一般痔疮和脱肛手术治愈率已达 98.4%，并且术后病人基本无疼痛。对男性阴茎包皮环切手术，他也有较大突破；只用一根普通头发来进行伤口缝合，使过去要卧床 7～10 天的病人现在一下手术台便可自由行动，甚至有的还能打羽毛球。史铭珂近年来专攻前后阴部位疾病，还写成了一本 10 多万字的歌诀体书稿。他所在的县和公社对他很支持，在公社医院专门开了一个手术小专科，两年来治愈了不少病人，有许多外地患

者慕名而来求医。他现在一边承包责任田种地，一边又承包了公社卫生院的小专科开展医疗工作，并且把女儿也动员起来做自己的助手。

（《光明日报》1984 年 8 月 10 日）

独白 6

采访对象就是你的上帝

买主是商人的上帝，旅客是饭店宾馆的上帝，采访对象就是记者的上帝。他们心里想的、肚里装的、眼睛里曾见过的，全靠我们的诚心和本事才能挖出来。

这条新闻是失而复得的。我在翼城县采访时知道有一位农民医生史铭珂擅长痔瘘手术，便上门求医。这间小医院依山傍水，环境十分幽静。术后的一天，我正躺在床上面壁休息，突然听见有人来找记者，我想一定又是上门告状的（那几年到一个地方采访不出三天，就有人来找记者喊冤，许多事如一团乱麻），就装睡未应。一觉起来后护士才说是位送材料上门的农民，他曾是史医生的病人，而且是一位断过四指又被接好的病人。我觉得漏了一条大新闻，忙托人再去请他，好在住得不远，都在一个村里。他很兴奋，举着有明显接痕的四指说："一次我坐火车，双手扶膝，对面正好坐着一个外科医生，他一下就看出是断指再植，问我是在上海做的还是在北京做的，我说，就在家门口做的。车厢里一下围来一堆人……我早想写个稿子，就是找不见报社的门，听说来了记者……"我听着脸上一阵发热，心里一阵内疚。后来便写成这条消息。真是险失良机啊！

心诚则灵。看来在时时处处的采访中，你对自己遇到的对象都要毕恭毕敬。汉代张良曾在桥上遇到一位将鞋扔到水里的老人，他下水捞起来又为老人穿上。老人见孺子可教，便赐他一部兵法，他后来终于帮刘邦得了天下。假使张良有一丝怠慢呢？他就会失去最重要的却还蒙在鼓里。我想记者要尊重采访对象，也是这个道理。

独白 7

优待之忧

我长期在基层当记者，是吃过一些苦，但也常常受到特殊优待。基层的同志很热情，总是尽其所有，给记者创造最好的条件。这种优待有时适得其反，让你哭笑不得。一年冬天我到山西汾西县采访，县委招待所让出一间最好的房给我住。但正因这是当地最高级的套间，所以平时很少住人，冷炕冷房，如在冰窖。服务员连忙生火，火口在窗外，热气要通过地下慢慢烘热全屋。我冻了一晚上，房间才开始有一点温热。但第二天我又要转移到他县去了。但他们觉得总算为客人尽了心，我也连连感谢。还有一次在永和县，也是个山区偏僻小县。这里平地很少，县委招待所沿沟而建。最好的几孔窑洞藏在一个沟汊里，平时也极少人住。晚上我到院子里散步，月明如水，秋风习习，我抬头看崖畔上树影婆娑，远处岗峦起伏，院心空明，如苏东坡夜游之承天寺。我正待作一点王维、陶渊明式的抒情，突然窑顶上蹿下一条黑影，直扑我脚下。幸亏离门不远，我翻身进屋，关门，想山野之地，遇上恶狼了，心怦怦不已。这间高级窑洞离招待所的一般客房很远，真是呼天天不应。惊魂初定，听到外面“汪汪”之声，才知是一条狗。但这狗却再不肯离去，一直对门吠到天明，大约它也不明白这里为什么今天住了人。第二天主人问我睡得可好，我说很好。心中却吟着：“断续狗吠断续风，明月一夜对孤灯。客身难言心中苦，正是主人优待情。”

吃住之“优”还好忍耐，最怕的是人情之优、礼节之优，那真叫我忧心如焚了。我生性随便，最怕客套。但是接待单位觉得不客套便是不敬，主客便作着这种对谁都无益的消耗。客套之一是陪客，尤其是在一地当记者时间长了，有一点小名，就更陷在套子里，像一头被套住的小鹿，很难挣脱。到某县，一下车领导就陪你进客房坐，然后就进餐厅吃饭，饭后又吸烟、谈话，直到快熄灯，将你的时间剥夺殆尽。所以后来我总结经验，进县城前先停车解手，因为一被主人所俘，便连“如厕”的时间也不给了。早晨起床后赶快写稿，只有门未打开前这段时间有点保证。至于当地领导还会提出陪同采访，则坚决谢绝。徐志摩说的一句话很有道理：“‘单独’是一个耐寻味的现象，我有时想它是任何发现的第一条件。”虽驳了主人的面子，还是要创造单独采访的机会，勿因随俗而影响工作。采访一定要轻车简从，一般我只带一个当地通讯员领路。当被采访者单独面对我时，才能谈出一般不肯说的事。至于几家报社、一群记者同时采访，只能应个景，我一般都绕开而不凑这个热闹。

独白 8

采访勇如初生犊　写作巧似绣花妇

1981年底我在福建采访，坐公共汽车从福州到厦门，过一山脚时，山腰院墙上一条标语突入眼帘："栽树要有打虎劲，护林要有绣花心。"不用问，那院子里的是个林业单位了。汽车一闪而过，但这条标语叫我思索了一路。我联想到当记者何尝不是这样呢？他应"采访勇如初生犊，写作巧似绣花妇"。

记者的工作可以分成采访与写作两部分。采访是与外部世界的接触，两军相遇勇者胜，首先要一个敢字。敢不敢于山穷水尽时再寻一村，敢不敢在人家已闭上大门时再敲几下门，敢不敢面对棘手的事件偏向虎山行，敢不敢下"就要写"的决心等，这都是在采访阶段首先要克服的心理障碍。记者走出报社就如侦察员离开自己的部队，他必须是一个孤胆英雄，虽面对敌方的沟壕壁垒，面对夜间陌生如鬼魅的巉岩黑林，也坚信必能从其中拿到情报。社会纷繁复杂，对记者有欢迎的，有不欢迎的，有时有现成材料，有时谈几句就再无话可说，有时还会人为制造许多假象。但不管怎样，记者要像初生牛犊不怕虎，去闯就是。

写作则是记者战胜主观自我的过程。这时记者要合理使用两部分材料：一是采访得到的新材料，事件本身的材料；二是记者平时储存的旧材料，背景材料，包括知识、思想的积累。这时和栉风沐雨的奔波采访大不相同，是夜深人静，面对孤灯，反观内心，脑海翻腾，遣词造句，举例引典，要的是一个巧字。其实大千世界的基本东西就那么一点，所以眼花缭乱，全因排列组合。同样是碳元素，结构一变，一会儿硬如金刚石，一会儿又软如石墨。文章的材料和字词就那么一点，全靠作者剪裁组合与推敲润色。巧妇，虽然米少也可做出好饭；拙妇，米再多也可能会夹生。采访阶段结束后，细心写作常常决定着稿件的命运，能不能发表，头条还是末条，全靠我们最后那一下努力了。

采访勇如初生犊，写作巧如绣花妇。记者的工作既要分成两阶段，以不同的态度去对待，又要有机地结合。

第二编

怎样写消息

交城县应迅速处理殴打科研人员的事件

编辑部：

山西省交城县林科所的工作人员，由于严格执行《森林法》，保护国家林木，去年 9 月 13 日，遭附近大队治保主任张继长等人毒打，这个事件至今未获处理。

张继长带领一伙人以踩高跷、闹红火为名，到林科所外攀折树木，然后又进所内将一株刚从外地引进的稀有树种折毁。林科所负责人解进保上前劝阻，张继长蛮不讲理，对解猛击两掌，又抓住解的领口，十几个青年人一拥而上，拳打脚踢。解奋力自卫，躲至房内，张等又砸门而入，把解的眼镜打坏，衣服撕烂，将解打得多处受伤。所内还有 5 位同志也遭毒打，50 余株葵花、枣树幼苗被毁。在此以前，这些人已多次闹事。毁林科所的泡桐、杨树，将重点科研项目骏枣丰产树枣子打落满地，并有意将护林公约牌前的柳树皮剥光有两米多高，然后将树皮一条一条挂在护林公约牌上，公然蔑视《森林法》。

上述事件发生后，林科所、县林业局多次向县委、公安部门申诉，省林业厅厅长刘清泉要求有关部门按《森林法》规定严肃处理，但至今无任何结果。他们强烈呼吁有关部门严格执行《森林法》，保护林木，保护科研工作秩序和科研人员的人身安全。

（《光明日报》1980 年 7 月 23 日）

交城枣树研究所贴钱向枣农传授新技术

300 多棵老枣树返老还童，产量成倍增长；这项新技术推广后全省枣农可望增收 1 亿元

本报讯　三年前曾拿着木棒阻止枣树研究所人员给枣树“剃头”的武悦老人，如今望着压满枝头的小灯笼似的红枣开心得直笑。他对最近去参加“老枣树更新复壮新技术”鉴定会的专家说：“研究所尽是神人，枣树‘剃了头’，不但死不了，枣还结得比以前更大更多了。”

山西交城县民办枣树研究所从 1983 年起贴钱向农民传授“老枣树更新复壮新技术”，不到三年，300 多棵老枣树返老还童，产量成倍增长。北关街村民侯占林家的 19 棵有 100 年树龄的老枣树，到 1983 年已一棵枣子也不结了，1984 年“剃头”后，当年就结枣 200 斤，第二年增加到 400 多斤，今年可望产 700 斤。枣农由不相信“剃头”能丰产变为要托人把子女送到研究所学习“剃头”技术。这项新技术也在实践中进一步完善，最后通过鉴定，被定为科技扶贫推广新项目。

这个研究所是由全国人大代表、交城县林科所所长解进保创办的全国第一个实行个人承包责任制的林业科研所。这个所所在的吕梁山区是一个闻名全国的红枣之乡。“农业学大寨”运动中，由于重粮轻林，这些枣树渐渐无人过问，树木老化，有三分之一的树多年不结果。解进保和他领导的研究所对枣区进行了深入的调查研究后，认为这是影响老区人民致富的一个重要原因，于是便把老枣树更新复壮新技术作为扶贫致富的一个重要科研课题。开始时枣农不愿接受，解进保和其他技术员便找到研究所附近有 500 多棵老枣树的北关街村，提出租他们的枣树做示范，不管结不结枣都向枣农付钱，结果订了三年的租赁示范合同。合同规定：一、每更新一棵老树给枣农补钱 36 元；二、

不更新的树作为对照树，研究所负责治虫，并给枣农补钱 3 元。履行这项合同，研究所得贴 35 000 元。

在贴钱示范服务的过程中，研究人员耐心向枣农讲解更新复壮新技术，并细心观察每一株树的变化，记录了几万个数据，使更新复壮新技术在实践中进一步得到检验和完善。在最近召开的鉴定会上，有关专家认为：这项技术效益明显，简单易学，如能普遍推广，那么山西的 1 000 万棵老枣树每年就可增值 1 亿元。

（《光明日报》1986 年 9 月 22 日）

独白 9

和你笔下的人物同命运

当我喜滋滋地从外地采访归来，还陶醉在对“解进保”一稿的兴奋里时，有一份“告状”信正在记者站办公室等着我。

记者部在转来信时还是以信任自己记者的口气说：“请核对一下事实，如事实无误，就不要管他了。”告状信说，解进保完全是一个假典型，稿中的事实全是虚构。只因为记者到研究所去了一趟，吃了一餐5元钱的招待饭，就提笔捧场。我见信后勃然大怒，那时刚当记者不久，还年轻气盛，便立即搭车到交城县（解的研究所驻地）去。因为此稿是在会议上采写的，我并没有去过所里，只凭说我吃过招待饭一事就知写信者是有意诬告。

到县里一问，林业局的干部、研究所里的工人都说，我们知道是谁干的。林业局局长老王，一个和树木、土地打了一辈子交道的老工农干部，气愤地拍桌子大骂：捣乱、捣乱！原来县林场前任场长多年政绩平平，解进保租场办所一年大变，他出于嫉妒，指使一个外地转业军人写了这封信。那个转业军人的家乡很苦，在部队时曾当过通讯员，他为留在当地，甘愿替人家效点力，这就是此信出笼的原委。我还了解到，解进保曾受到迫害、殴打，但县里却置之不理。第二天我召集了有写信人、解进保，有林业局、县科委、研究所等各方参加的座谈会。县领导本说好到会，临时又推托不到，我坚持开会，最后形成一个调查纪要，寄回编辑部。

这次调查使我深切体会到改革的艰难，对改革人物更加同情。当时就解挨打一事写了一份内参。我没想到编辑部也被我的情绪所感染，干脆将内参稿以记者来信的形式公开见报。以后我便成了解进保的朋友，成了这个研究所的朋友。我觉得有责任把这个典型宣传好，帮他们出主意、想办法，并利用一个记者的社会活动能力，在省科委、林业厅和省政府到处宣传。一时各级领导都到这个无名小所来参观了，全国的现场会也来这里开。李瑞环也来参观。

曾经默默无闻的解进保，成了新闻人物。1984 年他被选为六届全国人大代表，1988 年又被选为七届全国人大代表。那一年 3 月他在京开会，其时我也调京工作，便到代表驻地去看望朋友，他们中有五位是我发现报道的典型。大家一见面分外热情。

记者的命运是什么？就是时代的命运。历史在漫长的发展过程中，许多的时日、岁月和人物早被雨打风吹去，唯有那些历史转折时期的事情及做出这些事情的人才会留存下来作为历史发展的坐标。新闻的任务就是记录这些坐标。一个记者如果发现并报道了这些人和事，他就完成了自己的使命，他也就在历史上找到了自己的位置。记者不能创造历史，却能记录历史，正是在这种记录中才会实现自己的价值。

所以当一个老记者回头整理自己的新闻集时，就会发现许多消息、通讯都作为“易碎品”早不复存在了，只有少数大的事件、人物才有入集的价值。当然，一个记者因时空所限，可能一生采写不到什么重大事件和人物，但他应该按着这个思路去寻找，一旦发现就要倾尽全部心血去采写，怀着“新松恨不高千尺”的热情，和自己笔下的人物同命运。

山西科研机构着重应用研究成绩显著

省人民政府给194项科技成果授奖

山西省人民政府最近在太原市举行了1979年度科学技术成果授奖大会，给194项重要成果的完成单位和个人颁发了奖状和奖金。这次授奖项目的特点是以应用研究为主，可直接用于应用方面的成果占80%以上。受奖单位和个人，有一半以上是厂办科研机构及其科技人员。这批成果中有49项达到国内先进水平，有的还达到国际先进水平。

山西省科委和各级领导在指导地方科研机构的工作和制定规划、审查课题时都十分强调因地制宜，从发展地方经济出发，以应用研究、发展研究为主，着重解决本地区近期经济建设和人民生活中急需解决的科技问题。省科委下达的科研项目，1978年共90项，其中有83项是应用方面的；1979年共有152项，其中有141项是应用方面的。为了集中解决本省工农业生产方面的一些重大问题，近两年来还由省科委主持，组织了作物育种、水利资源的开发利用、煤炭综合利用、电子计算机应用等十个方面的会战。这些项目都分别由一个科研单位牵头，几个有关的研究所、高等院校、应用单位参加，协同作战，定期检查，现已取得一些可喜的突破。为了进一步发挥地方特点，集中攻关，去年经省委批准，对原来按行政区划设置的七个农业研究所，按照自然区域和研究所的特点调整为专业研究所，在人力、物力上做到相对集中。这样就大大加快了农业科学的研究和成果的推广。盛产棉花的运城地区，把农科所改成了专门的棉花研究所，这个所的研究人员深入社队解决生产中遇到的难题，很受群众欢迎。他们在夏县研究用赤眼蜂、瓢虫、草蛉等防治棉铃虫、棉蚜虫，在全县大面积推广，比过去的化学农药防治每年要节省投工80多万个，节省投资60万元，而且提高了棉花产量，减少了人畜中毒事故。他们在这方面的研究不断取得新成果，继1978年获奖之后这次又有项目受奖。这次获得一等奖的平遥县卜宜水利电探仪器厂工程师钟新淮研制成功的积分式激发电位仪，是一种适宜在山区找水、找矿的新仪器，较国内外同类仪器有较大的突破。它体积轻便，只有6.8公斤，很适合野外作业，一次供电可得出四个参数。经国家有关部门鉴定，现在已在全国20多个省、市推广使用，成井率在90%以上。

工业方面的科研机构则是以工艺研究为主，以应用技术为主，围绕着厂矿企业的技术改造、提高产品质量开展科学研究。它们既注意克服那种赶时髦，盲目追求“高、精、尖”的倾向，又注意摆脱被动地搞技术服务的局面，选择生产中急需的关键课题进行攻关。这次获奖的山西化工研究所根据我国塑料工业发展的新趋势及时研制成功的钛酸酯类偶联剂，填补了我国化学助剂的一项空白。添加入这种助剂后，可使聚烯烃塑料增加尺寸稳定性、刚度、冲击强度和表面光洁度。它不仅使每吨聚烯烃塑料降低成本1 000元左右，还为扩大我国塑料的应用范围，代替钢、木材，广泛用于建筑、家具、包装等方面开辟了广阔前景。国家广播电视总局已决定，国产电视机后盖采用这种新型助剂改性的填充聚丙烯来代替进口树脂。这个所在研制这个项目的过程中，从定题到协助工厂投产只用了一年零三个月，它研究改革的生产工艺比目前国外所用工艺的效率还要高。

各研究机构在着重应用研究的同时，也注意了基础理论的研究，在重视抓重点科研项目的同时，也注意了一些小项目的研究，做到应用和理论研究相结合。花钱少、时间短的项目和投资多、时间长的大项目相结合。这样既有利于提高研究水平，也可以互相补充，做到早出成果，多出成果。全省49个省级研究所就有22个连续两个年度都有成果获奖。为了使这些同工农业生产、人民生活紧密相关的科研成果尽快地得到普及，山西省人民政府今年还从地方财政中专门拨出80万元用于科研成果的推广工作。

（《光明日报》1980年5月12日）

[附原稿]

山西省给一批应用科研成果授奖

本报讯　4 月 18 日山西省人民政府在太原市举行了 1979 年度科学技术成果授奖大会，给 194 项重要成果的完成单位和个人颁发了奖状和奖金。

这次授奖项目的特点是以应用研究为主。可直接用于应用方面的成果占 80%以上。获奖单位和个人，有一半以上是厂办科研机构及其科技人员。这批成果中有 49 项达到国内先进水平，有的还达到国际先进水平。

平遥县卜宜水利电探仪器厂工程师钟新淮研制成功的积分式激发电位仪，是一种适宜在山区找水、找矿的新仪器，较国内外同类仪器有较大的突破。它体积轻便，只有 6.8 公斤，很适合野外作业，一次供电可得出四个参数。经中央有关部门鉴定，现在已在全国 20 多个省市推广使用，成井率在 90%以上。

山西省化工研究所研制成功的钛酸酯类偶联剂填补了我国化学助剂的一项空白。添加入这种助剂后可使聚烯烃塑料增加尺寸稳定性、刚度、冲击强度和表面光洁度。并可使每吨聚烯烃塑料降低成本 1 000 元左右，为扩大我国塑料的应用范围，代替钢、木材，广泛用于建筑、家具、包装等方面，开辟了广阔前景。国家广播电视总局已决定，国产电视机后盖采用这种新型助剂改性的填充聚丙烯来代替进口树脂。这个所在研制这个项目过程中，从定题到协助工厂投产，只用了一年零三个月，它研究改革的生产工艺比目前国外所用工艺的效率还要高。

独白 10

顺瓜摸藤　讲清所以

科技成果消息和为这些成果开表彰、发奖会的消息是科技报道中常见的。因为常见，一般人也就不大喜欢看，怎样将这类消息写好，很难。它可以有多种追求、多种效果，比如要生动、活泼，有现场感等。其中还有一种追求，就是通过这项成果、这件事讲清一个背景，讲清一种道理、一项政策。这对外行读者也许无用，对科学界、科学管理部门却很需要。报纸有多种功能，如传播信息功能、教育功能、娱乐功能……但作为分工宣传某一方面的报纸，还是少不了宣传政策、指导工作的功能。所以这一消息是通过成果发奖，来说明一项政策的可行性。这篇稿前后写了两次，第一次未用，第二稿刊出后，编辑部认为效果还好，又约在内部刊物上写了一篇题为《顺瓜摸藤，讲清所以》的体会。照录如下：

4 月 18 日，山西省召开了科研成果授奖大会，我采写了一条 500 多字的消息（见原稿）。文中提到一句：这些成果中可直接用于应用方面的占 80%以上。编辑部立即要我以这句话为主题，重新修改，写深些，写细些。第二稿改写好后，共 1 500 字，登在 5 月 12 日一版右上角，比第一稿分量重，取得了较好的宣传效果。通过这次改写，我有这样几点体会：

第一，成果是个物，记者要善于通过物来宣传一种思想。山西省这次获奖项目应用成果较多，正体现了国家科委为地方科研机构制定的方针：以应用、发展研究为主；要多搞点关系到千家万户的吃、穿、用方面的研究；不要瞧不起零金碎玉。接到编辑部的信后我又重新学习了中央有关文件，并在第二稿中突出了这个思想，又围绕这个思想选择了一些例子，使消息不局限于报道成果，还反映了中央的方针。

第二，成果好像一颗瓜，记者不仅要摘瓜，还要顺瓜摸藤，究其所以。让读者既看到瓜，又知道瓜是怎样结出来的。为了改稿，我又找了有关同志重新进行了采访，翻阅了十几个地方研究所的典型材料，查找了省科委两年来的项目计划书。这样在第二稿中加入了一些具体措施，说清了不但成果是以应用为主，就是它们的工作也是以应用研究为主的。这次获奖是瓜熟蒂落、顺乎自然的。

第三，成果是科研人员长期劳动的结晶。记者要写好报道成果的消息，还必须注意平时的积累。这次得奖的不少成果都是平时单独采访过的，在脑子里已有积累。虽然这些材料当时作梁柱不够，这次作椽子则足足有余。比如第二稿中提到的赤眼蜂一例，在上届授奖会上我就注意到这一成果，这次作为例子写入稿件很能说明问题。由于动了积累，第二稿比第一稿就扎实一些，也更易说明问题。

总之，通过这次编辑部帮助改稿，我认识到，写成果消息不是为了做广告，而是为了写工作、写问题。要尽可能使读者通过给成果授奖看到党中央的方针、政策，看到科研人员和管理部门的工作方法，在思想上有所启迪，在方法上有所借鉴。

累卵已不危　车颠不怕破

新式五用塑料蛋箱在山西诞生

本报讯　一辆卡车载着 82 730 个鸡蛋从吕梁山深处的隰县在土、石、柏油等各种路面上经过 427 公里的长途颠簸运到太原，经蛋库验收只有 7 个鸡蛋破损。这是最近通过鉴定的新型蛋品储运工具“五用塑料蛋箱”在试用中取得的结果。

累卵已不危　车颠不怕破

新式五用塑料蛋箱在山西诞生

本报讯　一辆卡车载着八万二千七百三十个鸡蛋从吕梁山深处的隰县在土、石、柏油等各种路面上经过四百二十七公里的长途颠簸运到太原，经蛋库验收 只有 七个 鸡蛋破损。这是最近通过鉴定的新型蛋品贮运工具“五用塑料蛋箱”，在试用中取得的结果。

一颗本来极易破碎的鸡蛋从鸡窝里出来，再送到消费者手中，一般要经过购、运、验、存、售五个环节。过去商业部门大……由于各个环节反复倒箱，仅此全国每年就有几亿斤的鸡蛋损失在运输途中。山西省食品公司李巨德等几位同志研制成功的“五用塑料蛋箱”是笼屉式悬空层叠结构，可以集装运输。最近经铁路试运，高三十层、重八百斤的集装箱，用铁路叉车即可随意装卸。鸡蛋从收到售，总破损率已由原来的百分之二十七降到 百分 之一以下。

（梁　衡）

一颗本来极易破碎的鸡蛋从鸡窝里出来，再送到消费者手中，一般要经过购、运、验、存、售五个环节。过去商业部门大都用木箱垫草装运鸡蛋，由于各个环节反复倒箱，仅此全国每年就有几亿斤的鸡蛋损失在运输途中。山西省食品公司李巨德等几位同志研制成功的“五用塑料蛋箱”是笼屉式悬空层叠结构，可以集装运输。最近经铁路试运，高 30 层、重 800 斤的集装箱，用铁路叉车即可随意装卸。鸡蛋从收到售，总破损率已由原来的 27％降到 1％以下。

（《光明日报》1982 年 9 月 28 日）

独白Ⅱ

关于新闻小品

当碰到一个新闻素材时，我就像碰到一个漂亮的牛角、一节精巧的树根、一块圆润的石头，不由得想把它加工成一件小艺术品，想把它尽心写成一个新闻小品。说是写新闻，倒有点像构思散文。这篇消息不到300个字。这个新蛋箱的发明过程我很清楚，发明者也很熟，几年间他常来谈发明，早成老友。当最后一次他来报告成功消息，并拉我去铁路货场看演示后，我脑子里立即闪过这个“小品”设计。一辆卡车，82 730个鸡蛋，427公里，只破7个，就用这一串对比性极强的数字作导语。我相信开口就不俗，是能吸引住读者的。标题，我立即联想到一个成语：“危如累卵”。正好这些鸡蛋是累成8层，重800斤，于是拟了这样一个肩题：“累卵已不危，车颠不怕破”。就像把玩一件自己雕刻成的小烟斗一样，稿子写完，读之再三，不忍释手。果然，见报后不少同行见面时总要提到它。这种“小品”本不要它去爆什么冷门，如果新闻也是艺术的话，这种新闻小品是以其精巧让人在枯燥的新闻（特别是科技新闻）中窥见一点艺术的影子。正如文人常写一些自吟自赏的小诗，画家常画一点小风景，对记者来说这也是一种基础练习。

有许多鸿篇巨制的苏东坡却写了一篇只有80多字的《承天寺夜游》，极精美，和他的其他文字一样多为后人所称道。我在一篇研究文章中曾认为“这是一轴画，且细且长，静静垂于厅堂之侧，不与那些巨幅大作比气势、争地位，却以自己特有的淡雅、高洁，惹人喜爱”。若将新闻比文学，总也得有一种新闻小品，不争头条，不争爆炸性，就要这种清新、恬静。

工程师钟新淮为旱区人民找水做出重大贡献

钟新淮研制出新式找水仪
测定井位方便准确

本报讯 最近，全国26个省市自治区和中央12个部委的100多名专家、水文地质工作者，来到山西省平遥县卜宜公社一个只有30多人的社办小厂，召开一次找水学术讨论会。这个厂制造的一种“激发极化找水仪”引起了全国同行们的极大兴趣。它的发明者是在这里已扎根26年的科技工作者钟新淮。

1959年下放来这里的工程师钟新淮，深知农民缺水的苦处，特别是在“农业学大寨”运动中盲目打井、劳民伤财的事对他刺激很深。他从1974年开始研制新式找水仪，后又办了一个电子仪器厂，经过不断改进，生产出这种“激发极化找水仪”。它性能稳定，灵敏度高，特别是在地质条件较复杂的山区，过去用常规仪器很难测准的地段，它都能准确地作出判断。这种找水仪只有普通录音机大，一个人就能提走，野外作业很方便。几年来，在水电部和山西省水利厅的支持下，这种找水仪已推广到全国26个省市。干旱十分严重的山西省潞城县黄牛蹄公社，1980年用这种仪器找水，打出了一眼日出水量2 000多吨的深井，一下解决了6 000多人的吃水和部分农田的浇灌问题。农民高兴地说：“过去吃水愁白头，如今吃水拧龙头。”豫西地区的灵宝县，历史上一直缺水。实行责任制后，农民自动集资要求打井，经利用这种仪器确定井位后，打成了八眼深井。群众奔走相告，搭台唱戏庆祝，轰动了整个豫西地区。这种找水仪在西北广大牧区和华北、江南等不同地质条件下的山区都取得了理想的找水效果，为我国农牧业生产和工业、国防建设作出了贡献。我国打井队在援外工程中使用这种仪器，已在非洲的沙漠地区打出了水量丰富的深井。

钟新淮研制的这种找水仪获得山西省科技成果一等奖。为使更多的旱区人民有水喝，钟新淮同山西省水利厅工程师刘炳根合作，长期坚持搞推广工作。钟新淮的劳动受到党和人民的尊重，他已被选为全国劳动模范和县人大常委会副主任。

（《光明日报》1983 年 3 月 22 日）

卜宜乡党委决定给工程师钟新淮每月保健费一百五十元

本报讯 头发花白的普通工程师钟新淮同志现在每月可拿到保健费150元。这是中共山西省平遥县卜宜乡党委最近作出的一项专门决定。

钟新淮同志的事迹本报去年3月22日曾在头版显著位置作过报道。他今年56岁，1957年被错划为“右派”，后下放到卜宜乡，开始在村里学校任教，后来到公社机械厂工作，决心将自己掌握的技术献给乡村。1975年他又创办了一所电子仪器厂，并发明了一种准确率很高的找水仪，行销全国。9年来，这个厂创造利润108万元。最近，他又组建了一个跨省的晋光水工物探研究所，为干旱地区承担找水任务。为了发展乡镇工业，开发地方资源，钟新淮同志把身心都投入到事业中。他家在省城里，一人常年吃住在厂里，自搞科研、抓管理。乡党委对钟新淮同志的生活和身体十分关心，在最近通过的决定中指出：“乡党委、乡政府为了保护人才，保护钟新淮同志的健康，特决定将他的保健费提高到150元。”

（《光明日报》1984年9月10日）

自愿放弃在大学任教　自觉扎根山区 18 年

林业工程师王晋益研究黄土高原取得成果

本报讯　不久前，在山西省吉县召开的全国县级林业区划经验交流会上，共产党员、林业工程师王晋益介绍的关于黄土高原的山区规划、水土保持、营林植树的经验，受到有关方面的重视和好评。这是他自愿放弃在城里的大学任教、来到山区安家落户 18 年来取得的可喜成果。他现在已被群众选为这个县的副县长。

1965 年，在山西农学院任教的王晋益，为研究黄土高原的治理，自愿来到山西省吉县林业局当技术员。他研究了县志和其他有关资料，对全县 220 多平方公里的土地进行了资源调查，向县委提出了全县生产应以林为主，林、农、牧分别各占五、三、二的经济结构的建议。这些建议被采纳后，全县的林业大发展，水土流失大大减少。现在这个县的造林面积和他上山时相比已从 3.9 万亩增加到 47 万多亩，32 个小流域已有 11 个得到治理。山区的生态平衡也开始逐步恢复，山上的小泉小水已增加了 100 多处，年平均降雨量增加了 10 毫米。吉县造林的经验引起各方面的重视，从 1979 年至今年 6 月，已有 4 个全国性的专业会议在这里召开，学习和推广该县的经验。

为了摸索出一条尽快控制水土流失的途径，王晋益跑遍全县 500 多个生产队和林场，同群众一起结合本地特点总结出一种叫“三七一一”的山坡整地法，当年雨水流失量就减少 80%，而所用工只有原整地法的十分之一。为了寻找和推广适合黄土高原栽植的树种，他除在当地实验外，又到陕西、山东、河南等地考察，确定了以发展刺槐为主的方针。近几年来，王晋益在刺槐研究方面又有新的突破。他先后发表了十几篇论文，还和另一位同志合作写了一本专著《刺槐栽培》。

王晋益在艰苦的工作中处处以党员的标准严格要求自己。他常常到山林调查，收集第一手资料，在山上吃、山上睡。一次他和几个同志在山林里实在太累了，便在树下睡了过去，醒来时干粮早让乌鸦抢吃一空，便又饿着肚子继续工作。他的衣服常被树枝剐破，每年总得穿烂三四双胶鞋。由于他在工作上的成就，近几年来上级领导机关、研究所等单位曾八次调他下山回城工作，他都谢绝了，坚持继续扎根山区。当吉县的林业工作在全县、全国出名后，组织上曾推举他出席全省今年的劳模大会，他又主动将荣誉让给别人。王晋益同志一心一意为山区建设献身的精神，得到了群众的赞扬。

（《光明日报》1982 年 10 月 8 日）

独白 12

为隐者立传　给无名者传名

可能是长期在基层记者站工作的缘故，我总是对那些在穷乡僻壤埋头工作如黄牛拉犁一般的人寄予十二分的同情。他们见记者时那份憨厚的微笑，那份询问上面新精神的虔诚，那谈到自己工作成绩时的坦然与淡然，还有那爬满皱纹的脸与青筋暴突的手，常使我心中掠过一丝无名的悲哀，好像上帝就专造就这批人来吃苦的。

倒不是他们多么伟大，但他们为国为民甘愿吃苦的这种精神实在是人类一份重要的财富。他们根本不想出名，但人们却应该记住他们。这正是我们当记者的责任。

钟新淮，1957 年被错划为右派时即被发配到一个小村子里。近 30 年未出村门一步，一个知识分子就如那耐旱的枣树一样，扎在这片黄土地上。当我第一次驱车寻访他时，老远就见到绿柳白杨与青砖土墙的农舍间耸立着一座高高的、白色薄壳建筑，像悉尼歌剧院那样威风。我心里说，这里一定藏着一个能人。果然，他发明的找水仪竟有“千里眼”的神力，给人间带来了不知多少绿色、多少生命。那奇怪的房子原来是他自己设计、自己施工的厂房。就在我采访前不久他才结婚。爱人在城里，他很长时间才回去一次，一对新伴侣，两个半百人，但仍然是两地分居。他舍不得离开这个亲手创办的工厂。吃饭时候到了，他却不陪客，说几十年自己煮饭，粗茶淡饭习惯了。

王晋益，我去采访时他已是吉县副县长了，但看他脚上那双洗得发白的解放胶鞋，怎么看也像个刚从山上砍柴归来的壮年农民。他是研究刺槐的，就是为了这，他离开城里的院校，来山上一蹲 18 年，这里有他培育起来的全国最大的万亩刺槐林。昨天我来时正好驱车从林中钻过，阳光冲洗着椭圆形绿叶，风儿摇着细细的青枝，像一个美丽的梦。现在我对面就坐着这个将梦变为现实的人。他说，这里适宜种刺槐。刺槐俗称洋槐，不同于无刺的中国槐。槐木是好木材，但过去老百姓不敢用它盖房，因“木”旁有个“鬼”字。可现在，这“洋鬼子”已进了百姓家。说完他爽朗地笑了。他已写好一本《刺槐栽培》，但找不到出版社出版。

每当我经过一段时间的下乡采访，在暮色中赶回省城时，看到那闪烁的霓虹灯，听到那喧闹的人声，就不由地想到还在山上默默工作的他们。

高瞻远瞩之壮举　远见卓识之大计

曲沃县去年集资二百多万元兴办学校

平均每个农业人口集资 13 元，共维修校舍近 3 万平方米，大大改善了办学条件。山西省政府送给县政府“兴学育人”金匾

本报讯　一块写有“兴学育人”四个大字的金匾，挂在山西省曲沃县人民政府的大门上。这块匾是省政府为奖励它在全省第一个通过群众集资实现了中央提出的“一无两有”（校校无危房，班班有教室，学生人人有课桌凳），于去年 12 月 8 日奖给它的。曲沃全县去年群众集资共 211 万元，平均每个农业人口集资 13 元，全县共维修校舍 3 万平方米，平均每个在校学生新增或改善了 0.8 平方米，一次性改善了多年未解决的老大难问题。这件事轰动全省，省政府专门在这里召开了现场会。这种做法到底怎样，记者于 3 月中旬采访了这个县的一些农村大队，这几件原始材料很说明问题。

穷队要翻身　赶快培养人

——和苏村大队党支书杨玉富的谈话

问：请谈谈你们村的基本情况。

答：我们苏村有 191 户，901 口人。过去是全县有名的穷队，多年来粮食产量是全社倒数第一，全县倒数第二，1979 年时每个工的分红才 3 角钱。这几年虽有改善，但到现在还欠国家贷款 6.5 万元。

问：既然这么穷，为什么你们还要自己动手集资办学呢？

答：这正是让穷逼出来的。前年，我们党支部把本村的文化底子翻了翻。从新中国成立到 1970 年全村只出过 3 个高中生，这 3 个人还远走高飞了。1970 年以后只出过 9 个高中生。村里没有文化人，我们吃够了苦。10 年前花了 1.7 万元买的一台拖拉机，不会开，不会修，前几年只好以 4 000 元卖掉。前年村里搞承包，社员李利玉和苏新年各包了 42 亩棉田。一个有文化，学习新技术快，收入了 1 400 元；另一个无文化，才收入 300 元。更气人的是，1976 年我们和邻村八里庄同时栽果树，建果园，人家栽 5 000 株，我们就栽了 1 万。人家有能人管理，4 年前开始得利，年年 5 万元；我们到现在还分文未赚。这样一翻家底，群众和我们干部都坐不住了。大家说，学校房顶漏雨，四壁透风，没门没窗，没桌没凳，谁还愿意到这里教书呢？这样下去，我们的娃可要被耽误呢。过去我们认为办学只是教育局的事，现在知道这也是我们党支部该管的事，不敢等了，再等还要误大事，大家决心自己动手集资干。

问：道理虽这么说，但总得有钱来干啊。

答：家有三件事，先从紧处来。我们的头一件紧事就排上教育。你要不往前排，再富也不会去干，何况这几年已经在好转呢。这事其实也不难，大家心一齐，钱也有了，料也有了，办法也有了。我们依靠群众，开了个社员会。大家说这可是件正事，承包砖窑的 3 个社员，表示要以优惠价供砖，而且暂不收钱；梁银富等 11 个工匠表示义务投工；大队长倪升华立即将自己 3 亩棉田收入的 1 000 元垫支进来。我们决定连续两年将队办企业收入的上交部分全部用来建校，大队干部为建校两年不拿补贴。连为学校施工的外地包工队也感动了，表示可以暂不要工资。这样集资了 3 万多元，我们一下盖了一座有校舍 24 间的新学校。这在我村历史上还是第一次。

问：这样做会不会加重群众负担？

答：你猛一听说 3 万多元，但是真正由群众垫支的只有 7 000 多元，捐款的还没有。主要靠处理旧公房，靠队办企业，只不过是把该干其他事情的钱先省下来办教育。另外，虽说队里还穷，但社员比那两年富多了。比如我这个当支书的，1979 年时现金收入只有 140 元，前年就增到 2 700 元，去年还有 2 370 元。那点补贴工资早就不打什么数了，迟拿两年也不会有大损失。可是学校迟建两年，又误两茬人。学校翻新了，大家也没有觉得受了什么累、什么穷。记者同志，像我们这样的穷村都能盖学校，别处就更不用说了。不信你到全县去看看，人家都比我们盖得还要好。

富队不育人　到了还是穷

——和马庄大队党支书崔景喜的谈话

问：听说你们队是全县数得上的富队。

答：是。我们队人均收入 500 元，现在公共积累就有 30 多万元。社员户户有存款，家家有电视，你看，隔壁那个院里就有 3 根天线，那是一家人，一个老父亲，两个儿子，就买了 3 台电视机。晚上各人看各自爱看的。

问：你能谈谈富队办学的经验吗？

答：没有什么经验，倒有教训。过去我们只顾抓钱，不办学。一个小学分 3 处，教室隔壁就是机房，震得学生上不成课，全县都知道我们是富队穷学校。全大队用于生产和投资教育的比例是 50∶1。去年，我们参观了本县几个集资办学好的大队后才大吃一惊，回来后我们也翻了一下自己的家底。我村富，主要靠一年 600 亩地的果园。1976 年时果园收入 31 万元，一级果占 70%。这几年树进入盛果期，虫害多了，可我们不会防治，一级果下降，每斤少收入一角钱，年产 200 万斤，就少收入 20 万元。我们买了一台喷雾器却不会用，只好抬在大路口，见过来个人就求教。人家讽刺我们："你马庄有钱，能买机器咋不买个人？"我们眼看着收入年年下降，大家说："富队不育人，到了还是穷，再不抓学校，就要误大事了。"

问：去年你们是怎样建校的？

答：主要是个思想认识问题。对我们这样的队来说，只要思想一通，钱不发愁。我们从集体积累中一下拿了 3.6 万，社员个人一分钱也没掏，你看，这所崭新的学校就盖起了。

曲沃县兴学育人新民谚

“一不等，二不靠，自力更生建学校。”

“针要扎在病根上，钢要用在刀刃上，钱要花在教育上。”

“改善办学条件老大难，老大（领导）出面就不难。”

“只抓生产，不抓教育，现在看来是忙人、红人，几年后就是错人、罪人。”

“学校要快建，国家有困难。时间不等人，我们自己干。”

“要致富，靠读书。”

“家里没有文化人，发家致富没有门。”

“钱财是死宝，人才是活宝。死宝变活宝，赶快建学校。”

“哪村学校摊摊烂，哪村干部没远见。”

“庄稼种不好，只误一茬；学校办不好，就误一代。”

曲沃县靳庄大队建校纪念碑

碑文：

兴学育人　造福万代

铭志：

教育乃实现四化之基础，学校乃培养人才之基地，青少年乃中华崛起之希望。“增加智力投资，改善办学条件”乃高瞻远瞩之壮举，远见卓识之大计。我靳庄大队党支部与阖村居民深明道理，广晓其义，响应中共曲沃县委“全党动员，大办教育”之号召，队穷排除万重难，心齐酿造千条计，集资筹料，遣匠施工，百日内学校危房残垣全无，三月中班班教室桌凳皆有，学校面貌焕然一新，师生精神为之振奋。其间好人好事层出不穷，高风亮节比比皆是。今撰文树碑以昭示后辈，流芳后世。

（174 名捐款社员名单略）

时　一九八三年十月一日立

（《光明日报》1984 年 3 月 29 日）

［附］

一组有创新的报道

——评《曲沃县去年集资二百多万元兴办学校》

3 月 29 日《光明日报》头条新闻《曲沃县去年集资二百多万元兴办学校》，有 2 000 多字，但一字字念下来，清风扑面，耳目一新，丝毫不觉得疲惫拖沓。这篇报道的一个重要特点就是形长实短，它是由几篇短稿组合而成的，而且具有较强的可读性。

有过一定采访经历的人都能体会到，经验性消息不好驾驭。要么弄得大而全，洋洋洒洒，包罗万象；要么罗列数字，堆砌现象，见物不见人，枯燥乏味。而《曲》文从构思到表达都有独到之处。作者立足全局，运用迂回笔法，从一穷一富两个大队入手，一下子就抓住了最能说明问题的环节。办教育，无论穷队富队都有个认识问题，穷队还要考虑资金来源。这两个问题能够解决，读者心中其他疑问自然冰释。从这里可以看出作者在材料的选择上颇费了些心思。把一个问题分解成两个小题目，而且分得很成功，这样就精练多了。有人总结写作经验，提出“删字不如删段，删段不如删意”。也就是说抓住了问题的关节点，可以节省不少笔墨。

在精选材料之后，作者用两个小标题把文章分成三个部分：“穷队要翻身　赶快培养人”，“富队不育人　到了还是穷”。这么一分，一篇长文变成了三篇短文，另外，照登了“碑文”和“民谚”原文，共五篇。这是一种化整为零的分解，不但使文章易读，而且让读者直接见到原始材料，了解到群众对这一问题的看法和意见。而这些原始材料，有群众语言，有现场气氛，因而增强了新闻的感染力。这种“组合式”新闻，可以说是一种创新。

新闻写在调查研究之后，但不像调查报告那样直接写出结论。所以，《曲》文记录的只是事情过程，而把结论留给读者自己去做。

《曲》文的“问答体记录”，通过一问一答的形式来报道，近似“实况转播”，容易打动人。读者“移情”现场，身临其境，不知不觉之中“我”便成了“记者”，想记者所想，问记者所问，同时也就比较容易接受采访对象对问题的回答。

语言运用娴熟也是《曲》文的一大特色，文章风格与所写的对象和内容协调一致，既朴实无华，又不失其生动自然，反映了作者较为深厚的文字功底。“家有三件事，先从紧处来”，“那点补贴工资早就不打什么数了”，“你马庄有钱，能买机器咋不买个人”。这是真正活脱脱的语言，道地的农民语言，这样的语言，不深入现场采访，闭门硬造是造不出来的，没有一定的文学素养也写不出来。一句话，《曲》文的语言总的来说很实在，因而让人觉得真实可信。作者遵守了提供“原始材料”的许诺，始终没有抛头露面对读者“说点什么”，而是“不说什么”，没有令人生厌的“套话”，没有空洞拔高的议论，而是客观地提供第一手材料。

如果说有不足之处的话，那么是不是有这么两点：一是县政府的作用没有提到。二是苏村大队的经济状况，如能讲得具体点，读者就不会感到抽象了。

孙盛琳

（《光明日报通讯》1984 年第 6 期）

独白 13

谈谈组合式新闻

新闻改革在导语写作、语言运用、篇幅长短等方面已经有了不少好的探索和实践。但是，这些还是在新闻框子之内的事。能不能跳出这个框子，再作一些新的尝试？我们在采访中常常会遇到许多生动丰富的材料，常规的写法是将这些材料梳理好，编织在一起，写成一条消息。经过反复思考、提炼、修改加工，这种新闻可以是很精、很好的。但是，也带来了另外一方面的问题。既然有加工，就有砍削，有取舍。为了适应新闻这个框子，一些本来是好的、对读者有益的东西也只好割爱。再者，既是记者的笔下流出的文字，便带有记者的观点与色彩（虽然我们一再强调客观性），读者终觉和实际隔着一层。就像人工园林虽好，人们还是想直接到大自然中去。那么，能不能在传统新闻写法外再搞一点探索，即主要不是通过材料的糅合、加工，而是对材料进行选择、组合，主要不是写，而是编，这样来构成一条消息（但不同于编一组稿）呢？这好像建筑业，传统方法是用砖、沙、灰、瓦，一点一点砌高抹光，而现代的大板结构，是整体组装。

今年3月初，我在向山西省教育厅的一位负责同志采访时，得知曲沃县人民集资办学的情况，当时他拿出一篇当地群众自己拟的建校纪念碑文。这个材料一下打动了我，我首先想到可以在报上来个“碑文照登”。后来到现场采访后，又听到许多办学的新民谚，我想这也应该照登出来才好。经过两天采访，提炼出一个主题，即：集资办学是群众自发的行动。但现在不少人还认为不能这样做，不敢这样做。一怕加重群众负担，二怕群众不肯干，搞不起来。针对这种思想，我又选了穷、富两个队的典型。这样便有了四个材料。而对这些材料有两种处理方法：一是从编辑的角度，将穷、富两个队分别写成专访或介绍情况的小通讯，加上“碑文”“民谚”，再加一个按语，编成一组；二是从记者的角度，将所有这些材料糅在一起，写成一条消息，集了多少钱，盖了多少房，效果如何等。我觉得这两种写法都比较死板。于是就想出现在这样的处理方式：两个典型直接用原始记录，而不改写成文，“碑文”“民谚”照登，前面写一条很短的小消息作引子。这五个部分各自独立，但每个部分不能单独构成一条新闻，只有五部分结合起来才构成一条内容比较充实的新闻。前面那条两百多字的小消息（引子），可以看作这组新闻的导语。我有了这个构思后就在闻喜县招待所的窑洞里写好稿子，然后接着到下一站襄汾县采访。一到襄汾我便给记者部主任写了一封信，并画了一个版面安排图，托县里的同志连同稿件送到邮局。我知道作为驻外记者提版面要求，有点过分，但我太爱这组稿件了，希望能如愿实现自己的构思。果然，当我几天后返回太原记者站时，桌上已摆着北京寄来的报纸，一如我的设计，文字几乎都未动。这种事我当记者多年也只有这一次。我真感谢编辑部的各道工序的知音同仁们。

这种写法有什么好处呢？我体会：

一、形式灵活而且多样。多样化本身就会改变旧格式的沉闷，使读者耳目一新。现在这条消息五个部分，四种形式：引子（导语）、问答体记录、碑文原文、民谚原话。如果是传统写法（一般是说明体、叙述体），这些东西都会被糅在一起，而碑文、民谚至多作为新闻素材被少量引用。

二、针对性强，更便于准确地表达记者的写作意图。前面说过，在集资办学上读者中有两种顾虑。旧形式的写作，只能写出办学的成绩来说服读者。现在的写法，用问答体，设了七个问，把读者的疑虑通过记者之口说出，让被采访者直接向读者作答。这样针对性强，宣传效果自然好些。

三、现场感强。由于在写作上少了记者的一道加工工序，读者看到的是现场，是原件。如在谈到村里已经富了时，被采访者有这样一段答话：“你看，隔壁那个院里就有3根天线，那是一家人，一个老父亲，两个儿子，就买了3台电视机。晚上各人看各自爱看的。”这样便增强了现场感和可信性。

四、便于发挥综合优势。过去新闻写作的改革是在“写”上下功夫，现在这种写法却是在“编”上下功夫。比如导语，实际在这里起着编者按的作用；“碑文”“民谚”是来稿照登；一些提问，实际是评论。这条新闻把报纸上的其他新闻形式综合地运用了。

当然，不是所有的题材都能写成这种组合式新闻，而且这也只是一种尝试。不过，有一点可以肯定，就是新闻写作可以按照不同题材，“因文制宜”，采用多种多样的写法。

（《光明日报通讯》1984 年第 6 期）

吕梁深处，艰难困苦创业

穷困人家，迎来科学文化

小学教师李健被授予“山区办学英雄”称号

三十多户人家的小村子出了八个大中专生，全村没有一个文盲。李老师还帮村里引进优种，改进耕作制度，治穷致富

本报讯 最近，中共山西省方山县委决定授予小学教师李健“山区办学英雄”称号。

1962年正当我国经济暂时困难时期，22岁的李健服从组织分配，背着一卷行李由平川来到吕梁山深处的疙叉嘴村办学。李健被安置在一个单身老汉的黑窑洞里，炕上没有炕席，锅台上只有一口用棉花塞着窟窿眼的漏水锅。他更没想到，这窑洞也就是学校的教室，一块切菜的案板翻过来就是黑板，六个小学生还经常请不到教室里来。决心为山区人民传播文化的李健没有被困难吓倒，他经过调查，发现学生不来上学是因为山庄分散，野狼出没，家长不放心。他拍着胸脯对家长说，只要你肯让孩子上学，我保接保送。从此，李健对周围六个庄子的小学生早晨领来晚上送回。遇到大雪天，他一早就拿着扫帚出了村，一直把雪扫到一些学生的家门口。很快24名学龄儿童全部上了学。但是队里实在太穷了，每个工值只有五分钱，学生还是不能坚持读到底。李健自己一个月的工资是22个工，只合一元一角钱。他不计个人得失，一心想的是怎样让孩子们有钱上学。于是，他就开荒办农场、小果园，到1966年，这个穷村子竟实现了全体适龄儿童免费上学，学校的办公费也实现了自给。为了改善办学条件，他又靠一把镢头两只筐子挖窑洞。20多年来，学校不断扩大，两次迁校址，李老师亲手打了九孔窑洞。现在这个只有 30 多户人家的小村子已经出了三个大学生、五个中专生。全村 190 多口人没有一个文盲，村里凡 40 岁以下的人都是他的学生。

李健上山后不只抓学校，他认识到山区文化要翻身，离不开经济翻身，就用自己掌握的科学知识帮助群众发展经济，特别是植树造林，培植果木。过去这里没有种树的习惯，他先在学校办示范小果园，教学生利用野生桃杏进行嫁接，然后在全村推广。现在学校的 40 亩小果园已发展为千亩林场。学校为村里育苗五六万株，全村的 20 多道沟里都长满了绿树。李健还帮助村里推广化肥，引进优种，改进耕作制度。这个昔日一个工只值五分钱的山村，去年仅农业和果园收入就达人均 270 元。群众说，李老师不但给我们送来了文化，还送来了科学和富裕。

（《光明日报》1985 年 9 月 29 日）

光明日報
GUANG MING RIBAO
（代号1—16）
1985年9月29日 星期日
农历乙丑年八月十五 第13089号

天津市压缩党政机关小汽车

天津市人民政府最近做出压缩区、县、局党政机关小汽车的决定，并将清理出的这一级党政机关超编的八十三辆小汽车全部没收。同时决定，区、县、局一级领导干部不得设有专车，提倡中青年领导干部乘公共汽车或骑自行车上下班，以改进作风，联系群众。（据新华社）

吕梁深处，艰难困苦创业 穷困人家，迎来科学文化

小学教师李健被授予“山区办学英雄”称号

三十多户人家的小村子出了八个大中专生，全村没有一个文盲。李老师还帮村里引进优种，改进耕作制度，治穷致富

独白14

一条记者导演的新闻

前面我提到记者像一个采药人，现在我要说，有时记者也要当一当导演，导一导新闻中的人物、事件。当然，这只是一种比喻，电影、戏剧的导演，可以随意指挥他的演员，记者只不过是对眼前事件的发展，忍不住指点一二，如果这建议被采纳了，他的新闻也就采写成了。当然这种情况不会太多。

1985年我已离开记者站到北京中央党校学习，暑假时实在是一种职业的召唤，我又揣上采访本上了吕梁山。当时上面已有意要调我回京，我就更想见缝插针，加紧将这几年在山西还未到过的几个县跑完。方山是一个小县，坐落在吕梁深处，又穷，又旱，交通不便，过去很少有记者来，我们的到来使县委书记刘则明很兴奋。他坚持要亲自陪我们到一个很偏僻的山村里去，那里有一位已扎根山区二十多年的小学教师，很受人尊敬。

小车刚离开公路就无法行走了。我们几个人开始顺羊肠小道爬山。梯田里玉米棒子正抽出红缨，谷子已拖着狼尾巴，这片贫瘠的黄土山区，也只有这时才能显出一点生机。我们沿着秋田的地塄钻来转去，翻过一道梁，一个小村突然出现在眼底。吕梁山的许多村都是这样，坐落在向阳的坡上，前面却是一条深沟。只见畔着沟沿散着几十户人家。这就是我们的主人翁工作了二十多年的地方——疙叉嘴，你听这名字就知它多么不登大雅之堂了。我见到李健时，他正背着一个喷雾器，刚从果园回来（这个穷山沟里有果园，这是我绝没有想到的）。我们回到他的土窑洞里，盘腿坐在炕头上，拉起二十年的往事。渐渐，一个英雄的形象显现在我的眼前。一个文化青年被送到一个极穷困、愚昧的环境里，要么他改造这个环境，要么他自己逃跑。他选择了前者。这是一个文盲村，他硬要在这文化板结的土壤里钻一个眼，播下文化的种籽。“大叔，这孩子你让我领去识几个字吧，日后有用哩。”

他这样挨门挨户地求，才收得六个学生。深夜在油灯下批改作业，他努力蜷缩着身子，靠身下土炕里传来的温热来抵御山里的风寒。窗外传来狼嗥，随着风声时远时近。窗纸扑扑地响起来，落雪了……他一口吹灭了灯，快睡吧，明天一早要扫出几条路，要到各家去接孩子。但是村子实在太穷了，一个工五分钱，等这些娃长大再去改造村子远水不解近渴，这里不但缺文化，更缺技术，缺眼前就能治穷的技术。于是他又去引良种，去办果园，去为村民组织技术夜校……终于，这个村发展到了人均收入 270 元。

一个人的能力有大小，一个领袖可以改造一个国家，这么一个小学教师实实在在地改造了这个山村。如果没有他，没有一个像他这样肯来开辟、建设和自我牺牲的人，二十多年后的今天，这里还是会一片愚昧贫穷。他的业绩，证明他是一个真正的英雄。不过我们总是习惯于把英雄的称号加在出生入死的人身上，而很少把目光投向这些平凡的人。

采访完后，尽管我十分激动，但我还是无法写他：新闻要新，但李健在这里已风风雨雨工作了二十年，这叫什么新闻？记者遇到了一条无由头的新闻，有心宣传，但无借口。这时就要找个由头，但又实在找不见（这是采写教育新闻时最常见的难题），我突然想起干脆造个由头。

下山时，我说："刘书记，这样的好同志，你们为什么不奖励一下呢？"

"县里穷得响当当，拿什么奖？"

"奖名誉也好嘛，比如授予个'山区办学英雄''新吕梁英雄'，再穷连一毛钱一张的奖状纸也买不起？"

"你这主意好，这个咱手里有权，我明天晚上就召开常委会，举手一通过，不花一分钱。"

"好，一言为定。你的会一开，决议一通过就给我打电话，这个头条新闻就成了。"

我们就这样在下山的路上，在玉米地边拍板成交。我这个导演定了戏的结尾，就回太原了。回到记者站，我写好新闻稿，单等那个期盼中的电话。刘书记不失约，三天后电话来了，放下电话，我的稿子也伸进传真机里，传向北京。几天后《光明日报》的头版头条就出现了这条记者导演的新闻。

数年后我披露这段内幕，也许有读者会问：“你这样不是在造假吗?”我说这不是造假，只是在特定的情况下记者尽一点社会责任。我想起新闻界一位老前辈说过一句话：如果说和什么相近，记者的工作最像党委书记。这当然是指党报记者。但这句话道出一方面的理，就是记者要有把握全局、审时度势的分析能力，要能找出解决问题的最优方案。用这种能力去具体指导工作就是一个党委书记；用这种能力去选择典型，发现有代表性、方向性的现成新闻就是好记者。既然他们在智力上已经达到相通的一点，记者何不代人出点主意呢？至于这个主意对方用不用，出得好不好，这都要靠实践检验。只有检验之后，既成的事实才可能成为新闻，这里并没有掺一分假。当然如果借记者身份乱出主意，甚至瞎指挥，那又当别论了，而且那样产生的新闻也要受实践的否定。

东一株西一株　积木成林
今一棵明一棵　坚持有益

山西“四旁”树木已占全省木材总蓄积量四分之一

本报讯　植树节前夕，记者从山西省林业厅获悉，全省在“四旁”（宅旁、村旁、路旁、水旁）植树已达5亿多株，木材蓄积量共1 300万立方，占全省木材总蓄积量的1/4。

“四旁”植树的方法最先是由现任省林业厅长刘清泉50年代在山西省夏县工作时，总结群众的经验后提出来的，后被推广到全国。夏县还曾被林业部授予“全国四旁绿化模范”的光荣称号。最先搞“四旁”植树的夏县郭道公社，已在“四旁”植树136万株，人均124株。近十年来这个公社用木材收入共买拖拉机4台，打深井10眼，社员用自产木材建房3 000多间。长治县林移大队现在“四旁”树木的蓄积已达3 500立方，人均4.5立方。

（《光明日报》1983年3月11日）

独白 15

想起了一首诗

我调《光明日报》担任记者前与一位曾多年任语文教师的老先生对桌办公。一天闲坐，他讲了一个小故事。一位画家与一位诗人为友，一日画家挥毫作画，画的是一位匆匆忙忙的赶路人，臂夹雨伞，正在一片柳林中穿行。诗人说：“我来给你题首诗。”就在画纸边题道：

前边一株杨柳，
后边一株杨柳，

画家说这叫什么诗，诗人又题：

左边一株杨柳，
右边一株杨柳，

画家说：“真糟蹋了我的画。”诗人说：“别急。”又题：

任他柳丝千万条，
难将游人系。

画家不觉拍手叫绝，这最后一句道出了画的主题，前面那么多看似废话的铺垫正是为了这最后一句，这在写诗技巧上叫“逆挽”。

1983年植树节前夕，我想，抓一条什么样的林业消息呢？山西是我国“四旁”植树口号的发源地，而且多年来成绩显著，于是我脑子里就产生了这个题材，并且依照那首诗构思了这个题目，很有“逆挽”的效果，发在了头版。

路旁就是储蓄所　一步一辆自行车

翼城县公路林储材百万方价值两个亿

本报讯　最近我们在山西省翼城县采访，吉普车无论怎样飞跑也总是在层层林网之中。路旁的杨、榆树一步一棵，有的地方是两行甚至四行。县里的同志说："一棵树相当于一辆自行车的价值。毫不夸张，走在我县的公路上，一步就是一辆自行车。"

路过武池公社时，记者被两边的参天白杨所吸引，下车抚摸这些摇钱树。它们每隔一米一棵，已有合抱之粗。县委的同志说，全县平川250条县社公路，全长1 000多公里，现在已栽有杨、榆200万株，价值两亿元。在平川、山区的田地里，群众还创造了"满天星"（10米间距栽一株杨树）、"堰埂桐"（顺梯田堰埂栽桐树）、"丰产林"等造林法。这个县50年代的县委负责人刘清泉是全国造林模范，现任山西省林业厅长。现任县委书记武伯琴，是全省四位林业劳模书记之一。

（《光明日报》1984年4月24日）

独白 16

抓住灵感

写新闻也要灵感。

1984年春天我在晋南平原上的翼城县采访，公路两边的夹道树从车旁疾闪而过，陪同的同志说：一步就值一辆自行车。我一下闪出一个主题：报道公路林。随即到林业局查了有关数字，这就是下面这条短新闻，后来获第二届“全国林业好新闻奖”。

灵感是什么？是你心里长久储备的思想突然遇到外部媒介的触发而幻化为一个具体的方案：一篇文章、一个计划或一件艺术品等。灵感的闪现就是灵魂的产生。你计划中的方案已经有了灵魂，剩下的就是立其骨架，填其血肉了。公路造林大有可为，一步价值一辆自行车，这是消息的灵魂，再要几个关键的数字，几个具体的、有现场感的形象就够了。这样的消息必然短而精。

采访可以有两种方法：一种是从接触到的大量事实中提炼主题，一种是触发到灵感再去寻找事实。关键是要时时有抓住灵感的方法，法国昆虫学家有一句在科学界广为流传的名言：“机遇只给有准备的头脑。”这准备包括知识和思想的积累，包括对机遇的把握。

神池县将立造林功臣碑

表彰高富育林十六载 一心为村里乡亲造福

高富所在的八角大队植树七千余亩，用林业收入资助每户买一台电视机

本报讯 在为中国革命作出重要贡献的晋西北革命根据地——这块曾为无数革命先烈立有纪念碑的土地上，如今又将为一位活着的、不倦的建设者立一块“造林功臣碑”。这项决定是最近中共山西省神池县委和县人民政府联合作出的。

这位功臣名叫高富，今年 81 岁，是神池县八角大队的一位普通社员。八角大队，历史上风大沙多，灾害频繁。据神池县志载：“风大作时，能逆吹牛马，使倒行，或擎之高二三丈而坠。”这里，年年因沙害毁苗，长期低产，水土流失严重。1967 年，正当“文化大革命”动乱开始不久，当时年已 65 岁的高富，组织了七位平均年龄 71 岁半的老汉，开进了村南的一条没有人烟的荒沟，开始打坝拦洪植树造林。两年后，一条乱石滚滚的荒沟长满了杨柳。他们的举动感动了村里的乡亲，后来虽然五位老人先后去世，但一批又一批的青年人报名参加高富的植树队。经过 16 年来的艰苦劳动，这个大队共打起了 36 座土坝和 800 条土垅，在石滩上淤起了两米多厚的沃土，绿化了八条沟和七华里公路，营造了宽 50 米的七条防风林带，建起了 3 700 亩林网方格田，成片造林面积达 7 163 亩，零星植树 7.1 万株。过去光秃秃的沙梁、乱石滚滚的荒沟，现已长满合抱粗的杨柳树。据有关部门测算，这个大队现在的木材积蓄量共有 6 800 多立方，总值达 130 多万元，全村人均 900 元。现在这一笔绿色财富已开始为村民造福。实行责任制后，只间伐的木材便满足了全村家家户户搭牛棚、猪圈、做车辆之用。去年冬天，大队又从林业收入中拿出 5.7 万多元，资助全村社员

每户买一台电视机，目前已运回 230 多台。到今年秋天，这里将成为一个户户有电视的电视村。

由于植树造林，现在全村已基本上控制了水土流失，改善了小气候和生态平衡，粮食和油料的产量与 16 年前比分别提高了 1.1 倍和 17 倍。

高富老人植树治沟的经验已引起有关方面的重视，中央、省、地的林业、水保部门现正在总结推广。

高富老人无子，老伴早已去世，他唯一的女儿在外地工作，要接他出去安度晚年。他说：“我离不开这些树。”现在他每天天一亮就拄着拐杖到林子里看树，指导青年人种树护树。村里社员都尊敬地称他高富大爷，无论大人孩子，都称这满山满沟的树为“高富大爷的树”，大家自觉爱护，几年来无一偷砍滥伐。党和政府对高富给予很高的荣誉。他作为林业劳模，曾七次出席全省劳模大会；去年，全县又选他为特等劳模。凡来这里下乡的省、地、县的领导同志，都要来看望他，并帮助他解决生活上的困难。

（《光明日报》1983 年 7 月 24 日）

·2· 光明日报 1983，7，24

神池县将立造林功臣碑
表彰高富育林十六载
一心为村里乡亲造福

高富所在的八角大队植树七千余亩，用林业收入资助每户买一台电视机

本报讯 记者梁衡、通讯员冯耀报道：在为中国革命作出重要贡献的晋西北革命根据地——这块曾为无数革命先烈立有纪念碑的土地上，如今又将为一位活着的不值的建设者立一块“造林功臣碑”。这项决定是最近中共山西省神池县委和县人民政府联合作出的。

这位功臣名叫高富，今年八十一岁，是神池县八角大队的一位普通社员。八角大队，历史上风大沙多，灾害频繁。据其县志载：“风大作时，能逆吹牛马，使倒行，或擎之高二、三丈而坠。”这里，年年因沙害毁苗，长期低产，水土流失严重。一九六七年，正当“文化大革命”动乱开始不久，当时年已六十五岁的高富，组织了七位平均年龄七十一岁半的老汉，开进了村南的一条没有人烟的荒沟，开始打坝拦洪植树造林。两年后，一条乱石滚滚的荒沟长满了杨柳。他们的举动感动了村里的乡亲，后来虽然五位老人先后去世，但一批又一批的青年人报名参加高富的植树队。经过十六年来的艰苦劳动，这个大队共打起了三十六座土坝和八百条土埝，在石滩上垫起了二米多厚的沃土，绿化了八条沟和七华里公路，营造了宽五十米的七条防风林带，建起了三千七百亩林网方格田，成片造林面积达七千一百六十三亩，零星植树七万一千株。过去光秃秃的沙梁、乱石滚滚的荒沟，现已长满合抱粗的杨柳树。据有关部门测算，这个大队现在的木材积蓄量共有六千八百多立方，总值达一百三十多万元，全村人均九百元。现在这一笔绿色财富已开始为村民造福。实行责任制后，光间伐下的木材便满足了全村家家户户搭牛棚、猪圈、做车辆之用。去年冬天，大队又从林业收入中拿出五万七千多元，资助全村社员每户买一台电视机，目前已运回二百三十多台。到今年秋天，这里将成为一个户户有电视的电视村。

由于植树造林，现在全村已基本上控制了水土流失，改善了小气候和生态平衡，粮食油料产量和十六年前比分别提高了一点一倍和十七倍。

高富老人植树治沟的经验已引起有关方面的重视，中央、省、地的林业、水保部门现正在总结推广。

高富老人无子，老伴早已去世。他唯一的女儿在外地工作，要接他出去安度晚年。他说：“我离不开这些树。”现在他每天天一亮就拄着拐杖到林子里看树，指导青年人种树护树。村里社员都尊敬地称他高富大爷，无论大人孩子，都称这满山满沟的树为“高富大爷的树”，大家自觉爱护，几年来无一偷砍滥伐。党和政府对高富给予很高的荣誉。他作为林业劳模，曾七次出席全省劳模大会；去年，全县又选他为特等劳模。凡来这里下乡的省地县的领导同志，都要来看望他，并帮助他解决生活上的困难。

“造林功臣”高富　冯耀摄

独白 17

青山不老

《三国演义》上有一个故事写庞德与关羽决战，身后抬着一口棺材，以示此行你死我活，就是我死了也没什么了不起，埋了就是。真一副堂堂男子汉大丈夫的气概。这种气概大约只有战争中才能表现出来，只有在书本上才能见到。但是，当我在一个小山沟里遇到一位普通老者时，我却比读这段《三国演义》还要激动。

窗外是参天的杨柳。院子在沟里，山上全是树，所以我们盘腿坐在土炕上谈话，就如坐在船上，四围全是绿色的波浪，风一吹，树梢卷过涛声，叶间闪着粼粼的波光。

但是我知道这条山沟以外的大环境，这是中国的晋西北，是西伯利亚大风常来肆虐的地方，是干旱、霜冻、沙暴等一切与生命作对的怪物盘踞之地。过去，这里风吹沙起能一直埋到城头，县志载："风大作时，能逆吹牛马，使倒行，或擎之高二三丈而坠。"可是就在如此险恶的地方，我对面的这个手端一杆旱烟锅的瘦小老头，竟创造了这块绿洲。

我还知道这个院子里的小环境。一排三间房，就剩下老者一人，还有他的棺材。那棺材就停在与我们一墙之隔的东屋里。老人每天早晨起来抓把柴煮饭，带上干粮扛上锹进沟上山，晚上回来，吃过饭，抽袋烟睡觉。他是在65岁时组织了七位老汉开始治理这条沟的，现在其中已有五人离世，但已绿满沟坡。他现在已81岁，他知道终有一天早晨自己会爬不起来，所以那边已准备好棺材。他可敬的老伴，与他风雨同舟一生，也是在一天他栽树回来时，静静地躺在炕上过世了。他没有儿子，只有一个女儿在城里工作，三番五次地回来接他出去享清福，他不走。他觉得自己生命的价值就是种树，墙那边的棺材就是这价值结束时的归宿。他用旱烟锅敲着墙不紧不慢地说着，村干部在旁边恭敬地补充着……16年啊，绿化了八条沟，造了七条防风林带、

3 700 亩林网。去年冬天一次就从林业收入中资助村民每户买了一台电视机，这是一个多么了不起的奇迹。但他还不满意，还有宏伟设想，还要栽树，直到他爬不动为止。

我们就在这样的环境中谈话，像是站在生死边界上谈天，但又是这样的随便。主人像数家里的锅碗那样数着东沟西坡的树，又拍拍那堵墙开个玩笑，吸口烟……我还从没有经历过这样的采访。

在屋里说完话，老人陪我们到沟里去看树。杨树、柳树，如臂如股，劲挺在山洼山腰。看不见它们的根，山洪涌下的泥埋住了树的下半截，树却勇敢地顶住了它的凶猛。这山已失去了原来的坡形，而依着一层层的树形成一层层的梯，老人说："这树根下的淤泥也有两米厚，都是好土啊。"是的，保住了这些黄土，我们才有这绿树。有了这绿树，我们才守住了这片土。

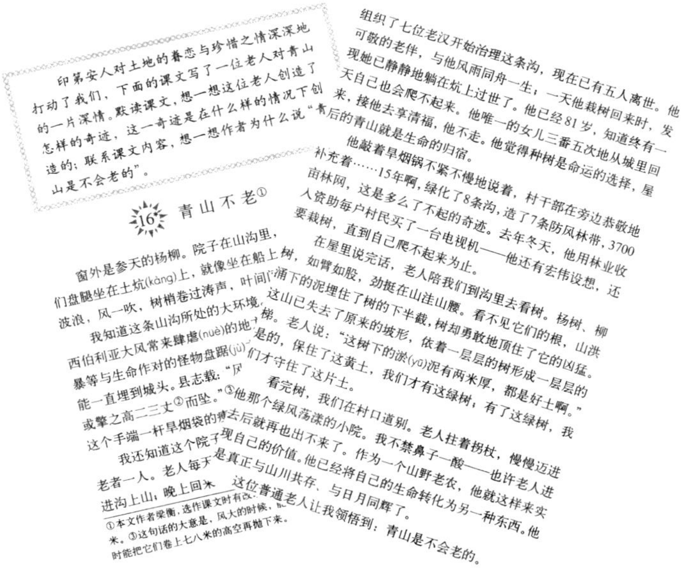
印第安人对土地的眷恋与珍惜之情深深地打动了我们。下面的课文写了一位老人对青山的一片深情。默读课文，想一想这位老人创造了怎样的奇迹，这一奇迹是在什么样的情况下创造的；联系课文内容，想一想作者为什么说"青山是不会老的"。

16 青山不老①

窗外是参天的杨柳。院子在山沟里，
们盘腿坐在土炕(kàng)上，就像坐在船上
波浪，风一吹，树梢卷过涛声，叶间
我知道这条山沟所处的大环境，
西伯利亚大风常来肆虐(nüè)的地
暴等与生命作对的怪物盘踞(jù)
能一直埋到城头。县志载："风
或擎之高二三丈②而坠。"③
这个手端一杆旱烟袋的
我还知道这个院子
老者一人。老人每天
进沟上山，晚上回来

①本文作者梁衡，选作课文时有改……
米。③这句话的大意是，风大的时候，……
时能把它们卷上七八米的高空再抛下来。

组织了七位老汉开始治理这条沟，现在已有五人离世。他可敬的老伴，与他风雨同舟一生；一天他栽树回来时，发现她已静静地躺在炕上过世了。他已经81岁，知道终有一天自己也会爬不起来。他唯一的女儿三番五次地从城里回来，接他去享清福，他不走。他觉得种树是命运的选择，屋后的青山就是生命的归宿。

他敲着旱烟锅不紧不慢地说着，村干部在旁边恭敬地补充着……15年啊，绿化了8条沟，造了7条防风林带，3700亩林网，这是多么了不起的奇迹。去年冬天，他用林业收入资助每户村民买了一台电视机——他还有宏伟设想，还要栽树，直到自己爬不起来为止。

在屋里说完话，老人陪我们到沟里去看树。杨树、柳树，如臂如股，劲挺在山洼山腰。看不见它们的根，山洪涌下的泥埋住了树的下半截，树却勇敢地顶住了它的凶猛。这山已失去了原来的坡形，依着一层层的树形成一层层的梯。老人说："这树下的淤(yū)泥有两米厚，都是好土啊。"是的，保住了这黄土，我们才有这绿树；有了这绿树，我们才守住了这片土。

看完树，我们在村口道别。老人拄着拐杖，慢慢迈进他那个绿风荡漾的小院。我不禁鼻子一酸——也许老人进去后就再也出不来了。作为一个山野老农，他就这样来实现自己的价值。他已经将自己的生命转化为另一种东西。他是真正与山川共存、与日月同辉了。

这位普通老人让我领悟到：青山是不会老的。

没有想到一篇谈采访背景的文章《青山不老》24 年后被选入小学课本。

看完树，我们在村口道别。老人拄着拐杖慢慢迈进他那个绿风荡漾的小院。我不知怎么一下又想到那口棺材，不觉鼻子一酸——也许老人进去就再也出不来了。作为政治家的周恩来在病床上还批阅文件；

作为科学家的华罗庚在讲台上与世人告别；作为一个山野老农，他就这样来实现自己的价值。一个人如果将自己的生命注入一种事业，那么生与死便不再有什么界限。他活着已经将自己的生命转化为另一样东西；他死了，这东西还永恒地存在。他是真正与山川共存，与日月同辉了。达尔文和爱因斯坦都说过，生死于他们无所谓了，因为他们所要发现的都已发现。老人是这样的坦然，因为他的生命已转化为一座青山。

老人姓高，名富。我对他怀有无尽的敬仰。这个平凡的人让我领悟了一个伟大的哲理：

青山是不会老的。

中纪委要求山西省委抓紧处理，给予平反昭雪，

对制造这一假案的人要严肃处理

所谓“蒲县武装暴动”案真相大白

本报讯 中共山西省临汾地委，利用清查运动，大搞派性，制造了逼死县委书记杨桂舟，还株连二百多人的所谓“蒲县武装暴动”大假案，至今尚未彻底平反，严重影响了这个地区的安定团结。

今年五六月间，几位受害者和受害者家属分别向中央领导同志和中央纪律检查委员会来信、来电，反映了这个问题。中纪委接连几次打电话要求和催促山西省纪律检查委员会抓紧处理。

7 月 4 日，受害者桑保珍专程来到北京，为了引起领导的重视，加快问题的解决，他灵机一动，在西单电报大楼给最高人民检察院检察长黄火青同志和中央纪律检查委员会常务书记黄克诚同志发了一份长达 1 200 字的电报，对山西省临汾地委和蒲县县委主要领导人制造大假案的罪行提出了控诉。中纪委收到电报后，立即通知桑保珍前来面谈，详细听取了他受害的经过和假案的有关情况。

所谓“蒲县武装暴动”案的真相是：蒲县地处山区，当地人有打猎习惯。1973 年和 1977 年，蒲县县委办公室副主任高宪阁等为了打猎、打靶，曾分别向驻军武装部要了些子弹。1977 年 10 月，地区公安局以“盗窃军火”的罪名拘捕了高宪阁等人。临汾地委某些领导人认为时机已到，随即派出与杨桂舟持对立观点的辛荣彪、张瑛为正、副组长的工作组，前去主持蒲县的“清查工作”，他们采取栽赃陷害、刑讯逼供等非法手段，凭空制造了一个所谓“蒲县武装暴动”案。他们把 1976 年临汾有关单位经地委批准在蒲县开会及有些同志因公到蒲县，说成是为反革命武装夺权“搞串联”；把 1977 年 2 月间解放军某部辛春喜同志回蒲县探亲时，请了县、社一些熟人在家吃饭，说成是为反革命武装夺权“开黑会”。据临汾地委书记×××透露，他是早就

想整蒲县县委书记杨桂舟了，他说，就是没法下手，现在子弹帮了我们的大忙。他亲自到蒲县召开千人大会，又把这个问题和“反大寨”联系起来，说：“这是一股反大寨的恶势力，县委书记杨桂舟为首的蒲县县委是资产阶级帮派司令部；杨桂舟是反清查的帮司令；蒲县是叛党夺权的根据地；这个案永远也翻不了。”并责令刚被从省医院揪回的杨桂舟在10天内交代清楚，否则送公安局监护隔离审查。辛荣彪在讲话中说，这场斗争要白刀子进去，红刀子出来。会议刚散，杨桂舟同志就被迫自杀。工作组搞的是赤裸裸的“以派划线”，凡是杨桂舟一派的有子弹的人，都被审查，而另一派有子弹的人，不但不审查，反而成了审查别人的积极分子。整个案件大整一派干部群众，被株连的有7个被捕，8户被抄家，80多名干部和群众被打成“帮派体系”，非法关押，隔离审查，120多名干部被赶到农村劳动。而在“清查”此案中所谓立了功的辛荣彪、张瑛二人，则分别被任命为县委书记、县“革委会”主任。

桑保珍同志是在这起大假案中受到株连的无辜群众之一。他原在县里当炊事员，1973年退休后到柏山古庙护林看庙，孤身一人，以庙为家。制造这一假案的人硬说柏山是“反革命武装暴动据点”，说桑保珍修庙墙、挖地窖是“筑工事、挖地道”。由于柏山是名胜古迹，游人不少，就被说成是来跟桑保珍联系的。于是，他于1977年10月19日，在一无逮捕证、二无拘留证的情况下，被非法逮捕入狱。桑保珍在狱中多次受到酷刑审讯，下巴被打脱臼，左臂被打成残废，两腿得了严重的关节炎。这一次入狱共被关押485天。

1979年3月，山西省委第二书记罗贵波同志到临汾视察时，听取了群众的反映，派人组成省、地委联合调查组，对此案进行调查。这时，有关部门迫于当时形势，不得不于3月11日把桑保珍从狱中放了出来，但却不给释放证。1979年7月23日，他们又捏造了“冲击围攻县委书记，扰乱社会治安”的罪名，将桑保珍再次逮捕，又关押了335天。直到今年6月13日，才将桑保珍释放，但释放证上还留着“扰乱社会治安”等尾巴。经桑保珍据理力争，最后才写了一张“无罪释放”的证明，于 6 月 20 日出狱。

对这一大假案的主要受害者杨桂舟同志，去年 3 月地委副书记董启明就代表地委宣布要“开追悼会平反昭雪”，但因王定模、张瑛不同意在悼词上写“错定为清查对象含冤致死”的字样，平反追悼会又未开成。被捕的其他几个人虽已释放，也都还留有尾巴。

中央纪律检查委员会了解上述情况后，即于 7 月 26 日专文函告山西省纪律检查委员会：“对这一假案要彻底平反，对被迫害致死者要予以昭雪，对制造假案的人要严肃处理。在查处过程中，如有人进行干扰，也要追究其责任。”据此，山西省纪律检查委员会和临汾地委成立了一个调查组，于 8 月 19 日前往蒲县。但是，由于某些人的抵触，调查、处理工作进展缓慢。这件大假案的直接制造者辛荣彪、张瑛至今还是县委书记、县“革委会”主任。被害者及其家属、广大群众强烈要求彻底查清此案，追究大假案制造者的法律责任。最近，中央纪律检查委员会再次重申了上述意见，要求山西省抓紧落实，尽快对此案作出严肃处理。

（《光明日报》1980 年 8 月）

［附］

拭目以待

在粉碎“四人帮”一年之后，山西省临汾地区居然无中生有地制造出一个逼死县委书记、株连迫害二百多人的所谓“蒲县武装暴动”的大假案！而罪名之一又是所谓“反大寨”！这实在是令人愤慨的，又是引人深思的。

党中央三令五申，是冤、假、错案，就要彻底平反。可是，在党的三中全会后，当省委第二书记罗贵波同志觉察这一假案，并派出调查组进行调查时，却遭到顽固抵制，假案的直接制造者甚至还公然将受害者桑保珍再次非法逮捕入狱！你说怪也不怪？今年夏天，中央纪律检查委员会得悉情况，多次催促山西省纪律检查委员会抓紧调查、严肃处理这个大假案，山西省纪委和临汾地委也派出了调查组。然而时至今日，这一假案仍不能彻底平反，假案的直接制造者仍逍遥法外，照样当他们的官，摆他们的威风！人们不禁要问：在那里，为什么制造一个假案是那样容易，而平反一个假案却这样困难？为什么整好人是那样容易，而处理那些蓄意整人、违法乱纪的人却这样困难？平反冤假错案的阻力究竟在哪里？

假案受害者和广大群众的呼声是如此强烈，中纪委提出彻底平反的要求是如此坚定、明确，现在，就看山西省委和临汾地委的有关部门、有关负责人拿出什么行动了！

事情总要有个结局的。党纪昭昭，法网恢恢，违法乱纪者岂能逃避？让我们拭目以待吧！

（注：本文为《光明日报》就上面一则消息配发的短评。）

独白 18

历史曾有这样一个时期

我开始任《光明日报》记者是在 1978 年 8 月，到年底就召开了中国共产党历史上著名的十一届三中全会。这个会拨乱反正，对“文化大革命”十年内乱，从思想理论上作了彻底清算。接着在全国展开了广泛的平反冤假错案。所以我任《光明日报》记者的头四五年内，接待的采访对象有一半是申冤告状的，主动上门的对象几乎百分之百是要求报纸帮助平反。一场“文化大革命”，真是人妖颠倒，是非混淆，它除了造成政治上的反动和经济上的倒退外，还在道德、人品方面留下许多后遗症，人经过这场动乱就如生物经原子辐射出现变异一样，突然兽的一面又回归了。同室办公的同志，同街同村的邻居，就是要暗踩脚后跟，门前挖陷阱，就是要斗个你死我活。为斗倒对方不惜指鹿为马，颠倒黑白，置人死地也横得下心、下得去手。后人也许已很不理解这种事，但历史上确曾有这样一个时期。人类，或者说小一点，我们这个民族，在她发展的道德史上，曾有一个小小的漩涡，在这漩涡急速回流的刹那间闪出一个可怕的影子，就像科幻影片《人狼》一样，人突然变成兽。好在这只是一刹那，历史又前进了。在编这本集子时，我只收了此类消息中的一篇，意在立此存照。

山西蒲县为吕梁山南端一极偏僻小县。县城南有一座柏山，遍生松柏，森森然如阴间鬼蜮。山上有一庙是《封神演义》里黄飞虎的行宫，曰东岳大帝庙。庙下有一阎罗殿，殿内泥塑有阴曹地府中的诸般惨烈之状，为国内少数保存的地下阎罗殿。凑巧冤案就发生在这里。被牵连受害者共 200 多人，为首的是一县委书记，已被迫自杀。但反抗最激烈者却是一名孤身老人桑保珍。桑原为志愿军战士，转业后回县，在县委当炊事员，后又上山看庙。他被无故逮捕，但极坚强。每晚残阳压山、晚霞血照之时，他便双手把定铁窗，向全城大呼：“桑保珍现在开始喊冤……”蒲县县城极小，一条街不过两三百米长，人少房稀，他一声呼喊声震半街屋瓦。这时大家就说："桑保珍喊冤电台又开始广播了。"家家屏气凝神，小小山城唯闻铁窗吼声，其声如困兽之嚎，十分瘆人。当局不得已，将其释放，他一获释即进京告状，进不了中南海，就跑到西单电报大楼向中央发了一份1 200字的电报。回县后，当局恨其告状，又抓他进牢，他复日日喊冤，并拒不剃须理发，铁窗夕照，其威严之状更如一头笼内猛狮。后由于上面干预，当局要释放他，劝他先理个发，他仍拒之曰："留个纪念，让世人看看这场冤枉。"我上山之时，老人终因折磨既久，身心交瘁，已躺在医院里，但神志清楚，听说来了记者，十分高兴。可惜他已不能说话，只以手指心，表示其志已遂。

此案假判错定，当然是坏事，但大小牵连200余人，其中有知识有地位的也不少，然而愤然出头力争力抗者竟是一看庙的孤身老人。县委书记被迫自杀亦当同情，若以其智、其势而反击，效果当更在老人孤斗之上，然却悄然自遁黄泉。呜呼，人之于世，诚搏一气也，气壮则身存事成，气馁则人亡事败。所以文天祥身系大狱之中仍赋《正气歌》。

壮哉，桑氏老人！

（注：这篇独白的第二段起后来被作为一篇文学作品，题为《桑氏老人》，选入多种散文选本。）

像开发矿藏那样开发人才

像搞活经济那样搞活科技

山西省试办人才开发公司

本报讯 你有什么科研项目一时得不到支持吗？你有什么技能未能得到很好的发挥吗？都可以去太原寻求一定的帮助。这个由科技人员发起成立的“山西省晋光人才开发公司”，近几个月来，已在山西省广大科技人员中引起浓厚的兴趣。

这些发起人中有四位是科技战线上卓有贡献的全国人大代表。他们联合向山西省人民政府建议成立一个较灵活的、以开发各类人才为目的的机构，作为现行科研领导管理部门的助手和补充。这是一个独立自主、自负盈亏、企业化管理的事业单位。它广泛收集社会上零散的小改小革成果，组织、挖掘闲散的和未被人重视的科技人员，并给予支持，帮助他们完成研究、通过成果鉴定、安排生产并向有关方面推荐使用。其活动经费将靠自身开展咨询、转让成果，按照国家有关规定合理提取的收入，以“科研养科研”。这些建议很快得到中共山西省委、省人民政府的支持，省委、省政府责成一名副省长具体来抓此事。省长办公会议还决定予以支持。批准成立人才开发公司，并在开办之初拨款 15 万元。

这个公司在筹备之初便开始了紧张的业务工作。有一位青年工人业余钻研节电技术，但是由于他的研究与本厂的业务不对口和受本人知识水平所限，以致十多年来一直没有取得成果。他找到公司求助，公司给他提供了有关材料、仪器，并组织省内知名的电子专家进行测试、讨论，又积极向省科委进行推荐，终于使这项节电效率很高的科研项目取得成果，并通过了鉴定。山西省有一个县铁厂因赔钱下马，但是当地建材原料丰富，公司便组织了省里的技术人员帮他们制定了炼铁炉改产白水泥和副产品钾肥的方案。这样，该公司在开发那些正规科研部门不可能全部包揽的零星项目，支援技术力量薄弱的县社基层部门方面，真正起到了机动灵活、拾遗补阙的作用。另一方面公司还动员社会力量培训人才，目前他们已办了书法、篆刻、中医、生物医学等方面的训练班 7 期，培训人才 400 余人。

（《光明日报》1984 年 1 月 26 日）

独白 19

从导演到演员

我曾谈到，在采访中常恨眼里看到的工作功亏一篑，有时忍不住要插一两句嘴，因此记者不自觉地充当了导演。而到 1983 年下半年，由于思想解放的深入，许多工作百废待兴，人们的创造欲望正被呼唤出来，但是旧体制、旧政策又还没有打破，正是新旧交替、乍暖又寒，许多人在痛苦中挣扎，许多成果已看得见就是出不来。如果是十年"文革"时期，沉沉重压，也就不说了；然而现在虽可以想，却又不能干，因而，科技界强烈地呼唤着改革。我这个记者站不断有人来告状，来申诉。他们怀抱卞和之玉，手提伯牙之琴，大呼不为人识，像水被挤在石缝，像煤被埋在地下，他们还在被埋没着。过去的办法是我以手中的笔帮这些人写"内参"，或公开呼吁，报上一登，或上面转来一信，有时也能解决一两个人的问题。但杯水车薪，又有何用？于是我想到水利可以开发，煤炭可以开发，人才为什么不能开发？与其坐而写，何不起而行；与其为他们呼吁，何不把他们组织起来，自己解放自己。北京卖大碗茶的待业青年都能自食其力，这些高精尖人才还不能自谋出路，何必总是求人救救自己呢？我拟了两句响亮的口号："像开发矿藏那样开发人才，像搞活经济那样搞活科技""愿天下有才者都能为四化出力"，又利用我多年在科技界采访形成的优势，又说服省委，很快成立了一个"人才开发公司"，我自任董事长。因为是《光明日报》驻山西记者站办的，取名"晋光"。这个公司是全国第一家"人才开发公司"，很快在国内以至国外引起强烈反响。所谓《光明日报》驻山西记者站，其实当时就我一个人。这次真正自己走到了前台，当了一回主演。1984 年 1 月 27 日正是春节前夕，省城各机关都在搞迎新茶话会，并抢着请领导参加，我们也开了一个茶话会，想不到省市领导几乎全部到会，使同日的不少茶话会凉了台。会前我自己写了公司成立的消息，与人民日报社一记者联名，并嘱两报编辑部最好在开会前一天见报。果然，我们开会时报纸刚到，每人面前摆两张国内第一、第二大报，着实为茶话会助威不少。这也可看出舆论的威力。这就是上面这条消息。

但是我当演员也就这一回。不久我就被选送中央党校。学习结束后也未能再走企业家的路。

下面是我当时在电台作的一次录音讲话，后收入《改革者谈改革》（光明日报出版社，1984 年版）一书，附以参考。

［附］

愿天下有才者都能为四化出力

山西省晋光人才开发公司是 1983 年 8 月 31 日成立的。这是在科技体制和管理方面进行改革的一个尝试。

为什么要搞人才开发公司

这个公司首先是由我们《光明日报》驻山西记者站的同志和几位科技工作者共同发起的。过去，有不少科技工作者经常去记者站，向我们反映他们的科技成果得不到重视，他们的作用得不到发挥。我们感到，在报纸上为科技人员呼吁固然重要，但最好能有一个组织，帮助他们解决具体困难。而在艰苦的攀登中历尽坎坷的科技工作者，也从亲身经历中体会到，人才开发应主要依靠党政组织部门，但它与经济工作一样，也不能全靠国家包起来，而是应该发挥两个积极性。做科技管理工作的省科委的同志也深有同感。显然，科技管理体制和人事制度的改革，是时代的要求，是历史发展的必然趋势。尽管这几年由于各级党委和政府的重视，知识分子政策不断得到落实，但还存在一些死角。如果能像在经济领域除了国营、集体经济外，还有个体经济的补充，在人才管理上也有一个组织来起一些拾遗补阙的作用，如同开发矿藏一样开发人才，无疑能搞活科技管理工作，调动和发挥科技人才的积极性，更好地为四化出力。

我们研究，这个组织的宗旨应该是：

（1）为那些确有真才实学，但因种种原因不能进行科学研究的同志尽可能提供资金和条件；

（2）为耗资大、周期长的项目积累和提供资金；

（3）为生产技术的研究开发服务；

（4）为各部门、各单位组织和储备人才，提供咨询。

我们还认为，从我们国家的现状来看，三中全会以来，我们具备了实现四化的最好的政治历史条件：我们有党的正确领导和正确的政治路线，有优越的社会主义制度；我国地大物博，物质资源丰富；由于实行了对外开放政策，我们可以引进国外的先进技术和管理经验以补充我们的不足。这一切优越条件要得到充分发挥，关键在于要有人才。只要把人的主观能动性充分发挥出来，并引导到正确的轨道上，四化就一定能实现，国家就一定会富强起来。所以，我们给这个组织起名为“人才开发公司”。我们是想用具体的、实际的措施来扶持人才，用办企业的办法来搞人事，开发和使用人才。

我们是怎样开发人才的

我们在与科技人员和其他专业人员的交往中，深感人才的积压、浪费、外流现象十分严重。例如：

（1）由于过去我们的科技管理体制和管理方法方面的弊病，许多科技人员的研究课题得不到承认、支持和推广；

（2）由于多年“大锅饭”的国家办科研，没有竞争和压力，科技人员的能量未能最大限度地发挥出来；

（3）由于某些领导干部、管理人员的不懂行或忌才，科技人员心情不舒畅，压抑了积极性；

（4）由于科技人员的业余研究爱好与工作单位不对口，但一时又不愿或不可能得到调整，因而造成“余热浪费”。

针对这些情况，我们采取三种开发办法和形式：

（1）对于有“硬”成果的人才，即有发明、创造、革新成果的科技人员，如果他们的成果一时不能得到承认和推广，不能发挥经济效益，公司的开发办法就是给他们提供经费，组织协作人员攻关，取得成果后向上级部门推荐鉴定。例如有一个青年工人，花了10年时间，研究了一种节电整流器。因为他的研究与其工作单位不对口，这项成果就一直得不到承认。他向公司提出申请后，经我们审查，认定这种整流器很有价值，便给他拨了经费，组织张光鉴、赵修明等全国著名的电子技术专家帮他会诊、调试，并积极向省科委推荐，最后通过了鉴定。有位中学教师将自己多年来研制的自动滴定仪送到公司，请公司给予支持，我们审定后立即拨了款，并邀请5位大学教师帮助他改进，查阅和参考了1926年以来有关这个课题的中外资料，完善他的设计。还有几位同志花了十几年时间，研究出一种对国防工程建设具有重大价值的高强度水泥，因得不到承认，无法投入生产。我们知道后，目前也正在准备给予支持。

（2）对于在技能、技艺性方面表现出才智的人才，由公司积极为他们创造和提供能发挥一技之长的条件。养蜂专家李宪东同志在阳泉市工作，我们介绍他到急需发展养蜂业的雁北地区神池县讲课。现在这个县在他的指导下，已经有了自己的养蜂业，许多农民由此富裕起来。神池县委书记曾就此事亲自给公司写信表示感谢。类似这样的例子还有很多。

（3）对于有“软”成果的人才，即那些已经将自己的研究成果写成论文或专著，因为现行出版体制的一些弊病很难得到发表的知识分子，公司的开发办法就是帮他们出版论著。例如，一位医务工作者整理了我国第一本脑电图谱，虽有几位同行和名教授推荐，但由于成本较高，出版部门至今不愿出版。现在我们已申请成立一个自负盈亏的出版社，并同时和山西人民出版社签订了开发这类学术著作的合同。

由于我们采取了以上三种开发办法，许多科技人员纷纷找上门来。公司成立半年多来，我们共接待来访者3 000余人次，对他们都给予了力所能及的资助。我们还对全省人才分布情况进行了调查研究，搜集整理了1 000多名中、高级科技人员的材料，按照学科、专业、职称、年龄、成果等编写了人才大系表。通过大系表，初步看出了人才的分布结构，为我们了解广大科技人员、合理使用科技人才提供了信息。同时，我们还广泛开展了振兴山西的献计献策活动。省内以及全国各地的专家、教授就山西能源基地建设和人才开发，纷纷向我们提供建议和意见，现已收集1 000多份方案、设想以及小发明创造等。通过调查和献计献策活动，我们发现和了解了一大批人才，为公司的活动创造了条件。培养人才是我们的改革工作的基础一环。公司一成立就狠抓了人才的培训。几个月来，我们广泛利用社会上的教学力量，本着缺什么培训什么的原则，为社会培训了一批急需的专业人才，其中包括中医专科班、党政干部电大专业班、生物医学工程电大班、微电子培训班、外语高级口语班、书法篆刻等30多个班次，目前在班的学员共有2 600多名。

此外，我们在教育改革方面还做了一些新的尝试。我们现在正在利用山西大学剩余的教学研究力量和实验室，帮助附近农民成立教育专业户，解决学员的吃住问题，建立了卫星学校。今年已决定在夏季开始试办200人的专科班和本科班，估计可逐步发展到500人左右。如试验成功，将扩大到太原工学院等高等院校。这样既可以迅速地为国家培养一批急需的科技人才，又可以为国家节省大量投资。

我们公司的机构是怎样运转的

我们公司的机构组织和工作内容，是针对现行科研体制中三方面的弊病而采取改革措施的。

（1）现行体制中部门所有制壁垒森严。无论人、财、物以及科研课题都是部门所有，科研实验、推广都是部门自己进行，闭锁性太强，不便进行横向联系，不能发挥综合优势。针对这种情况，我们注意在科研工作中发挥纽带作用，广泛组织社会力量而打破部门所有制，对一些过去难以进行的课题进行研究和推广。例如，当前医学界所急需的一种便携式层析扫描超声波诊断仪，对腹部、胆囊、子宫、胎儿的诊断效果很好。还有，当前我国绝大部分医院使用的X透视设备都是黑白显示，识别能力很低，只有15～50个密度等级，影响诊断效果，而彩色显示设备的识别能力要高几十倍。这两种设备进口价格昂贵，工厂想搞，又不对口。针对这种情况，我们就联系了太原机械学院、太原无线电仪表厂共同协商，达成了合作开发的协议，在山西省科委的支持下，目前这两项科研项目的研究工作已由一校、一厂和我们公司下属的一个研究所共三个单位横向合作，顺利进展着。

(2) 现行体制中科研和经济生产脱节，造成一方面大批科技成果通过鉴定，另一方面却又没能推广，一方面某些部门人才拥挤、密集，而另一方面有的部门又急需人才的状况。针对这种情况，我们开展加强横向联系和沟通渠道的工作，使那些正在窝工浪费的人才能够“好钢用在刀刃上”。山西省霍县是一个建材资源极丰富的地方，去年该地的一座小炼铁厂下马，由于缺乏科技力量，不知出路在哪里，高炉要报废。我们便组织化工、冶金、建材方面的科技人员到现场实地调查，提出了一个将炼铁厂改造为白水泥厂的合理方案。这个县还是一个大煤矿区，仅辛置公社一地就有 3 万名矿工，月工资总额达 200 多万元。矿工手里有钱，农民手里有粮，但是，当地没有食品加工厂，人们连饼干、点心都买不到。而另一方面太原市食品工业公司所属各厂又拥有不少剩余技术力量和退休的熟练工人。于是，我们便将他们两家挂起钩来，现在由省食品工业公司负责技术指导、县社投资的一个小食品厂和一个酿造厂已经破土动工。今年中秋节，霍县人民即可吃上当地生产的具有太原特色的月饼。腐殖酸钾是一种新型的复合肥料和植物生长激素，增产效果显著。1983 年，我省河津县 8 000 亩小麦喷上这种肥料，共增产 53.4 万斤，平均每亩增产 66.8 斤。但是，由于科研、生产推广分别隶属三个不同的厅、局，各自都无法承担推广中的投资风险和组织工作，所以这种肥料没有得到大面积推广。我们公司经过深入细致的调查研究后，认为推广这种新型化肥对我省农业的发展意义重大，这项成果积累的试验数据完整，资料可靠，大面积推广的条件已经成熟，就决定投资 10 万元，推广 100 万亩。于是我们派出专人在全省推广，受到了农民群众的热烈欢迎。

(3) 针对现行科研机构中“大锅饭”效率低的弊病，我们试行了一套全新的改革办法。公司是事业单位、企业管理，自主发展，自负盈亏。其组织机构，是由社会各界有志于改革的有识之士组成的一个不脱产的董事会，实行董事会领导下的责、权、利统一的经理负责制。在人员选用上实行年轻化、知识化、专业化的原则，并有试用期。公司各项工作均实行任务承包、单项核算，充分利用经济杠杆的调节作用，实行工资浮动、资金提成和不封顶的办法。这些改革措施克服了吃“大锅饭”所带来的低效率的弊病，充分发挥了大家的工作热情，办事效率很高。另外，公司内部工作会议也实行了会前有准备、发言时间不得超过 10 分钟的规定，有效地防止了“文山会海”的官僚主义作风。

我们在改革的道路上仅仅迈出了第一步，以后的路途还很长，困难也很多。我们力争把工作做得更好，为四化建设做出更大贡献。

第三编

怎样写通讯

一个农民养猪专家的故事

去年 4 月的一天，山西省忻县温村公社的院子里进来一位黑脸膛、戴着近视眼镜的社员。他一见到公社书记王金龙同志就说："我请求当大队养猪场的场长，到年底保证上缴利润 3 700 元。我找大队，大队不同意，这才来请公社给我做主。"

王金龙书记问明，这是大王大队的社员岳安林。大王猪场已连续亏损了 11 年。书记说："安林，你就有这么大的把握?"岳安林说："多出的钱全部交队里，短下的钱全由我一人包赔!"说着掏出一个 5 000元的存折，啪的一声压在桌子上："大不过是这么多，甘愿立下军令状!"王金龙真正感动了。他说："我们的队干部要都有你这样的干劲，什么都好办了！你干吧，如果真的完不成指标，公社替你担一半罚款。"最后大队和岳安林签订了合同，在人员、饲料等固定的条件下，猪场一年向队里上缴利润 3 700 元，若不足此数，每 100 元罚工 40 个，如果超过，每 100 元奖工 15 个。

合同订了，县、社领导和社员群众都替他捏着一把汗。岳安林却胸有成竹。上任第一天，他把猪场的 5 人召集到一起约法三章：第一，实行联产计酬，每增肉 30 斤，记一个工，超者奖，不足者罚；第二，民主治场，全场六个人，每人一天，轮流任值日场长，人人都得听从指挥；第三，8 小时工作制，剩余时间，读书学习，定时进行业务考试，80 分以上者奖，60 分以下者罚。

约法之后，他把负责育肉猪的饲养员叫来，给了他一张纸。只见上面写着："玉米粉 50 斤，豆饼 15 斤，鱼粉 3 斤，食盐半斤，硫酸铜、碳酸钙各半斤……"原来是一张饲料配方。他说："你照这去喂，一两不许变动，猪不长肉你来找我；不按配方，完不成指标由你负责。"接着他又把母猪饲养员叫来，给了另一张配方。又对化验、保管等一一作了吩咐。

这岳安林办猪场可真与众不同，他不是忙着去垒墙出圈，却首先搞什么杂交、猪群整顿、同期发情等。猪场原有 52 头母猪，有不少是 10 年以上的老猪，早已不能产仔，甚至行走不动，终日卧着晒太阳，每天是白白消耗许多精饲料。他过去多次提议淘汰掉，可是原老场长说："这些猪生儿育女有功劳，走不动了也要养着。"现在他一朝掌权就立即杀掉了 24 头，甩掉了一群"包袱"。他又很快补进了一批品种优良的精壮小猪，活蹦乱跳，顿时猪场一派生机。

他的 8 小时工作制实行没两天，就有两个饲养员来找他说："你这个活我们干不了。"他说："好，你们两人的工作全交给我，你们跟着我看上一天。"只见他先把猪按品种用途、吃食习惯分了槽，又把料一次配好，装在平车上，按路线投料。这个猪吃着，那个猪喂着，井然有序，不多走一步冤枉路，不浪费一分钟，全部工作干完，只用了 6 个小时。这两个饲养员看了一天，目瞪口呆。晚上，他把大家叫到一起，掏出华罗庚教授编的《统筹法话本》，在纸上画了一张"饲养统筹图"，说："你们看，这样安排活路，从加料到喂完，一个全过程就可以省出 3 个小时。"

岳安林今年 37 岁，1961 年从学校返乡后就苦钻养猪技术。这些年来，他戴着一顶"地富子女"的帽子，常挨批斗打骂，备受凌辱。可是这个有志者竟自学了两门外语，阅读了大量国内外资料，在全国性刊物上发表了论文，被邀请出席全国养猪会议，受聘到大学、中专课堂上讲课，却总不得在队里一显身手。这次破釜沉舟才争得一个机会。别的猪场，除了料房，就是猪圈。他这里却还有化验室，有暖箱、天平、量杯、试管，有供水管道、太阳能暖圈。别的猪场常是满地粪土、柴草，他这里却打扫得干干净净。当院的墙上刷着一块大黑板，上面是密密麻麻的饲料配方公式、试题标准答案。场里职工和外省、外县来这里代培的学员，常在黑板前讨论问题，这里简直是一所养猪学校。

人们持着各种各样的议论，单等着年底看结果。结果呢，这年年底，他们 6 个人共育成上市肥猪 104 头，平均每人生产猪肉 3 201 斤，出栏率达到 123%，这个数字高出全国平均出栏率一倍多。用料与产肉的比例为 3∶1。最后一结算，全场盈余 11 860 元，比合同规定超出 8 000 多元。按合同岳安林应得奖励工 1 000 多个，可是他却把大家召集在一起，总结完一年的工作后说：“成绩是靠大家的劳动取得的，这些奖励工都分给大家。我这样干的目的，只是想通过实践证明一下：科学技术加上科学管理，集体猪场就不会赔钱，就能办好！”最后他只领了 530 个工，是全场工人中最低的报酬。他说：“作为一个场长，理应这样。”

（《光明日报》1980 年 11 月 14 日）

一个农民养猪专家的故事

本报记者 梁 衡

去年四月的一天，山西省忻县豆村公社的院子里走来一位黑脸膛、戴着近视眼镜的社员。他一见到公社书记王金龙同志就说：“我请求当大队养猪场的场长，到年底保证上缴利润三千七百元。我找大队，大队不同意，这才来请公社给我作主。”

王金龙书记同明，这是大王大队的社员岳安林。大王猪场已连续亏损了十一年。书记说：“安林，你就有这么大的把握？”岳安林说：“多出的钱全部交队里，短下的钱全由我一人包赔！”说着掏出一个五千元的存折，啪的一声压在桌子上，“大不过是这么多，甘愿立下军令状！”王金龙真正感动了。他说：“我们的队干部都要象你这样的干劲，什么都好办了！你干吧，如果真的完不成指标，公社替你担一半罚款。”最后大队和岳安林签订了合同，在人员、饲料等固定的条件下，猪场一年向队里上缴利润三千七百元，若不足此数，每一百元罚工四十个，如果超过，每一百元奖工十五个。

合同订了，县、社领导和社员群众都替他捏着一把汗。岳安林却胸有成竹。上任第一天，他把猪场的五个人召集到一起约法三章：一、实行联产计酬，每增肉三十斤，记一个工，超者奖，不足者罚；二、民主治场，全场六个人，每人一天，轮流任值日场长，人人都得听从指挥；三、八小时工作制，剩余时间，读书学习，定时进行业务考试。八十分以上者奖，六十分以下者罚。

约法之后，他把负责育肉猪的饲养员叫来，给了他一张纸。只见上面写着：“玉米粉五十斤，豆饼十五斤，鱼粉三斤，食盐半斤，硫酸铜、碳酸钙等半斤……”原来是一张饲料配方。他说：“你照这去喂，一两不许变动。猪不长肉你来找我；不按配方，完不成指标由你负责。”接着他又把母猪饲养员叫来，给了另一张配方。又对化验、保管等——作了吩咐。

这岳安林办猪场可真与众不同，他不是忙着去垒墙出粪，却首先搞什么优势杂交、猪群整顿、同期发情等。猪场原有五十二头母猪，有不少是十年以上的老猪，早已不能产仔，甚至行走不动，终日卧着晒太阳，每天要白白消耗许多精饲料。他过去多次提议淘汰掉，可是原老场长说：“这些猪生儿育女有功劳，走不动了也要养着。”现在他一朝掌权就立即杀掉了二十四头，甩掉了一群“包袱”。他又很快补进了一批品种优良的精壮小猪，活蹦乱跳，顿时猪场一派生机。

他的八小时工作制实行没两天，就有两个饲养员来找他说：“你这个活我们干不了。”他说：“好，你们两人的工作全交给我。你们跟着我看上一天。”只见他先把猪按品种用途、吃食习惯分了槽，又把料一次配好，装在一个平车上，按路线投料。这个猪吃着，那个猪喂着，井井有序，不多走一步冤枉路，不浪费一刻钟，全部工作干完，只用了六个小时。这两个饲养员看了一天，目瞪口呆。晚上，他把大家叫到一起，掏出一本华罗庚教授编的《统筹法话本》，在纸上画了一张“饲养统筹图”，说：“你们看，这样安排活路，从加料到喂完，一个全过程就可以省出三个办法。”

岳安林今年三十七岁，一九六一年从学校返乡后就喜欢养猪技术。这些年来，他背着一个地富子女的帽子，常受些斗打骂，备受凌辱。可是这个有志者竟自学了四国外语，阅读了大量国内外资料，在全国性刊物上发表了论文，被邀请出席全国养猪会议，受聘到大学、中专课堂上讲课，却总不得在队里一显身手。这次被公社委才争得一个机会。现在的猪场，除了料房，就是猪圈。他这里却还有化验室，有显微镜、天平、量杯、试管，有自来水管道，夏天能喷雾。别的猪场尽是满地粪土、柴草，他这里却打扫得干干净净，当院的墙上刷着一块大黑板，上面是密密麻麻的饲料配方公式，试题标准答案。场里职工和外省、外县来这里代培的学员，常在黑板前讨论问题，这里简直是一所养猪学校。

人们持着各种各样的议论，单等着年底看结果。结果呢，这年年底，他们六个人共育成上市肥猪一百零四头，平均每人生产猪肉三千二百零一斤，出栏率达到百分之一百二十三。这个数字高出全国平均出栏率的一倍多。用料与产肉的比例为三比一，而全国平均数是五比一。最后一结算，全场盈余一万一千八百六十元，比合同规定超出八千多元。按合同岳安林应得奖励工一千多个。可是他却把大家召集在一起，总结完一年的工作后说：“成绩是靠大家的劳动取得的，这些奖励工都分给大家。我这样干的目的，只是想通过实践证明一下：科学技术加上科学管理，集体猪场就不会赔钱，就能办好！”最后他只领了五百三十个工，是全场工人中最低的报酬。他说：“作为一个场长，理应这样。”

［附］

朴实的记叙 动人的情节

——推荐《一个农民养猪专家的故事》

梁衡同志的通讯《一个农民养猪专家的故事》（下称《故事》）写得短，写得好，写得深，是一篇值得推荐的好文章。

一、简洁精练 通讯是不是非长不可？《故事》作了否定的回答。《故事》全文共分8个自然段，包括“自荐”“协议”“约法”“治场”“示范”“结果”等内容，中间还插叙一段背景材料，可以说是一个完整的故事。从新闻的角度来说，也是诸要素齐全。但它只有1 800字左右，约占一个版面的六分之一。这就是说，通讯并不是非长不可。

其实，读者对于报纸上发表的人物通讯，是作为新闻读的，他只关心人物的“新闻”部分。所以，报纸上的人物通讯与一般的人物传记应该有所区分。当然，必要的背景材料，是需要交代的，那也只是简略地带上一两笔就够了。例如《故事》中也有一小段插叙，只用150个字，就交代了主人公的年龄、学历，何时开始钻研养猪技术，自学成绩，以及这次“毛遂自荐”的背景，等等，这些都是了解岳安林成长过程必不可少的材料。但是，作者并没有多花笔墨，只作了提纲式的叙述，可以说是词约意丰了。例如作者写岳安林“1961年从学校返乡后就苦钻养猪技术”一句，就说明了两个问题：（1）岳安林是个返乡务农的知识青年；（2）岳安林钻研养猪技术已有18个年头了，他的成功，非一日之工。又如作者写“他戴着一顶‘地富子女’的帽子，常挨批斗打骂，备受凌辱”一句，就把岳安林这些年来在逆境中艰苦奋斗的情况告诉了读者，细节则留给读者自己去思索。

二、绘声传神 《故事》用“未见其人先闻其声”的笔法，写“一位黑脸膛、戴着近视眼镜的社员”到公社来请求书记支持他当大队养猪场场长的情景。他一见到公社书记王金龙同志就说：“我请求当大队养猪场的场长，到年底保证上缴利润3 700元。我找大队，大队不同意，这才来请公社给我做主。”几句话，就把一个心直口快、奋发有为的人物形象放到读者面前。这是一种“悬念式”的开头，使读者急于知道：他是谁？

第二段接着用“王金龙书记问明，这是大王大队的社员岳安林”起笔，既承接首段，又让岳安林“亮相”。下面接着写了这样一段：

> 大王猪场已连续亏损了 11 年。书记说：“安林，你就有这么大的把握?”岳安林说：“多出的钱全部交队里，短下的钱全由我一人包赔!”说着掏出一个 5 000 元的存折，啪的一声压在桌子上：“大不过是这么多，甘愿立下军令状!”王金龙真正感动了……

这段描写，精彩极了。它，绘声传神，把岳安林的性格特征和为公自荐的品格活现于纸上。真是“如见其人，如闻其声”了！那个 5 000元的存折，“啪的一声压在桌子上”，这不是赌注，这是决心的体现！这一啪，凝聚着主人公的干劲和成竹在胸；这一啪，甘立军令状的话才有了坚实的基础。

“大王猪场已连续亏损了 11 年”也是一个背景说明，这 13 个字，是公社书记问安林：“你就有这么大的把握”的依据，也是在合同订后，“县、社领导和社员群众都替他捏着一把汗”的缘由。这 13 个字，更衬托出岳安林一心为公、下决心改变猪场面貌的高尚品质。而这个品质，并没有在文字上直接表现出来，它渗透在事实的叙述之中。

此外，作者在文字上也是下了功夫的。比如写岳安林拿出存折，“啪的一声压在桌子上”，据作者说，用“压”字来表达动作，是经过再三推敲的。原选用“放”字，觉得没有气势，表现不了人物的性格。后改用“摔”字，又觉得过于粗鲁，像在吵架，也不符合实际情况。最后才用“压”字，既符合人物身份，又构成一幅“甘立军令状”的画面，突出了人物的性格特征。

三、详略有度 旧时小说家总爱声明“有话则长，无话则短”，这也算是一个写作原则。《故事》的作者正是运用了该详则详、该略则略的方法，把通讯写得精练得体。上述13个字写了一个重要背景是一例。再如，岳安林给负责育肉猪的饲养员一张饲料配方，作者就详细地记叙出来，其余则一笔带过，只写上“接着他又把母猪饲养员叫来，给了另一张配方。又对化验、保管等一一作了吩咐”。前者的“详”，是为了使人们了解这张配方的科学性；后者的“略”是以前者的“详”为依托的，因而读来不感其“略”。新闻，毕竟不是直接指导生产技术，因此，对于诸如化验、保管一类，只说明他作了布置也就够了。这种略，略得其宜，是值得参考的。

四、有起有伏　写小说，要有矛盾冲突，写文章，要有波澜跌宕，《故事》既写了岳安林上任后约法三章，猪场实行民主管理，以及他治场有方等事实，也写了猪场的矛盾和困难。比如：“他的8小时工作制实行没两天，就有两个饲养员来找他说：‘你这个活我们干不了。’”闹起矛盾来了。岳安林怎么解决呢？他没有训斥，没有冒火，而是用示范的行动来帮助他们。他从实践到理论，讲了“饲养统筹法”，使大家心服口服。这样记叙矛盾的产生和解决矛盾的办法，从内容上说，对各行各业的领导者都有启发；从文字上说，又使行文不流于平板，读之引人入胜。

五、善用对比　岳安林到猪场后，有哪些与众不同之处呢？作者没有用形容词来渲染，而是采用事实的对比：“别的猪场，除了料房，就是猪圈。他这里却还有化验室，有暖箱、天平、量杯、试管，有供水管道、太阳能暖圈”。这是不同之一。“别的猪场常是满地粪土、柴草，他这里却打扫得干干净净。当院的墙上刷着一块大黑板，上面是密密麻麻的饲料配方公式、试题标准答案。”这是不同之二。这两个不同，显示出岳安林上任后大王猪场的科学管理概貌。正是这种科学管理，使这个猪场另有一番气氛：“场里职工和外省、外县来这里代培的学员，常在黑板前讨论问题，这里简直是一所养猪学校。”古人说：“文贵朴”，这个“朴”，在新闻报道上，恐怕就是让事实说话吧。作者在这里运用事实的对比使好坏优劣一目了然，而且具有较强的说服力。

六、卒章显义 《故事》最后一段，作者借岳安林的话作为本篇结束语，点明题意，这叫做“卒章显义”。岳安林讲：“成绩是靠大家的劳动取得的，这些奖励工都分给大家。我这样干的目的，只是想通过实践证明一下：科学技术加上科学管理，集体猪场就不会赔钱，就能办好!”最后他只领了530个工，是全场工人中最低的报酬。他说：“作为一个场长，理应这样。”言简意赅，耐人寻味。

总之，这是一篇人才的颂歌，作者并没有着眼于技术上的报道，因此，它便超出了养猪的范围，而对其他行业的领导人，也是一面镜子……

当然，这篇通讯也存在某些不足之处：首先，报道时间抓得迟了些。其次，文中有的地方没有交代清楚，比如，岳安林的5 000元存折的来路，就没有说明。据作者说，岳安林是个有事业心的青年，他凭劳动挣工分，平时省吃俭用，近20年积下这些存款，留着买书买仪器用。如果通讯中略做交代，岂不更好?

张慕勋

（《光明日报通讯》1980年12月）

独白 20

我的成名作

用“成名”这个词，实在不敢，这里也只能按习惯借用一下。

名山不在高，秀水不在深。想不到一篇不经意为之的短通讯给我赢来一个记者所向往的荣誉。1980 年暮春我到山西忻县采访，听说有一个农村青年叫岳安林的养猪很在行，我到村里去访问他，他却进城了。我看了他的猪场，又看了他的院子。这个人遭遇实在坎坷，就因一个“地富子女”的成分，考上大学后又被退回，在村务农，总遭人白眼。家境贫寒到拆房卖椽子过日子，我见到他时，他的房已被拆掉半间，椽瓦杂露如犬牙交错，山墙烟熏半黑，如乱兵刚过，院门是高粱秆编的，靠在两根木桩上。恰好他 20 年前改嫁他乡的母亲第一次回来小住，扶着柴门含着泪对我说：“想不到这些年我娃这么苦。”其实这苦状已是过去的纪念，如我那篇通讯里讲的，主人已经在政治上、事业上翻身，只是还未来得及改造自己的窝。我初步的印象，这是春寒料峭中的一枝迎春花。枝条下尽管还有残雪，枝头上却已挂满黄花。1980 年，正是我们告别一个旧时期，准备创造新日子的时刻。恩格斯说文艺复兴是创造巨人的时代，那么现在至少是创造新人的时代，这是一个好典型。

当晚我回到县城，晚饭后约岳安林来招待所谈了一个小时。他走后我即草成一篇 1 800 字的通讯。我不知它到底能不能发表。说老实话，当时我虽看到了它的新闻价值，但更把它当作一个传奇故事来看，来写。这篇稿子在编辑部又压了几个月。当时我调报社才不到两年，我也不敢想发回去的稿子就能立即见报。据说此稿在用与不用上确是分歧了好一阵子，后来刊在《光明日报》1980 年 11 月 14 日的二版上。

我没有想到的是，见报不几天报社即收到电话、来信，反响极强烈，而且居然延续到第二年 4 月，近半年而不衰。这时报社来电话说，这篇稿已被评为1980年全国好新闻（这也是我国第一次举办好新闻评奖）。于是我决定再去忻县作二次采访。使我大吃一惊的是，半年来岳安林就收到3 000多封信。这些信有的是从政治角度感叹过去埋没人才，今天终于出头的；有的是文学同行有感于通讯写作技巧的；更多的是乡间的农民，他们急切地想要知道岳安林的养猪新技术。有一个来信者说，他是春节走亲戚在人家的墙上看到这张已糊上墙的报纸，逐字抄下来的。还有一个来信者说，他们村几个人先是一起读了这张报，后不知谁把报藏了起来，为此还弄了个小不愉快。有一封信说，他们正想知道养猪配方时，文章却用了省略号，大骂记者在吊读者的胃口。我埋头翻看这些信，真是心花怒放，想不到我这篇1 800字的小文，一石激起千层浪，竟能牵动整个社会，许多人为之而激动，这就是成功，就是胜利，我在这个北方农村的乡间猪场里第一次尝到成功的喜悦，也懂得了记者的价值。我决定留下来，这3 000封读者来信激励着我，他们想知道更多的关于我文章的主人公的消息，我有责任告诉他们。我在这里和岳安林生活了七天，又写成了一篇3万多字的报告文学。从这件事我也得出一个经验，就是“一块肉要多做几个菜”。记得我的一位当炊事员的邻居说过，有经验的厨师，两斤肉就能做一桌席。那么一个好记者，应该用一个素材写出尽量多的东西，这样才不枉费那块好料。于是我就岳安林这个题材，写了通讯、消息、人物介绍、记者来信、问答、连环画等，先后在八种报、刊、书上发表，我使出浑身解数制造了一股“岳安林热”。后来写他的报告文学先后获得“青年文学奖”“赵树理文学奖”，连同通讯获得的“好新闻奖”，在这一个题目上就得了三项奖。所以《新闻战线》转来一封信说：“似乎在他身上有做不完的文章。”我的回信被这个刊物放在“致青年记者的信”专栏中发表。编辑哪里知道，其时我自己也才是步入大报不到两年的小记者呢。但这次报道确实使我的知名度大大提高，岳安林的地位也大大改善，由一名普通农民破格转为干部，并被任为地区科委副主任，被选为省政协委员。

一场热闹过后，我回想起来，就像一个牧童无意中踩着了一个山道上的机关，引起一场预想不到的眼花缭乱。但是再一细想偶然中的必然，这篇东西所以能有这一点成功，大概有这样三点隐藏的因素：一是要归功于我是农民的儿子。我对农村生活太熟悉了，农民的所想、所为，他们的气质，这些已经作为一种基因深深地植入我的细胞。我知道，虽然后来一直生活在大城市，但总能嗅到自己身上的黄土气，所以我对主人公有天然的理解。二是要归功于“文化大革命”从反面对我的教育。十年动乱，颠沛流离，我从北京一毕业即被发配内蒙古一个小县当农民，政治上对人的摧残和荣辱浮沉使我更懂得了社会。三是要归功于古文基础。我中学阶段对司马迁、韩愈的文章曾下了点功夫，尤其古文中以极简练的笔法写人物常使我神往。这篇通讯可以说是这种训练的一次小试。

记者怎样才能成名呢？过了近十年后再想这个问题，我觉得有两个条件：一是要有积累，知识积累、思想积累和文化积累；二是要有机遇，要能碰到充分表达这种积累的题目。许多记者没有出名不是他没有本事，实际上水平早就够了，只是没有人来给他扬名。而这个名由谁来扬呢？由读者，只有靠千千万万的读者。你怎样才能为读者所承认呢？只有靠文章，靠你笔下的文章。而文章又是可遇而不可求的，如果你决心要将某一篇文章写成成名作，结果往往失败，你只需抱定一个当好记者的决心，倒可能遇机而成名。

一个冷静的企业家

——记石圪节煤矿矿长王森浩

一年前，王森浩来石圪节煤矿走马上任当了矿长。他是在原来的矿上卓有成绩，誉满全省后荣升到此的。而这个矿早在16年前就被树为全国的标兵，16年来的全员效率又一直稳拿全国冠军。此时此地，他还有大步可迈吗？跳高的横杆，总是越往上升，越难跨过的，可是他却轻轻地跨过去了。

王森浩来到矿上的第一件事就是下井。他在巷道里走着，四部运输皮带从四个不同的工作面上哗哗地冲过来，急泻的煤流一齐涌上主运输皮带，堆着，挤着，一路连抛带撒地奔向煤仓。他留神一看，原来这皮带只有80厘米宽，不觉眉头微微一皱。他继续走着。巷道弯斜，煤粉扑面，头上的金属网顶，有的破了大洞，有的坠成大包……工人们干着，干着，挥汗如雨。

新年伊始，按常规，正是开门红，创高产，表决心，保先进的时节，何况又是新官上任呢？可是元旦过后的矿务会上，王森浩却沉静地说："现在我们的井下是四条'80皮带'采煤，一条'80皮带'运输，支渠干渠一样宽，原煤怎能提上来？还有，我们的通风能力是70万吨，铁路运输是76万吨。可我们的采煤能力呢？——100万吨。全矿还没有一眼深井，生产生活严重缺水。我看第一季度先抓设备调整。"

"那产量呢？"有的同志急了。

"宁可减点产。"

啊?！这对这个连年增产的老先进矿来说，真不亚于晴天霹雳。会后王森浩把生产科长叫来："你去联系钻机打水井。"他又告诉基建组："马上设计安装新风机。"然后他来到井下皮带机旁。春节前半个月，新机座浇好了混凝土；前十天，机架、皮带运到了井下；前三天，拆、装、运、试。各项任务都安排落实到了人头。大年初一生产工人放假了，一声令下，2 600 米长的皮带运输线同时拆换。年初四，工人来上班了，一条 1 米宽的崭新皮带正飞舞着，就像长龙吸水一般，坑下积存的原煤顷刻间一扫而光。

一天，一个采煤队长来找王森浩，原来这个队有一个工人违章作业，按条例全队 600 元的安全奖被全部扣除了。队长说："群众有议论，一人违章，全队遭殃，这是封建株连。"这条例是王森浩来后定的，他说："这不叫封建株连，是同志友爱，就是要让你们互相监督，又互相关心，你忘了去年才发生的死亡事故吗？安全问题不能手软！"王森浩下井很少问产量。顶网破坠，他说："别怕花钱，再加一层"；井下巷道黑、脏、乱、臭，多年如此，他却不行，柱子非要打得笔直一线不可，浮煤泥浆要扫清冲尽，主巷壁要刷上白浆，就连打楔的小斜木块也像在橱窗里摆着一样，斜面相对，上下成方。工人们在井下操作，就像进了人防工程，安全、整洁、舒畅，连家属大院里的大娘大嫂们心里也是踏踏实实的。王森浩常说的一句话是："要改变矿山的形象。"

来矿不久，王森浩夹着个大碗到工人食堂去打饭。食堂只有几只三条腿的桌子，工人们在门外的土地上蹲着，剩饭、脏水满地泼，碰到下雨，要穿上高腰靴子，蹚泥过水才能吃饭。王森浩把后勤负责人叫来说："吃饭要有桌子，餐桌要铺台布，卖饭要戴口罩，卫生要有专人管，食堂里要摆上盆花，煤矿工人也需要美。新餐厅立即动工，年底使用。"这个矿从新中国成立以来已改造过 5 次，产量由 5 万吨上升到 100 万吨，工人由 1 000 人增到 2 400 人。当年进矿的小伙子，如今都儿女满堂，可是职工宿舍却几乎没有增盖，生产生活已极度失调。他立即铺开了一个宏伟的"职工生活调整规划"：新盖宿舍楼 4 800 平方米，改造平房 78 户，矿区土路改砖石路，单身工人宿舍中购置桌、柜、床单，配服务员……这下有些人目瞪口呆了。石圪节闻名全国就是因为这"勤俭"两字啊。过去上面来检查，先看楼房盖了没有，路铺了没有，甚至还要看那个最大的旧厕所翻修了没有。都没有就放心了——勤俭矿风没有丢。现在这么干，不怕人说丢了“传统”吗？王森浩说：“我不要那个名，要的是这个实。工人不能贡献越大，生活越苦。”新房设计报来了，每户 45 平方米，他说：“要 60！”计划报上去了，总批不下来，他说：“放心吧，机构层次多，文件一时转不完，咱先干着。”当 7 月初文件批回来时，宿舍已开工 13 个月，主体工程都干完了。身为矿长，他不怎么跑生产科，却三天两头跑基建组，问材料，问进度。到年底，全矿 140 户职工搬进了新居。工人们庆贺了乔迁之喜后，他亲自在党委会上为基建组的同志请功，发给奖金 300 元。

他大抓矿井配套，大抓安全，大抓生活，一年完成了 6 项大的调整任务。人们最担心的产量怎样呢？到年底共超产原煤 16 万吨。人们更担心的勤俭矿风丢了没有？全年光降低坑木消耗一项就节约了 55 万元，这些钱就足够盖那些新房了。还有，全员效率继续保持全国冠军，四项经济指标创造了历史最好水平……

王森浩，50 年代毕业于北京矿业学院，他中等身材，文静儒雅。工人们称他是“不慌不忙的矿长”。自他来后，矿上黑夜不开会，星期天不加班，月末年末不突击。他自己下班后，不是与工人一块看电影，就是回家读书。1981 年元旦后的第 20 天，我去采访他，问办矿有何诀窍。他说：“一要抓调整，注意各方平衡；二要抓安全，确保工程质量，否则产量就是空的。还有一点，先进单位往往最易保守，要解放思想，敢革，敢闯。”谈到他自己时，却总是问三答一，47 岁的人了，还有几分腼腆呢。我看着他那身整洁的制服，平整的头发，还有鼻梁上架着的近视眼镜，怎么也不会相信，这竟是一个在井下滚来爬去，率领数千名矿工两年调整，改造了两个矿的模范矿长。自古统兵打仗，有猛将，如项羽、张飞，有儒将，如韩信、周瑜。王森浩是后者，是一员冷静沉着，运筹帷幄之中、决胜千里之外的儒将。1963 年 11 月，《人民日报》发表社论，号召全国学习石圪节矿风时曾大呼：“快哉此风！”我们今天也禁不住高喊：“好啊，王森浩，一个我们自己培养出来的企业家！”

（《长治报》1981 年 2 月 3 日）

[附]

高级工程师王森浩任山西省省长

50岁的煤炭高级工程师王森浩，最近在山西省六届人代会上被选举为山西省省长。王森浩1956年从北京矿业学院毕业后，一直在山西的基层煤矿工作。1977年，他到全省最落后的一个矿任矿长，两年多后，这个矿一跃成为全省最先进的矿。1979年，王森浩被调任石圪节煤矿矿长以后，大刀阔斧搞改革，使这个煤矿一年后超产原煤16万吨，节约55万元。1982年3月王森浩调到煤炭部任总工程师。

（《光明日报》1983年5月9日）

独白 21

一点小小的遗憾

——记者与大使的联想

这篇通讯是我这本集子中唯一的例外，发在《光明日报》以外的其他报纸上，而且是发在一个地区小报上。1981 年初正是宣传知识分子走上领导岗位的时候，腊月里踏着没过脚脖的积雪，我来到晋东南一个矿区采访了矿长王森浩同志。他给我的印象是精明冷静，如周瑜风度，所以说他是一名儒将。为写此稿，到旧历年根底我还没有回家。招待所里都放了假，记得那天整座楼里就我一个客人，晚上回来，我怎么也叫不开门。但是只要有收获就足可抵消一切辛苦与不快。1981 年 1 月 27 日我的日记里有这样一段话："上午 10 时半，由长治市飞回。7 天采访，得稿两篇。其中《一个冷静的企业家》自觉是较可自慰的东西。"可是最叫人不快的是报社恰恰没有用这篇稿。记者最怕这一招。编辑部可以面对桌上的稿山任意取舍。记者，尤其是地方记者，打扰了人家，而且以后还要常见面，写了稿发不出，就实在不好意思。我又是写信，又是打电话，力陈此人不平常，此稿该发，但还是石沉大海。最后我只好在当地小报上发表，以便稍微挽回一点面子。

事情被不幸言中，后王森浩被任为山西省省长，报社的人大吃一惊。他们更觉难为情，很快要我写一条他上任的消息。记者在地方如大使在国外，有许多当地的情况他会更清楚。编辑部的决策，离不开记者的情报，可惜许多编辑忽略此点，一篇稿子的采用与否及其时机在某种意义上犹如一个外交声明的发表和时机选择，常会直接影响这个报纸在某地工作的开展及威信的消长。以后有好几年我一直为这篇通讯未能及时发表而遗憾。虽然以后我与王森浩同志仍是好朋友，他在我任内给了很多支持，包括支持我办"人才开发公司"。似乎他并没有注意到那篇通讯是哪家报纸发表的，总是说我较早写了关于他的文章。

听农民朱勤学谈信息

信息，使这位农民不断开拓新的生产门路。近年来，他每年拿出 100 元，订购十多种报刊和《食品科学》等书籍，并自己调查市场，几乎走遍了全国各省、市、自治区。他由于掌握了多方面的信息，所以能立于不败之地，不仅自己由穷变富，也为国家和集体作出了贡献

信息，这个词是近年来才较多见诸报刊的吧。但是，当记者最近在山西省翼城县白壁大队采访万元户朱勤学时，却惊讶地发现，他竟能这样熟练地运用商品信息。

谈话是在他新盖的五孔大窑的正窑里进行的。青砖白灰的墙壁似乎还透着一股乔迁不久的喜气。他说："过去我穷得不要说盖房，每年下来还倒欠队里四五百元。1980 年实行责任制后，劳力有了剩余，我思谋着干点什么。"

接着，他的话题就转到信息上了。"一天听收音机，说西安市芝麻酱上市。芝麻酱不就是芝麻做的？咱们这里有的是。我得了这个信息，一动脑子，就给北京去信，问人家要不要。来信说，请寄样品。我访能人，搞试制，磨了一小桶，提上进京。宣武区副食品管理处的同志说：'好，不掺假。'张口就要 10 万斤。我回来后联合了其他两户，到 1982 年底就加工了 7 万多斤芝麻，平均每户收入 13 000 多元。不只我们个人富了，三年来，我们三户向国家交税就有 9 000 多元。而我们全村交的农业税，一年还不足 3 000 元。我们的芝麻酱远销东至丹东，西到酒泉。这不像在自己地上种自己收，市场那么远，要注意收集信息。我这几年每年拿出 100 元，订了 13 种报刊，还不断买新书。"他尝到了信息灵通带来的甜头。

“根据情报资料，我估计芝麻酱将来会滞销，便着手研究新产品。一次在别人家吃饭，不知是一种什么菜，我一看罐头商标是‘四鲜面筋’，是从小麦里提取的。回家来，我带上爱人就南下无锡，先在书店买了本《江苏特产》，又到面筋厂参观。回来后就试制成了。它是油炸，我们是烤箱烤，比它还好；它叫面筋，我换个名字叫‘蚕茧肉’。上市后一抢而空。它加了木耳等，叫‘四鲜面筋’。一天我看到《山西科技报》上有一条材料《山区的宝——地耳》，咱们这里有的是。好，你用木耳，我就用地耳，加面筋制成罐头，名字叫‘地耳粉香肉’。试销了几千瓶很受欢迎。我一下就从玻璃厂订了 10 万个瓶子，准备明年大干。”信息，使他不断开拓新门路。他兴奋地说：“很快我们就将有 6 种产品去占领市场了。”

记者问他，这几年有没有挫折？他说：“有。一是技术上的，开始面筋烤不好，一个烤箱 3 000 元，我们面临彻底破产，形势危急。老婆娃娃都急哭了。马克思说过，实现商品价值是‘惊险的跳跃’，这个跳跃如果不成功，摔坏的不是商品，但一定是商品的所有者。”

我大吃一惊，看着这个粗手笨脚的中年汉子，问他在什么地方读过马克思的书。他说：“在《山西日报》上，一篇文章里有这段话。不过，靠着科技情报灵，我在商品价值的跳跃上还是成功了。”啊，又是信息，使他渡过难关。

朱勤学说：“我遇到的第二种挫折，是政策摇摆——幸亏是一场虚惊。正当我们干得起劲时，上面突然说，芝麻要统购，不能加工，还收了我的执照。一天中午我在《山西农民报》上见到一个问题解答，还引了省政府的文件，说允许农民搞芝麻加工。我放下饭碗，装上报纸就进了城。一个干部还对我打官腔，说内部有文件，就是不许干。我说，我也有文件，将报纸一亮，他傻了眼。‘官司’打赢了——我的政治信息比他们灵。”朱勤学高兴地告诉记者，前几天他又发走一火车皮货，20 吨芝麻酱西渡黄河去兰州了。

我随手翻了一下朱勤学桌上的书刊，除上面提到的报纸外，还有《食品科学》《食品营养标准》《食用菌》《市场报》《民主与法制》等。

他掌握着多方面的信息，所以才能立于不败之地。他自己还调查市场，已走遍全国除西藏、福建、台湾以外的所有省市。他说："反正你城市里不产粮食，食品加工的原料优势在我们农村。"朱勤学所在的公社现在已成立一个食品加工公司，由他当经理。

农村在变，农民也在变。正当全世界都在注视着信息时代到来之际，像朱勤学这样一个普普通通的中国农民也开始悄悄地离开他祖辈耕耘的土地，走向商品生产的新天地，并且竟和"信息"结下不解之缘！

这是1984年春天，给我们带来的令人兴奋的新信息。

（《光明日报》1984年4月17日）

［附］

商品信息要下乡

《听农民朱勤学谈信息》这篇通讯，描述了当前农村颇具代表性的一个新型农民的形象；同时，它又给我们提出了发展农村商品生产中一个值得重视的问题：商品信息要下乡。

说朱勤学是新型农民的代表人物，是指他是在我国农村由自给半自给经济向大规模商品生产发展、由传统农业向现代化农业发展的伟大历史转折的背景下，涌现出来的一个新人。他突破了老一辈农民的保守性，率先转入非农业生产领域。他视野开阔，勤于学习，善于吸收各种信息，敢于为开辟新的经营项目而承担风险。他对商品信息的反应灵敏，在不断发展变化的市场中多谋善断，比之我们某些商店或公司的经理，几乎毫不逊色，甚至还略胜一筹。这样的专业户，正是当前农村中具有经济头脑的发展生产力的带头人物，是今后发展商品生产的骨干。

近两年来，在全国发展起来的约1亿人口的2 400多万专业户中，像朱勤学这样善于吸收商品信息，使自己的生产适应市场需要的，在目前毕竟还是少数。因此，加强对农村广大专业户的商品信息服务，就成为一个十分紧迫的问题。

我们知道，当前的农村商品生产，在很大程度上是市场调节，受价值规律支配。专业户的各种项目的生产，如果没有准确的商品信息的引导，其商品价值的实现，就不能顺利地通过如马克思所说的“惊险的跳跃”。那样，势将挫伤一些专业户发展商品生产的积极性。须知，如果专业户的产品积压滞销，他们是不能像国有企业那样，打个报告，请求上级报销的。这是一方面。另一方面，加强对农村专业户的商品信息服务，从商品生产的宏观上和微观上加以指导，又是国家对农村商品生产实行计划指导的重要途径之一。

现在，这个问题已引起人们的重视。《中国村镇百业信息报》的创刊，以及一些地方农村经济小报的出版，对广大专业户的生产起了很好的作用。但是，这仅仅是开始。它同广大农村商品生产对信息的需求相比，差距是很大的。我们至今还没有形成一个为农村商品生产服务的信息网。有些农牧渔业部门和县、乡（公社）领导机关，对此还没有引起足够的重视。一些面向农村的信息媒介，如报刊、电台、电视台，在某种程度上还存在着“居高临下”、从城市俯瞰农村的情况，而没有真正从当前农村蓬勃兴起的商品生产的实际出发。这种状况亟须迅速加以改变。

过去我们提倡科技下乡，今后还要继续提倡；现在，我们要大力倡导商品信息下乡。

（《光明日报》1984 年 4 月 17 日）

独白 22

要时时追求“最新”二字

——采写两个农民典型的体会

三年前我采写了《一个农民养猪专家的故事》，前不久又写了《听农民朱勤学谈信息》（《光明日报》1984 年 4 月 17 日）。这两个农民典型在其本身意义上和表现方法上有什么不同？我觉得这个问题，涉及典型写作中的一个问题，就是不断求“新”。

一、研究时代发现新人

报纸是党和人民的喉舌，是时代的记录簿，是将来的历史。最准确、最及时地反映时代变化是报纸的基本特点，这也决定着报纸的战斗力与可读性。若把报纸比作一块阵地，那么最前沿的士兵就是记者。

三年前，我写农民养猪专家岳安林，当时的形势正是党的十一届三中全会后我国从政治上拨乱反正。岳安林是在清除“左”的影响后刚被解放出来的一个新人。他是一个有文化、有知识，向农村旧势力挑战的新典型。但是在以后急速掀起的改革潮流中，新的典型又不断涌现。1980 年以后，我国农村出现了责任制，从体制上（当时岳安林那个典型还主要是从反映政策思想上）发生了变革。1984 年 1 月，党中央又下了一号文件，农民不但可以在划分给自己的土地上发挥聪明才智，还可以打破这块土地的束缚，去搞工、搞文、搞商，可以转入非农业生产领域（岳安林还只是限于农业）。这是一次经济体制的大变动，是一股大潮。但这股潮流的意义决不限于农业，它标志着我国正在全面向现代化迈进，这个变化着的时代必然有自己的一大批代表人物，也就是各行各业、各条战线上涌现出来的新典型，我一直注视着，希望能采访到这样一个新典型。

今年 3 月，我到晋南农村采访，农村的新情况使我联想起去年 3 月我在雁北农村的采访。去年看到的变化是一个“富”字，今年的变化主要是一个“活”字。除了种植、养殖专业户外，又有了加工、运输、商业、文化等专业户了。整个农村活了。在翼城县，县委书记告诉我，他们这里有一个能人，叫朱勤学，他从没有见过芝麻酱，就敢给北京写信订货，一下子成了万元户。我立即前去采访，发现他第一，勤劳吃苦，具有一般农民的传统美德；第二，有文化，好学，这就有别于传统农民而和上次写的岳安林相似了；第三，他胆大又冷静，有企业家的气魄，懂得搜集、使用信息，他已冲出土地束缚，搞加工、经商。他每年花100元订十多种报刊，亲自到全国各地调查市场。这样他不但有别于传统农民，又进一步区别于有文化科学知识的岳安林了。他是一个刚刚出现的信息浪潮中的新典型，这是他的新闻价值。我立即采写了一篇通讯，果然得到编辑的重视，发在头版，并配了评论员文章，朱勤学作为一个最新的人被托了出来，他身上所代表的时代新气息引起了人们的注意。

二、运用“反差”追求效果

为什么这次写的又是一个农民，为什么不在知识界找一个典型？当然，报上宣传的绝不止这一个典型，但就这个典型来说，这里考虑到了效果因素。摄影上有一个术语，叫反差，就是说照出来的片子黑白分明，对比强烈。这个道理可移用于新闻。人们在接受一种新事物的宣传时，实际上在接受一种新旧对比的“反差”刺激，这种对比效果越强越能说服人。比如，要讲一个人的毅力，就用张海迪这样一个典型，残疾人尚能如此，何况正常人呢？这样在读者中易引起强烈反响。

在我国各阶层中，农民是知识文化最贫乏的阶层，同城市比，农村的文化是落后的，现在讲第三次浪潮，讲新的技术革命，农村实际上还是处在第一次农业革命。这里从经济体制、思想文化到生活习惯各方面，无疑是与新形势差距最大的地域，农民过去是被愚昧束缚最重的阶层，那么在这些地域，人们已经懂得了使用信息，都能跟上时代的步伐，就可想目前我国大地上的变革之深了。事实上这两年从这个角度写的报道已经很多了，如农民买彩色电视机，农民买钢琴，农民买飞机。不过，这些主要还是说明农民富了，是利用穷与富的反差效果来宣传变化，而朱勤学这个典型则是利用闭锁与开放来说明这场变革。

再者，知识分子队伍也在不断扩大，知识分子的概念也在变，农民中已经涌现出一大批知识分子，岳安林、朱勤学都是这样的人。将来他们中间也会出现一些大的、高级的知识分子。在过去认为文化水平最低的阶层中，发现、宣传有知识的典型，这也是一种"反差"效果，其本身也是一种"新"。

三、有了新人物还要穿新衣

典型写作求新，除研究新问题，发现新人物外，还需要有新的表现手法，一个新人物如果穿一身旧衣服，往往会因衣失人，引不起读者的注意。所以，写典型人物，在写作上也要求新，以岳安林、朱勤学这两篇报道来说，我认为主要有这么几点：

(1) 从人物本身来说，岳安林是极左政策刚刚开始纠正时期的一个愤郁的而又不断抗争的形象；朱勤学是农村体制改革后一个被放开了手脚的，天高任鸟飞的新农民的形象。虽然这两个典型同是体现了党的政策，但从引导读者的视点来说，对岳安林主要应看到他的顽强不屈，对朱勤学主要应看到他那被解放出来的聪明才智。因此，从写作角度来说，《岳安林》一文是重情节，留伏笔，故事性强；《朱勤学》一文，重现场感，重问题，更近于消息。前者重在以事实感人，后者重在以理服人。

(2)《岳安林》一文是第三人称，《朱勤学》一文是第一人称，这样更便于提出问题，夹叙夹议，文中有四次出现记者，都是为了提出问题，转折和加强同被采访者的谈话效果。最后以记者的议论结束："农村在变，农民也在变。正当全世界都在注视着信息时代到来之际，像朱勤学这样一个普普通通的中国农民也开始悄悄地离开他祖辈耕耘的土地，走向商品生产的新天地，并且竟和'信息'结下不解之缘！"

(3)《一个农民养猪专家的故事》是作者向读者讲故事；《听农民朱勤学谈信息》则是让主人公给读者谈道理，这样更增加了可信度。而且“信息”这个很时髦的东西，却让一个农民来谈，这里也有“反差”效果，从标题上就易引人注意。

反正一句话，每当我们写作一个新典型时，一定要先作两个回顾：一是我自己过去写过什么同类的典型，一定不要与之重复；二是别人写过什么这类的典型，一定不要与之重复。这不但指思想内容上，就是形式上、文字上也应这样。否则你笔下的典型就不是最新的。而新闻这个行业就是每日每时都在追求“最新”二字。

（《光明日报通讯》1984年第5期）

核桃之乡访“核桃王”

一个暖洋洋的冬日，我们走访了核桃之乡——山西省汾阳县南偏城公社南偏城大队的“核桃王”王厚富。老汉热情地领着我们上山看核桃林。他今年 72 岁，但上坡下坎，都跑在我们前头。下坎的时候，还常常伸出手来扶着我们这些三四十岁的人。他指着满山的核桃树，如数家珍地向我们介绍：“那是大龙眼、小龙眼，那是纸皮绵、横兰兰……”一共 12 个优良品种，都是他亲手选育、栽培出来的。枝型多样：有适宜密植的，挺拔而立，枝高可达 5 米；有适宜疏栽的，繁枝低盘，采摘核桃犹如采摘棉花。有的是数百年的古树，有的是两岁的幼苗，却能结出核桃来。去年核桃之乡核桃的产量比前年增长一倍，除了完成国家的出口任务外，场院上还堆成了小山。

“核桃王”王厚富指着漫山遍野的核桃树，说：“你们来得不是时候，如果在秋天来，那才好看哩!”

这吕梁山区黄土岗上核桃的历史也是“核桃王”的历史。南偏城在新中国成立前是个有名的穷地方，但也有些有钱人家。这些有钱人家都种有核桃树。一天，王厚富问爸爸：“为啥你不给咱种核桃树?”常言道：“桃三杏四梨五年，想吃核桃十几年。”顾得了上顿顾不了下顿的穷苦人家哪能种核桃！爸爸对王厚富说：“你妈妈扔下四个娃娃，闭上眼睛去了，俺栽核桃拿啥来给你们填肚子!”13 岁那年，王厚富给地主放羊，就和核桃林打上了交道。1945 年，他参加了民兵，后来当上了民兵队长，配合子弟兵打鬼子和阎锡山，经历了许多战斗，腿上至今还留下当年挂花的伤疤。

新中国成立那年，王厚富年已 40 岁。他想起了种核桃，使家乡富起来。他只上过一年学。他下决心学文化，钻研栽培核桃的科学知识。经过几十年的实践和钻研，他终于使核桃树 5 年结出了核桃，后来缩短为 3 年，最后通过嫁接又缩短为两年，并把劣种核桃改造成为优良品种。专家们认为，这是核桃栽培技术上的突破。王厚富还通过嫁接技术，使枯枝败叶的百年和数百年老树枝繁叶茂，返老还童，结出累累果实。队上那棵五六百年的老树，去年结出了近千斤核桃。

王厚富栽培两年的核桃苗苗，还比不上麦秆高，但一棵能结出两三个核桃，栽培 4 年的亩产达 317 斤，栽培 10 年的亩产上千斤。

“核桃王”告诉记者，他在培育核桃树过程中遇到了许多困难。就说把优良品种的核桃树幼芽嫁接到劣种核桃树干上这一项吧，他就连续进行了四年试验，前三年都失败了。当时，有人说他这是要骡子下驹，办不到的事！但他不灰心。第四年他接活了一枝，喜出望外，总结了正反面的经验，继续试验，终于取得了成功。

1977 年，“核桃王”唯一的儿子病死了，这对他的打击太大了。有人议论说：老汉这下子恐怕就趴下了。但他儿子下葬那天，他忍着悲痛，仍在和队上的干部一起研究生产规划。老汉说：“人总是要死的。有的死得早一些，有的死得晚一些。活着的人不往前走，光为死去的人悲伤，躺倒了，像个啥啊！”

现在“核桃王”已带出了一批徒弟，其中有 5 名高中毕业生，跟了他十多年，已基本上掌握了他栽培核桃树的一套技术，并又带了徒弟。谈到这些，老汉格外兴奋，说：“我们的事业得一代一代传下去。”

“核桃王”得到了他应得的荣誉。他被评为全国劳动模范，1978 年春出席了全国科学大会。他还是汾阳县林业局副局长兼南偏城大队党支部书记。他对记者说：“10 天前，我让贤啦。大队党支部选了一个年轻人接任书记。这样，我就可以抽出更多时间，研究我的核桃啦。我正在写下我栽培核桃的经验，已写了几万字，明年开春前就可以写完。”

（《光明日报》1981 年 1 月 12 日）

独白 23

瞬间新闻与稳态新闻

新闻可以分为两类，一类是刚发生的，如昨天召开了某个会议，哪个要人来访，发生了某个案件等等，这些事时效性较强，可以叫“瞬间”新闻，稍纵即逝。记者写这种新闻关键是要快，叫“抢”新闻。因为一是这些事件倘已被别人报道，你就没有再写的价值；二是时间一过，成了旧闻，即使没有报道过，你再写出来也没有人看了。还有一类新闻，是那件事早就发生，并一直存在着，但是从没有报道过，还不为人所知。这事件一直在那里被冷藏着，你去发现它，报道它，它就是新闻。由于事件本身时效性并不强，它早几个月迟几个月，甚至早几年迟几年报出，一样可以吸引读者，这类新闻可以叫“稳态”新闻。写这类新闻关键是要善于发现。新闻早就摆在那里，你发现了它，这所有权就是你的。比如四川的九寨沟、湖南的张家界，这风景区自然存在了几千万年，到公元 20 世纪 80 年代，报界才去报道它，它仍是新闻。读者因前所未闻，一样想看。所以记者既要能抢到那些刚发生的“瞬间”新闻，又要能发现那些不曾被人重视的“稳态”新闻。总之，我们的新闻观念要宽一些，凡是读者想知道的都是新闻。抢瞬间新闻，这是记者容易注意的，也易奏效，但是生活中哪有那么多新事每天发生并总让你抢到呢？特别是长期在基层工作的记者，或专门采访某一方面报道（如教育、科学）的记者，你周围的事情平凡而又平静，瞬间大新闻更难抓到。因此注意发现那些还未被人报道的稳态新闻是大有可为的。兔子突然跑了，碰倒在树上，猎人唾手可得，这当然是天大的好事，这就是瞬间突发新闻。记者碰到这种便宜事自然是天助之成，再好不过。如美国总统肯尼迪被刺，1989 年 4 月 19 日巨型战舰艾奥瓦号炮塔自身爆炸，都正好有记者在场拍下镜头。但这种事毕竟不会多。作为记者守株待兔是不行的，要走出去搜索，在那些过去已发生的事件中再筛选新闻。新产品有其喜人之处，文物也有其惊人之处，无论新旧都有它存在的价值。新事件、旧事件里都可能有读者想知道的新闻。

我长期在基层采访，远离国家政治中心，这就逼着自己去研究发现稳态新闻，即在平凡又平静的生活中发现读者爱看的和想知道的东西。在农村、学校等基层单位，我访问农民、教师，像梳头和挤奶一样地寻找新闻。比如，一个70多岁的老农，靠实践摸索成为核桃专家，他种的核桃两年就能挂果，皮薄如纸，肉都长到了皮外；一个农民灭鼠专家，像魔术师一样地能将田鼠唤到身边；一个农民养猪专家懂两门外语，创造了全国最好的养猪指标；一个班主任在自己宿舍里支一张床，生一个炉子，为农村穷苦有病的学生补课，又补身体等等。这些东西早就存在，没人写过，但读者爱看，为什么不可以报道呢？十几年间凡是我写出的这类稿件都得到了较强烈的反响，这几年我获得的几项全国性新闻奖恰恰都是这种稳态新闻。它们的主人公既非党政要人，也非社会名流。只是因为他们所做的事总在某个角度上为读者所关注，所想知道。

农民灭鼠能手赵生成

塞外春迟，四五月之交才杨柳垂丝。春苗田里，一只黄鼠大啃大嚼，横冲直撞。一会儿，那些翠绿的嫩苗便秆折叶落，在阳光下蔫死一片。这时，远处传来一阵“吱吱”的叫声，这黄鼠如离弦之箭，循声奔去。突然，嗖的一声一根树枝扫来，它便滚翻在地。一会儿，又是“吱吱”几声，又一只黄鼠应声跑来，滚翻在地。这时，从树后跳出一个中年男子，他数了一下猎物，足有 300 多只。这个人叫赵生成，今年 40 岁，是山西省天镇县南河堡公社的社员，以捕鼠闻名。

赵生成灭鼠不用药物，靠一双眼、一张嘴和一双手。他往地里一站，一眼就能看出哪里有黄鼠洞。他学鼠叫，十分逼真。在鼠的交尾季节，他用这种“口技灭鼠法”，简直像点名一般，把黄鼠一个个叫到跟前。他磨炼出一双铁手，灌鼠时，将一只手卡在洞口，鼠一露头，他便利索地用手指一按，鼠就脑骨粉碎。有一年，怀仁县请他去鼠害成灾的古战场金沙滩灭鼠。他到现场后，正巧一只黄鼠跑出洞口。旁边的人拉拉他的衣袖轻轻地说：“有鼠！”他却若无其事地继续走路。突然，他大喊一声，同时连拍几掌，旁边的人都被吓了一跳，那只黄鼠就地乱撞，一时找不见归所。赵生成飞步上前，一只铁手像鹰爪抓兔一般，把这只黄鼠轻轻拈了起来。这时，他才解释：“初见黄鼠不要惊动，等它离洞远一点，再大喊一声，它就晕头转向，找不到洞穴，跑不了几步就被擒拿。”

俗话说“狡兔三窟”，黄鼠却比兔子还狡猾，它每打一个真洞，都同时要打 20 来个假洞，用来迷惑人。但赵生成识别鼠洞却有绝招。一次，在一块黄鼠洞多的地方，他随手指了一个洞穴说，这里肯定有鼠！别人问他怎么知道的，他说：“黄鼠进洞时，总要在洞口撒一滴尿，这个洞口有尿点，就说明有鼠。”用水一灌，果然捉到一只黄鼠。一会儿，一个小伙子喊：“这个洞也有鼠。”大家过去一看，洞口确实有湿印。赵生成却眯住眼，笑呵呵地说："后生，不要骗我，这湿印是水不是尿。"大家一阵哄笑。原来，黄鼠尿斑呈红黄色，与水不同。是小伙子为了考他，故意在洞口滴了几滴水。

赵生成练就这身本领可不是一日之工。单说学鼠叫吧，他每天趴在地塄上听鼠叫，听完还要追上去掘洞认雌雄。他经常两指捏唇，不停地练。黄鼠多在中午出外活动，他一出工怀里就揣几个窝头。中午别人回家，他就蹲在地头观察，挥动铁锹挖洞，还要剥皮解剖。为了掌握黄鼠习性，他家里长年养着几十只鼠。连他的两个儿子，现在也都是捕鼠能手了。他积累了丰富的资料，写成了黄鼠活动规律的文章，发表在中国科学院办的《动物学报》上。赵生成从18岁开始学捕鼠起，共创造了10多种捕鼠法。20多年来，他走遍省内外的50多个县抓鼠夺粮，党和政府给了他荣誉，他被选为山西省政协委员、省劳动模范，还兼任县科委副主任。不过他现在已基本无事可干，因为他所在的公社早就成了无鼠公社。最近他正在研究灭家鼠。前不久，大队库房里老鼠闹翻了天。他进去转了一圈，放下几个夹子，又随手抓到一只最大最凶的公鼠，在它肛门里塞进一颗黄豆，再揉进一点盐，然后用细线缝住。盐蚀豆胀，那只鼠如同疯了一般，把其他老鼠统统赶出窝来，拼命地追咬。赵生成说，这叫"以鼠治鼠"。事后他进去一转，共捡到43只死鼠，那只大鼠咬死许多同类后自己也精疲力竭，倒在墙角。

（《光明日报》1981年9月8日）

独白 24

且把新闻当文学

我曾写过一篇谈散文写作的文章，题目是《试将稿纸当画纸》，讲艺术门类之间的相通相融。新闻和文学之间其实也是一样，所以我在写新闻作品时常会不自觉地且把新闻当文学。

文学是艺术，从某种角度来说，新闻也是艺术。它们至少有三点相似：都是文字艺术、形象艺术，又都常常以人为表现对象。

新闻是追求以最快的速度写出读者最想知道的东西，文学是追求以最形象的手法写出最能震撼读者的东西。前者追求时效，因此难免粗糙、短暂；后者追求艺术，就会精致、长久。以长补短这是一般人都知道的。世界上的事情常常是只要换一个角度就有新奇的效果，所谓他山之石可以攻玉。相声演员的歌喉比不过专业歌唱家，但正因为人们是通过相声享受音乐，便有一种如看异域风光式的新奇感。我们如果能在新闻中尽量用一点文学手法，这消息、通讯就虽不似小说却胜似小说。读者在读真事、新事时竟同时得到了艺术享受，这个新闻就有个性了。

新闻性加文学性是一篇消息或通讯的总分。作者可以尽其所长，尽题材所长，从不同角度来加分。我写的许多山野之人、平民百姓，因题材小，爆炸效应不够，从新闻性来说就先天不足丢分不少，但我尽量从文学性上捡回这个损失，所谓失之东隅，收之桑榆。比如，农民赵生成，18 岁开始灭鼠，创造了 10 多种捕鼠法，还在《动物学报》上发表了论文。这基本的人和事是新闻。赵生成这个人物有一般农民的吃苦勤奋，也有新时代农民重科学、求知识的精神，所以又是个文学典型。那么且把这条新闻当文学来写。我安排了“口技诱鼠”“现场擒鼠”“鼠洞辨伪”三个既有情节又有场景的段落，这在文学上叫形象，但又正好暗合新闻的“现场感”要求。其余还有一些必要的交代，则是以文学的铺垫来完成新闻的背景。这样我们不但知道雁北乡间有农民赵生成灭鼠这件新鲜事，还知道有这样一个身怀绝技的传奇人物。你看他躲于树后，“吱吱”数声，鼠应召而来，如点名一般，一会儿300多只；他见地上跑一鼠，大吼一声，鼠不知东南西北，他大步上前，轻轻提起。这是新闻吗？是，不过是有文学色彩的新闻，或是用文学表现的新闻。这样的新闻读者看了一遍可能还想再看一遍，可能还要再推荐给别人看。因为其中有艺术，形象艺术、文学艺术。新闻的目的是让人知道，知道了就够了，一般不看二遍。文学的目的是让人享受，享受是无穷的，越多越好，所以渗透着文学性的新闻读者看了一遍还想再看一遍，这是借文学来传播新闻，保存新闻。因为随着时间的推移，稿件中的新闻性会逐渐挥发掉，而艺术性却会保存下来。报纸刚登出时，人们是为了看新闻而看到了文学，以后人们却为了看文学而还记着这些新闻。

“忘了群众，还配做个党员吗？”

——记山西省翼城县北史村党支部书记张金福

山西省翼城县北史村曾是一个穷得出了名的村子。党的十一届三中全会以前，人均年收入只有50多元，90%的群众难得温饱。十一届三中全会后，有了好政策，全村实行了责任制，但因为缺个好干部，群众致富的步子并不大。

张金福时时想着让全村人富裕起来，他说：“我不只是我爸的娃，我哥的弟，我还是党员，是一村的书记。忘了群众，还配做个党员吗?”

1982年底村党支部改选，29岁的张金福担任了支部书记。他一上任就抓全村最当紧的吃饭问题。他带头拿出自己准备盖房用的4 000多元，集资购了化肥，全村280多户，不管村东村西，无论有钱无钱，是人头就可扛走100斤。贫瘠的土地吃了一剂补药，第二年粮食大丰收，家家有了余粮。党支部又连抓了两年多种经营，到去年底，全村冒出了16个万元户。张金福总算喘过了一口气。

但是，当他算了一笔简单的账后，心里又十分不安了。全村16个万元户，有6户户主是党员，而250多户群众却只有10个万元户。共产党是要解放全人类的啊，村里还有那么多的群众没有富，怎么办?看来光在土地上打主意不行，本地有的是铁矿资源，他联合另一名党员董广财，决定办一个小铁厂。

去年秋尽冬来的季节，张金福放下还没打完的庄稼，没有盖完的房子，披了一件劳动布大衣，南下江苏，去为铁厂筹集资金。他自己在外面省吃俭用，筹得一点钱就先寄回村里，到年底他从南方返回时，一座三丈多高的炼铁炉已经在村边迎着朔风瑞雪喷吐出火红的铁水了。小小的炼铁厂，一下安排了90多名乡亲，一吨铁纯利180元，每月可产铁270吨，这块刚刚翻身的土地上又多了一条致富路。张金福征尘未洗，就在厂里转着、看着，喜不自禁。可是，他发现出出进进的，不是他们几个人的亲戚，就是好友，不觉眉心又锁上了一个疙瘩。

他的哥哥已经当上了厂里的会计，他说："哥，你怎么也来厂里上班了?"

"咋啦，因为你是支书我就不能来？不能富?"

"能。可眼下村里的贫困户还有这么多，致富的机会应该先让给别人啊!"

第二天召开支委会。张金福在会上说："现在对我们党员也是一次考验。在致富上，不能只顾自己，忘了群众啊。"他带头将自己的哥哥、妹子、外甥一一清退，铁厂一下退出了50多人。然后，支部对全村的困难户一一排队，军烈属、老农村干部、孤寡户都优先安排了进去。村里有位叫郎殿亮的，他父亲在解放战争时期是一位英勇的民兵班长，不幸被敌人杀害。现在他一家五口人挤在一间半破房里。张金福在支委会上说："放下这样的贫困户不管，我们党员的心能安吗?"他和董广财将自己的铁厂分红所得的1 300元全部献出，为郎殿亮买了4间房，又破例为郎家安排了两个孩子进厂，并且对郎殿亮说："只要农闲，你随时可以带领全家进厂做临时工。"

张金福退亲戚让富的事在村里传为美谈，可是不少人也觉得这事有点过分。一天晚上，一位半百老人找到张金福，恳切地说："娃，你办铁厂，心里装着咱全村人，我佩服。但是退亲戚使不得，不要落个六亲不认啊。"这个人叫黄九林，是全村有名的能人，种药材、跑买卖、搞副业样样行。但就是因为他太"能"了，过去一抓大事，就要挨一顿批斗。他不服，组织一批人集体告状，一直告到北京城。越告，就越批；越批，村里就越穷，黄九林就越不服。冤越积越深，最后发展到他枕下时常压着一把二尺长的钢刀，准备有人半夜来揪斗时就拼命。张金福一上任，首先为他平了反。黄九林又见金福为村里买化肥办铁厂，他心里这颗疙瘩再硬也禁不住这几把火烤啊。他组织了村里的能人协会，只要想起个主意，不赶快向支部掏出来，就好像立时会闷出一场病似的。今天他听说金福这样大公无私，憋不住就连夜上门。金福给他让了座，说："叔，我不只是我爸的娃，我哥的弟，我还是党员，是一村的书记。忘了群众，还配做个党员吗？我不但退了亲戚，还准备让出铁厂呢！我一个支书哪有时间去铺自己的摊子，这个厂子已经办起来了，就让它成为集体的企业吧！"

几年来，张金福和其他党员先后为村里引进了 19 个大小企业。他们开路而让别人先行，造船而让别人先乘，一事当前，先想群众。

他真的退出了铁厂，但他并没有停止办企业。村里男劳力有了出路，妇女劳力怎么办呢？一天，他在乡政府听说从福建可以引进一个塑料工艺厂，便立即要求接办。领导说："乡政府可拿不出一分钱。"他二话没说，回家取了自己的存款，就带人南下了。两次往返，他共贴了 6 000 元，终于使北史村又增加了一个适宜妇女做工的企业。但是他自己却既不入股，也不分红。他说："我是支书，先让大家富，全村富了，我也不会穷。"几年来，他和其他党员先后为村里引进了 19 个大小企业。他们开路而让别人先行，造船而让别人先乘。

北史村的党员在张金福的带领下，一事当前，先想群众。党员徐国富去年承包果园，收入 2 万元，他立即拿出 800 元，给村里每户人家订了一份《农民报》，又拿出 1 000 元帮贫。村里有一个孤儿，20 多岁了，每天学着电影里练飞刀，到附近城里打架。党员卢永庭就把他收养在自己家里，又打发人去给他说媳妇，媳妇过门了，张金福又将自己刚买的 130 只小鸡送上门。现在这青年学好了，小日子过得好红火。党员为村里办了这么多好事，可是他们却不愿占大伙的一点便宜。村主要干部每人每年有 300 元的补贴，可是三年来谁也没领过一分钱。

全村 27 个党员按种植、养殖、企业、运销编了组，又分别确定了联系户。1982 年，这届支委会建立时全村人均收入只有 108 元，去年提高到 845 元，收入最少的也达到 450 元。今年，全村夏粮丰收，企业兴旺，人均收入可望达到千元以上。

干群关系好了，支部威信高了，工作效果也提高了。去年秋天，支部号召大家在农田里间种丰产林，只在群众看电影时讲了一次，10 天之内，千亩平原上，就齐刷刷地立起了一大片白杨林。

（《光明日报》1985 年 8 月 27 日）

［附］

农村基层党组织要带领群众共同致富

本报评论员

我们搞改革、搞开放，要坚持两条：一条是坚持社会主义公有制占主导地位，一条是坚持人民群众的共同富裕。有了这两条，就可以保证改革、开放的社会主义方向。十一届三中全会以来，党的政策之所以得到人民群众的拥护，不仅因为这个政策是个富民政策，更因为这个政策的核心是共同富裕。政策好，还得有好干部。山西省翼城县北史村党支部书记张金福和党支部的同志们在领导农民劳动致富过程中，用自己的行动给各级干部树立了榜样。

农村实行生产责任制以后，有人认为农村基层干部无事可干了，一些党员各扫门前雪，分头致富去了，党组织有些涣散。这种现象是不正常的。从北史村党支部的实践来看，实行生产责任制以后，农村基层党组织的任务不但没有减轻，反而加重了。首先，要正确理解和不折不扣地执行党的富民政策，保证生产责任制和农村的各项改革不受干扰地顺利进行。其次，要根据当地的具体情况，帮助群众寻找致富道路，不仅要抓好粮食生产，解决群众的温饱问题，而且要因地制宜，开展多种经营。再次，在推行生产责任制中，还要时刻不忘社会主义方向，体现社会主义制度的优越性，坚持共同富裕，特别是要帮助贫困户、困难户发展生产，勤劳致富。最后，还要抓好整党，抓好理想教育，搞好农村精神文明建设。由此可见，在当前，党和人民对农村基层党组织的要求更高了。各地农村党组织都要振作精神，奋发进取，适应这一新的要求。

农村实行生产责任制以后，党群关系出现了新的变化。过去，农村流行这样一句话："村看村，户看户，群众看干部。"这句话在今天仍未过时。现在农村群众看干部党员的首要一条就是：干部、党员是只顾自己富，还是关心大家富。北史村党支部成员对这个问题处理得好。他们认为，"党员可以富，但首要的责任是实现全村富"，"全村富了，我也不会穷"。因此，他们不辞辛苦，四处奔波，甚至牺牲个人利益为群众铺设致富道路。更可贵的是，他们开路而让别人先行，造船而让别人先乘，坚持让群众先富，体现了共产党员全心全意为人民服务的高风亮节，赢得了群众的信任。是不是坚持同群众一起富，或是让群众先富，这不仅反映了新时期的党群关系，也是衡量一个党员是不是有理想的标准。共产党员的最高理想是实现共产主义，作为实现这个理想的第一步，在当前，就是要带领人民群众走共同富裕的道路。

农村经济体制改革已经搞了几年，取得了巨大的成绩，并给城市经济体制改革提供了经验。这些成绩的取得，除了党的政策好之外，广大农村基层干部努力而有效的工作也起了关键性的作用。因此，北史村党支部的经验在农村继续进行的经济体制改革中具有普遍意义。

她在塑造美的灵魂

——记模范班主任范上燕

创造物质财富的工人、农民，人们看得见他们织的布、打的粮；创造精神财富的作家、演员，人们看得见他们著的书、演的戏。我们走访的模范班主任范上燕，所贡献给人们的则是一个忠于职守的“园丁”所特有的赤诚的心。

太原九中老师、共产党员范上燕同志，从事教育工作已整整 30 个年头了。从任教开始一直到现在，她就没有离开过班主任这个岗位。许多科任教师总爱夸耀自己的学生哪些当了化学家、数学家、物理学家，而这位班主任范老师只是静静地说：“我的工作重点在于教学生怎样做人。”

开学了，高中一年级有这样一个班：在 47 名学生中，各科平均分数没有一个人及格。有的学生 6 门功课，总分只有 8 分。学生在品德、纪律方面，问题也不少。谁来带这个班呢？第一节课，铃声响了，范老师走进课堂，乱哄哄的教室，顿时鸦雀无声，短暂的沉默后，突然又爆发出一阵热烈的掌声。范上燕，这个全省闻名的，过去专门带毕业班的模范老师，来到他们中间了。

第一天放学后，学生们一哄而散。地上满是纸屑、杂物。第二天上课时，范老师没有训斥，而是讲过去她带的班的同学们是怎样爱护公共卫生的。这天放学后，就有一两个同学自觉地留下打扫教室。第三天，她表扬了这件事。放学后，又有十几个同学自动留下来，连卫生区也打扫了。这时她才组织同学们进行讨论，制定出轮流值日的制度。培养同学们讲卫生、热爱集体的第一课是从这儿开始的。

一天，上完第一节课后，一个学生来请假，说头疼，要回家休息。当他回到家里，和另一个“兄弟”正要举杯对饮时，门被轻轻地推开了，范老师已经站在他的身后。老师并没有生气，而是坐下来慢慢地讲道理，讲四化的前途，讲青年的责任。这个同学比挨了批评还难过，坐在那里，羞愧满面，低头不语。突然，范老师不讲了，她嘱咐了几句，便很快起身回校。这个学生抬头一看表："好危险，爸爸、妈妈就快下班了。"——啊，老师，原来您是有意给我留面子呢。就连那个被邀来对饮的"小兄弟"也被感动了："你原来有一个这么好的老师啊！"当天下午，范上燕提前来到教室，只见那个学生坐在那里，正补上午的听课笔记呢。

范上燕当班主任有一条原则：不训斥学生，不向家长告状。她总是尽量诱发学生心灵里的自制力和能动力。

一天下午，上第二节课了，一个学生还没来上课。她就到校门口等，一会儿，这个学生来了。她问："为什么迟到啦？"

"我骑车子和人撞了，去修车了。"

"在哪个车铺？"

"前面。"

"好，你去上课吧。"

范老师到那个车铺进行了调查，并没有这回事。放学后，她把这个学生留下来说："你迟到，不是去修车，而是到解放电影院去看电影了。"学生大吃一惊。范上燕通过这件事，耐心地对全班同学进行了一次要诚实的教育。

十年浩劫，破坏了范上燕的家庭，夺去了她唯一的孩子。现在她孑然一身，把全部时间和精力都倾注在她的学生身上了。她几乎是像教幼儿学步一样，循循善诱地引导着这些刚从一场文化大破坏的噩梦中惊醒过来的孩子们。她甚至手把手地教他们怎样扫地，怎样用扫帚才不扬灰尘；怎样穿衣、梳头、致谢，等等。她像一个肯花心血的艺术家，在精雕细刻地塑造着一个个美的灵魂。有一个她当年教过的学生，现在已是省委机关的干部。一天，这个"老学生"对现在的学生讲话说："我现在身上还总是带着两块手绢，这是范老师从小教给我的卫生习惯。"有一个大工厂的后勤负责人前来向范老师致谢，原来也是范老师教过的一个学生，现在这个厂搞后勤，他勤勤恳恳，廉洁奉公，颇得群众的好评。就是开始提到的那个喝酒的学生，后来发奋读书，以优异成绩考入了某大学，他常来信，总是不能忘却老师当年盼他成材的心情。

范上燕自己就是一面镜子。她白天的全部时间都放在班级里，晚上总是备课、写工作笔记到午夜以后。她公而忘私，调资时主动让别人；组织上专门照顾模范教师的新房，她也让给别人。她用自己的钱为学生每人买了一个日记本，让他们练笔。本来她在“文化大革命”前就是学校的负责人，现在上级要让她承担领导职务，她说：“我什么也不要，只愿终生当一名普通的班主任。”她平时衣着整洁，待人亲切和蔼。她用一种慈母般的温柔，将这些品德一点一滴地传给孩子们。范老师有什么惊人的业绩吗？没有。可有多少学生从这样一个普通的共产党员，一个普通的人民教师身上照见了自己的不足，又学到了美好的品德啊！

（《光明日报》1981 年 3 月 21 日）

敬礼，特殊的母亲

——记太原市盲校教师郝芳云

她，是一位特殊的母亲。

她有二十个孩子。三个是亲生的，一个上高中，两个上小学。还有十七个，全是盲童，那是她的一班学生。

她就是太原市盲校教师郝芳云。

班主任的心

郝芳云今年 42 岁，她从 19 岁便开始当班主任。10 年前她被调来这里。第一次进入这个小四合院，她的心就被揪紧了。看不见闪闪的明眸，看不见欢快的戏逐，这些可怜的孩子，走起路来深一脚浅一脚的。她闭上眼睛，眼前一片漆黑，这就是盲孩的世界啊。她这颗母亲的心不觉颤抖了。她成了这个学校建校以来的第一个明眼人班主任。

带盲童去接触社会

每天天不亮，她便来到学校，照顾这些盲孩子起床、出操、早自习。直到科任老师走进课堂，她才退出教室。晚上，她给他们灌好开水，服侍有病的吃了药，看他们都钻进了被窝，才回家刷锅洗碗。而这时她自己的孩子早已进入梦乡。他们一天也难得有机会叫几声妈妈。

为了培养盲童的生活能力，郝芳云打破常规，尽量带他们去接触社会。她带他们去烈士陵园扫墓，去逛商店，去“听”电影。一个明媚的春天，她带着全班同学到离城 50 里的名胜晋祠春游。在习习春风中，在潺潺流水旁，她讲这里的景色，讲发生在这里的历史故事，讲这里保存的历史建筑。孩子们用手摸着高大的殿柱，摸着周柏唐槐。他们笑了，感到置身在祖国的怀抱中。但他们还不满足，要登高，要上山。她又一个一个往上扶，下山时就搀着。

教育盲童做生活的强者

端午节到了。许多家长给孩子们送来粽子。独独不见了武立本。这是一个性格孤僻、体弱多病的孩子，又失去了双亲。郝老师平时对他最照顾。今天不见他，郝芳云便到处去找。在操场上，他一人正在那里流泪呢！凭着盲人特有的敏感和对老师的熟悉，她刚走近，武立本就扑在她怀里哭起来："老师，我真不想活了……"回到家里，郝老师安顿他坐在床上，给他端上饭，说："我们要做生活的强者。你眼睛失明，但头脑聪明，我不信就生活不好。"以后，一有时间就给武立本读医书，让他背方诀。一本《频湖脉学》，老师不知读了多少遍，学生也背得烂熟。这个因失明而进盲校，又因双手无力不能学按摩，曾准备自绝于人世的少年，又有了新的希望。

孩子成人了　学生成才了

不管怎样，眼前这些孩子总还每天厮守在她的身边。最使她放心不下的是那些已走出校门的毕业生。他们离开这个"家"会怎样呢？一天，她正在家里，一个老工人领进一个盲青年，是武立本。原来武立本回乡行医后还有点小名气呢，这次是被人专请来太原看病的。这个老工人感动地说："我从来没有见过这样好的学生。说好今天来见老师，昨晚一夜起来几次，直问天亮没有。今天一早到街上买点心，直问售货员是不是最好的。"郝芳云拉住学生的手，扶他坐在床边，禁不住眼睛一阵热。孩子成人了，学生成才了。

这些年，经郝芳云手毕业的盲生已有 70 多名。他们或者上了卫校，或者当了按摩医生，有的还靠自己的收入成了家，盖了房。他们经常给老师来信，信上最多的一句话是："老师，你比我的亲妈妈还亲。"

盲童教育是一种特殊教育。郝芳云，是一位特殊的母亲。在这新年之际，盲生们向她深深地致敬。

（《光明日报》1984 年 1 月 3 日）

热 炕

我自惭，我遗憾。我这个记者曾写过许许多多的人，可就是很少写她们。是因为她们实在太伟大却又太平凡了。事情平凡得让人无从下笔，可品格又高尚得教人心颤。我每采访一次，心里就经历一次这样的矛盾和痛苦。

——题记

神池是晋西北最高最冷的县。春三月里的一天，我来这里是为了访问一个乡村女教师。她的事迹很简单：在一盘土炕上教书已 25 年。一个年轻女子，隐居深山，盘腿坐炕，一豆青灯，几个顽童，25 年。这是何等清贫、坚韧的炼丹修道式的生活啊，我一定要去看看。

车子进了山，在洪水沟里、在荆棘丛中颠簸，几头黄牛拦住了路，一阵寒风袭进了窗。翻上一个山头，早没有了路。朝南走，越走越窄，渐渐容不下四个车轮，急刹车，旁边已是万丈深渊，谷底阴坡上的几棵小柏树像盆景一般。退回去，再绕到北面走，却是一坡积雪。算了，下车步行吧，远处已经看见了炊烟。风像刀子一样专找着领口、袖口往里钻。山上除了残雪，就是在风中抖动的、如钢丝一样的枯草茎。

转过一个山凹，出现一道山梁，上面散摆着一些院落。村口的第一个院子就是学校，传出了孩子们清脆的念书声。我们刚踏进院子，一个中年妇女在窗玻璃上一闪，急忙迎了出来。她就是炕头小学的女教师贾淑珍。炕头上分三排盘腿坐着 13 个孩子。一个个瞪着天真的眼睛，看着我们这些山外来客。炕下放着一溜小棉鞋。炕对面的椅子上靠着一块小黑板，上面写着汉语拼音。贾老师迎进我们说：“天这么冷，你们好辛苦，快炕上坐。”一边让同学们往炕里挤一挤。山里的冷天，家里最暖和的地方就是炕头，如同宾馆会客室里的正席沙发，是专让贵客的。我们不愿打扰这间小窑洞里的教学秩序，不肯上炕，她便对炕角的一个女孩班长说：“把课文再抄一遍，抄完做 20 页的练习题。”就领我们到她的窑洞里。这是在学校下面的又一座院子，五孔窑洞，和普通农家没有什么两样。

我盘腿坐在炕头上。双腿感到热乎乎的，身上的寒气渐渐被逼散。挨着炕沿是一口农村常见的二尺大锅，好像我们不是来采访的，而是来走亲戚。贾淑珍揭开锅盖，急慌慌地舀水、抱柴，要做客饭。一边又心疼我们穿得太少，不知山里冷。同来的几个年轻人不会盘腿，她也还是推着人家上炕。县里的同志劝她，还是抓紧时间说会儿话，北京的记者来一趟不容易。她却坚持，不做饭也要喝点水。我在一旁静静地观察着她，微胖的身子，忠厚的脸膛，执着的热情，再加上身下这盘热烘烘的土炕，一种似曾相识的意境回到我的身旁。我像在梦里，又回到了童年时的小山村。我忘不了，那时家里一来了客人就先说吃饭，以至后来进了城，不理解怎么来了客人只说抽烟。久违了，这淳朴的乡情；久违了，这盘热烘烘的土炕。

贾淑珍终于被劝着放下柴火，坐到炕沿上，开始叙说她这段平凡的往事。

“那是 1961 年，我 17 岁，刚从初中毕业，和张亮结了婚，来到这个村。全村不到 20 户，没有学校。八九个娃娃，不是在村里爬树，就是在地里害庄稼。我给支书说，我念书不多，总还能看住个娃娃吧，比他们在村里撒野强。当时队里没有窑，我刚结婚，还没孩子，就把学校办到了我的洞房里。”

“你爱人会同意吗？”

“他心好，说反正我白天劳动也不在家，炕上还坐不下十来个娃？就这样，娃娃们从各家有的拿来拉风箱的小板凳，有的拿来妈妈的梳头匣，抱在怀里，算是课桌。我把家里的一块杀猪案板洗了洗，刷上炕洞烟末当黑板，又把山上的白土碾成面，和上山药蛋粉，搓成条，就是粉笔。没有书，就回到娘家村里抄，人家村子大，40 户，有个小学。”

贾淑珍坐在炕边，像叙家常一样，追怀着往事。话里并没有多么崇高的理想，也没有多么宏伟的计划，更没有什么壮烈的举动。一切都顺乎自然，村里的娃娃没人管，自己就当看娃的。办起学校无教室，野惯了的孩子，撕了窗户，扯了炕席。地下，雨天、雪天两脚泥。冬天炕凉，还要出去打柴、搂草烧炕。同一盘炕上四个年级，有的上算术，有的上语文，有的爱打爱闹，有的胆小不敢说话。她都靠自己无私的心，靠慈母式的情，把这批孩子带大一茬又一茬。从 1962 年开始办学，到现在已经 25 年了。只在那花烛洞房中的土炕上，就送走了 12 茬学生。到 1974 年他们两口盖了五间窑，又专门给学生留了两间。学生娃多了，一间窑已经放不下。直到 1983 年，村里富了，才专为学校盖了三孔窑。全村 35 岁以下的无不是她的学生。她教的第一茬学生，他们的孩子又在她的炕头上毕业升到了初中。

土炕，我下意识地摸摸身下这盘热烘烘的土炕。这就是憨厚的北方农民一个生存的基本支撑点，是北方民族的摇篮。在这盘土炕上人人睡觉、吃饭、纺线、织布。雨雪天男人们就坐在这里编筐、织席，晚间又常挤到谁家炕头上说古拉家常。这九尺炕头便是他们的生活舞台。世世代代他们就这样繁衍、生存、进步。而贾淑珍又在舞台上加进新的内容——教育。人呱呱落地，来到这炕上，不该光吃、睡和为生存而干活，还应该有文化、有精神文明。这个普通的女教师，你给炕赋予了新的含义。

我突然想到她自己的孩子怎么办呢？作为一个女人总要拉扯孩子，屎呀、尿呀，还不就是这一盘炕？

她说："现在的年轻人，生孩子产假就半年。我生 3 个孩子都是休息一周就上课。我那些孩子也怪，不怎么费人，课间十分钟，喂喂奶，换换尿布。不会爬时用枕头围在炕角，我们上我们的课。到会爬时，用绳子拴着，炕上地方不够啊。再大一点就放到地上，扶着炕沿走，看着炕上的娃们念书。再大一点，他也就盘腿坐在炕上了。所以我那些娃们都念书早，老二今年才 20 岁，就要大学毕业了。"

"可是坐月子，总得有人来伺候，这里连人也转不开啊。"

贾淑珍脸上掠过一丝依稀的难以觉察的苦楚说："我 6 岁上就死了娘。张亮，在我认识他时，也早就无爹无妈了。我们是两个孤儿，没有什么亲人来伺候。"

我心里不觉一紧，难得这样的两个好人，两个苦命的人结合啊。他们很少得到父母的爱，却又最懂得这种爱。25 年了，在这盘土炕上，他们连同自己的，共带大了 42 个孩子。可以想见，自己孩子嘤嘤的哭声和学生娃们琅琅的书声，是怎样组成这土炕上的交响乐的。孩子扶着炕沿，那双明亮的大眼睛是怎样好奇地瞪着炕上这么多哥哥姐姐，还有正在小黑板上写字的妈妈。好一幅窑洞授课图。(那天下山后我向一位画家说起这次采访时，他直后悔当时没有跟我去，否则一定可以创作一幅好画。) 我问："张亮现在干什么？"

"他在 15 里外的一个村里教书。"

"你为什么不和他调到一起？"

"我们这个村小，他回来吧，用不着两个人，我去他那村吧，一走这学校也就停了。因为 1983 年以前，村里没有专门给学校盖窑。现在虽说有了窑，可谁想来这里呢？到乡里开一次会，回来就要爬两小时的坡。直到去年这个村才通了电。"

别人不愿来，她却舍不得走。事情总得有人干，是苦是亏，总得有人吃。自觉奉献，自觉牺牲，这就是她的人生哲学，平平静静，自自然然。

我问："张亮常回来吗？"

"也就是半个月开一次联校会议，见个面。有时星期日回来住一天。二月十一那天，他那个村里唱大戏，他回来问我去不去看戏。我们这个村小，自我嫁过来也没有请过剧团。我说去吧，可是一转念，这十几个娃娃怎么办？今年还有两个毕业生升学呢，缺不得课。算了，不看了，有甚好呢？"

我们就这样不紧不慢地拉着话。外面窗台上两只大芦花鸡正啄着窗玻璃。里面窗台上摆着一盆石榴，两盆月季，鸡要吃那绿叶子。阳光射到室内，在炕上投下一个明亮的大方块。屋子里比刚进来时暖和多了。隔着光线，我端详一下她的脸，已爬上不少皱纹。我计算她今年该是44岁，这正是一个女人的第二黄金年华。我过去采访过许多中年女科学家、女工程师，她们满腹学识正好配着那富态的身材，雍容的风度，春华虽过，却秋实满枝，生命正堪骄傲之时。至于这个年龄的演员，却还光彩犹存呢。可她至少像50多岁。多年为人师表的严肃和山里生活的清苦，塑就了她这种谦虚、诚实、任劳任怨和略显憔悴的身影、风度。我心里只是莫名地为她惋惜和不平，但说出口的却是这么一句：

“山里生活这么多年，身子骨还好吧？”

“好甚哩。这眼睛都认不住人了。500度的近视，人家小胡来过几次了，刚才一见，怎么也想不起。不知道的，还以为眼高哩。”说着，她揉揉眼眶，眼睛已经泪湿了，忙又解释一句：“这眼不好，动不动就流泪。”

我想起刚才她说，村里直到去年才通电。20多年，一豆油灯，一本一本地批改作业，哪有眼睛不坏的。

我说：“近视，就该早点配副眼镜啊。”

“有哩。就是戴不出去。人家见了会说，看当劳模了，神的，酸的，还戴个镜子。”

我们不禁“哄”的一声笑了。我说：“怕什么，刚才在山下还看见一个赶驴车的农民戴着眼镜哩。再说，只近视也不该流泪啊。我就是500度，你看，摘了镜子不是好好的。你怕是还有什么病呢。”

“是哩。6年前检查说是肝炎。进城打了个方，回来连吃了40副，就再没去看。离不得，一进城少说也得7天，谁代课呢？山里人，身子能抗呢。”

贾老师这话教我大吃一惊，近年来不少中年人都死于肝病，大都是累死的。我忙问：“右肋下疼吗？”

“疼，有时像针扎。”

“背困吗？”

“累了，后背沟、腰就困。腿软，回联校开一次会，发愁得走不回来。”

“不是吓唬你，贾老师，你身上肯定有病呢。为了能够多教几茬学生，你也得看啊。”我想到可怕的后果，没敢说出口。她还是那句话，没人代课。我抬头看看墙上的奖状和镜框里的大照片。她近七八年来，年年被评为地、省以上的劳模，到北京、省城开过会，领过奖。可怎么就没有顺便看看病呢？大凡这种人已经形成一个模式，只知工作，不顾身子，明知有病，不去想它。

我看看表，已近中午，想找她最早的几个学生谈谈。她说：“最大的一茬学生才小我 4 岁，有的在县里、乡里都当干部了。有的当了老师，村里还有几个，这几天送粪哩，山道远，一时半会儿回不来。”

我想到还在山后面雪地里的司机该等急了，便要起身告辞。她还是坚持要我们吃了午饭。我们赶紧逃了出来。

街上，一群妇女正在向阳处纳鞋底。我走过去问一个十七八岁的姑娘：“贾老师教过你吗？”“教过。哝，他也是贾老师的学生哩。”姑娘顺手指了指一个过路的小伙子。妇女们七嘴八舌地说：“贾老师可是好人哩！”

贾淑珍说：“乡亲们好。就是去野地里拾点地皮菜、黑山药，回来也要给我送一碗。”

我们返回学校的窑洞前，邀她一起和孩子们照张相。她高兴地进屋唤孩子。小家伙们出溜出溜地奔下炕，赤着小脚找自己的鞋。她却理理这个的头发，拉拉那个的领子，还为一个最小的孩子擤了一把鼻涕，笑着说：“看这样子，还照相哩。”

我再一次在旁偷偷地、静静地观察她。这哪里是一名教师，完全是个慈母，一个山里的母亲，她有 42 个孩子。

告别时，我还是提醒她要看病，又留一张名片，到城里有什么困难，我可以帮忙。她却一直念叨着，来了一趟，饭也没吃一口，又说风大，你们衣裳单，别着凉。快转过山凹时，我回身看了一眼，她还在风里向我们挥手。村民们的话又响在我耳旁：“贾老师，好人哩。”这样的好人真不多啊，像一棵灵芝草，静静地藏在深山里。这个 20 户的小村托了她的福啊，几十年来，有了一个她，全村就没有一个文盲，还出了两个大学生，两个中专生。都说教师是蜡烛，她就是这样默默地燃着自己，在这无人知晓的山里，在那盘农家最普通的土炕上。

（《追求》1987 年 6 月）

独白 25

一种宗教式的虔诚

《热炕》是我采访完后即调离报社，然后整理笔记，发于他处的一篇通讯。

在我的记者生涯中，我常抱有歉意的，就是那些普通的教师。采访科技人员，他们有惊人的发明；采访企业家，他们有突出的贡献；采访教师呢？他们自己也常说实在谈不出什么。这种周而复始的上课下课生活，写出来编辑不愿发，读者也不爱看。科学而冷静地看这件事，教师的工作是重复而不是创造，他们是将前人创造出来的知识一遍遍地重复，教给一茬又一茬人，当然是单调的。能忍受这种单调生活的人的确要有一种无私的、无条件的献身精神。是什么促使他们、感召他们或督促他们这样做呢？一次采访中我碰到一个小事例，使我明白了这一点。

有一位中学女教师，已近50岁，仍是独身。她对学生极好，从学习、思想到生活，关怀无微不至，且教导有方，许多学生都对她怀有深深的敬意。她这年又送走一个毕业班，班里两位女学生高考结束后，回到母校一定要认她做义母。她们说老师年近半百，没有家庭温暖，愿以己情宽慰师心，而且都已征得自己家长的同意。这位教师先是答应，第二天又坚辞不受。两位学生痛哭流涕，老师却不为之动容，劝她们安心到高一级学校学习，将来报国为民。我听后很不理解，而且觉得这位老师有点不近人情。问她何以如此。她说："师生之情是世间另一种纯洁的感情，不必要再掺进母女情。"啊，原来她是如此珍重师生之情，什么人才能有这样的忠贞呢？我愕然良久。直到采访结束，走在街上我还在想这个问题，突然灵光一闪，我想到了，只有宗教，只有教徒对待自己的信仰才会有这样的忠贞。

啊，这种宗教式的虔诚！教育事业就是教师心中的宗教。只要奉献，别无他求。

三十一位同窗友　二十五年祁连月

——访北京地质学院的一批老大学生

中国科学院兰州地质研究所的一间办公室里，我们正在进行一次普通的采访。桌上放着六大本石油地质方面的专著，桌子边坐着副研究员罗斌杰、江德昕、马宝林，还有华保钦等。他们都是同一所学校，同一个系，同一年毕业，又一起在这里干了 25 年的老同学。1956 年，北京地质学院毕业的 140 多个石油地质专业的学生，就有 31 人分配到这里。说是国家分配，其实是个人争着、抢着来的。新中国成立之初，人才奇缺，这些高才生本来是要去机关、留学校的。但是他们这些人的第一、第二、第三志愿栏内却一律填着“柴达木!”“柴达木!”。那里发现了石油，就像战士听见了枪声。他们坐在地质部人事司的办公室里不走，不管上面怎么劝，只是一句话：“我们要去柴达木!”江德昕，这个当时 24 岁的杭州姑娘，为了向世界宣布在我们这个国度里男女一样，带领我国第一支女子野外勘探队，来到大西北，其中有三位队员都是她的同学。为了抢进度，她们天一亮就上山，天黑才收工，峰回路转，夜色茫茫，常常找不见帐篷。先回来的人就到山顶上点一堆篝火，大声呼唤着伙伴。山间是歌声、笑声和地质锤敲击石块的叮当声。大漠气候，日晒如火，却又夜凉如冰。后半夜冻得睡不着，就在被子上压两块石头。那是有志者的生活。当时山里有恶狼，有土匪，有暴风雨，戈壁滩上还常断水迷路。江德昕说：“那时确实不知道怕，只知道工作。”她们的事迹曾被写成一篇报道，题目就叫《什么也不怕的姑娘》，传遍全国。罗斌杰忆起那年在青海湖和黄第藩、徐运昌等同学一块考察的情景。湖里风大浪大，一次，在船上刚煮好一锅羊肉，一个浪打来泼得精光，被褥上全是肉汤。他们就这样，两条船在湖里从 4 月一直漂到 11 月。那是什么年代啊，新中国缺油，急如燃眉，连独臂老将军、石油部长余秋里都空着一只袖管，和大家一起爬大漠，就着风沙吃饭，披月露宿呢。

按照当时国际上的权威理论，中国属陆相沉积地层，是绝不会有油的。但是这批初生牛犊，还包括那些从南京大学、重庆大学来的年轻人，团结奋战了8个月，终于写成《中国西北地区陆相油气田的形成及其分布规律》一书。我们是有油的！这本书出版后，1960年和人工合成牛胰岛素等一起被评为中国科学院的四大成果。1965年他们又写出了40万字的《青海湖综合考察报告》。这是一件有非凡气概的大事，将4 400多平方公里这样大的一个湖作为实验室，作为一个模型，一支试管，来观察实验，推测古代湖泊的演变和地下沉积成油的过程。他们得到了任何实验室都无法得到的东西，更进一步摸清了陆相生油规律。但这本书“生不逢时”，几经折磨，而难得出版。后来大庆石油科学研究院的同志来兰州，看到这本书稿大吃一惊：“我们花了很多钱，在全世界搜集这方面的资料，还不知道我们自己竟有这样详细的东西。这本书要快出，我们都等不及了。”他们硬将这40万字的书稿，一字一字地抄下来，如获至宝地带回去，用于油田实践。后来这个考察报告和前一本书同获1978年“全国科学大会奖”，1979年正式出版问世。以后他们又编写了4本专著。除了这些集体合作的200多万字的著作外，这些年他们每人还都发表了20篇左右的论文。

劳动酿造爱情。这批同学中有五对结成了夫妻。这个大集体中又产生了一批以家庭为单位的战斗小集体。石油地质的话题从野外说到所里，又从所里说到家里。25年后的今天，这些当年出门一身轻的小伙子、姑娘们，都已有了家庭拖累。我们问到他们的子女。江德昕说：“我有两个女儿。”我们说：“两千金。”她笑着说：“我那千金可是值万金。为了不影响野外工作，孩子一生下，我们就送了出去，每月60元，你说花了多少钱呢?”这样将孩子托出去，几乎家家如此。他们是用自己的工资去买宝贵的时间，孩子带在身边的就轮流外出。去年6月，马宝林同志率队野外考察，不幸发生车祸，受伤住院。他爱人、和他同研究一个课题的朱莲芳同志，立即替夫带队出征，直到最后完成任务。这是一个非常友爱的战斗集体。如果有谁出差，家里无人，那么孩子就当然地到老同学家去吃、去住，受到如同在自己家里一样的关照。25 年过去了，他们的青春随着祁连雪水，已慢慢溶进山南山北的油田。现在他们都是近 50 岁的人了，共同心愿就是趁气力还佳，赶快再干几年。

记者问他们现在还缺什么。他们说："最缺的是人，这 3 年，所里共分配来 17 个大学生，但只有 7 人报到。"他们希望通过报纸寄语有志青年，快快来接他们的班。

（《光明日报》1983 年 10 月 30 日）

·2· 光明日报 1983.10.30

三十一位同窗友 二十五年祁连月

——访北京地质学院的一批老大学生

本报记者 梁衡 苗家生 顾永高

中国科学院兰州地质研究所的一间办公室里，我们正在进行一次普通的采访。桌上放着六大本石油地质方面的专著，椅子上坐着副研究员罗斌杰、江德昕、马宝林，还有李汉秋等，他们都是同一个学校、同一个系、同一年毕业，又一起在这里干了二十五年的老同学。一九五六年，北京地质学院毕业了一百四十多个石油地质专业的学生，就有三十一人分配到这里。说是国家分配，其实是个人争着、抢着来的。[illegible]第一、第二、第三志愿栏内都一律填着"柴达木！""柴达木！""柴达木！"那里发现了石油，就像战士听见了枪声。他们坐在地质部人事司的办公室里不走，不管上面怎么说，只是一句话："我们要到柴达木！"江德昕，当时这个二十四岁的杭州姑娘，为了向世界宣布在我们这个国度里男女都一样，带领我国第一支女子野外勘探队，其中有三位队员都是她的同班同学。为了抢进度，她们天一亮就上山，天黑才收工，峰回路转，夜色茫茫，常常找不见帐篷。先回来的人就到山顶上点一堆篝火，大声呼唤着伙伴。山间是歌声、笑声和地质锤敲击石块的叮当声。大漠气候，日晒如火，夜又夜凉如水。后半夜冻得睡不着，就在被子上压两块石头。那是有志者的生活。当时山里有恶狼，有土匪，有暴风雨，[illegible]。江德昕说："那时候天不知道怕，只知道工作。"她们的事迹曾被写成一篇报道，题目就叫《什么也不怕的姑娘》，传遍全国。罗斌杰忆起那年在青海湖和黄第荣、徐远昌等同学一块考察的情景。湖里风大浪大，一次在船上刚煮好一锅羊肉，一个浪打来泼得精光，被褥上全是肉汤。他们就这样，两条船在湖里从四月一直漂到十一月。那是什么年代啊，新中国缺油，急如燃眉，连石油部长余秋里都空着一只袖管，和大家一起爬大漠，就着沙子风餐，枕月露宿呢。

按照当时国际上的权威理论，中国属陆相沉积地层，是绝不会有油的。但是这批初生牛犊，还包括那些从南京大学、重庆大学来的年轻人，团结奋战了八个月，终于写成了《中国西北地区陆相油气田的形成及其分布规律》一书。我们是有油的！这本书出版后，一九六〇年和人工合成牛胰岛素等一起被评为中国科学院的四大成果。一九六三年他们又写出了四十万字的《青海湖综合考察报告》。这是一件有非凡气概的大事，将四千四百多平方公里这样大的一个湖作为试验室，作为一个模型，一支试管，来观察实验，推演古代湖泊的演变和地下沉积成油的过程。他们得到了任何实验室都无法得到的东西，更进一步摸清了陆相生油规律。但这本书"生不逢时"，几经折断，而难得出版。后来大庆石油科学研究院的同志来兰州，看到这本书稿大吃一惊："我们花了很多钱，在全世界搜集这方面的资料，还不知道我们自己竟有这样详细的东西。这本书要快出，我们都等不及了。"他们硬将这四十万字的书稿，一字一字地抄下来，如获至宝的带回去，用于油田实践。后来这个考察报告和前一本书同获一九七八年全国科学大会奖，一九七九年正式出版问世。以后他们又编写了四本专著。除了这些集体合作的二百多万字的著作外，这些年他们每人还都发表了约二十篇左右的论文。

劳动能造爱情。这批同学中有五对结成了夫妻。这个大集体中又产生了一批以家庭为单位的战斗小集体。石油地质的话题从野外说到所里，又从所里说到家里。二十五年后的今天，这些当年出门一身轻的小伙子、姑娘们，都已有了家庭拖累。我们问到他们的子女。江德昕说："我有两个女儿。"我们说："两千金。"她笑着说："我那千金可是值万金。为了不影响野外工作，孩子一生下，我们就送了出去，每月六十元，你看花了多少钱呢？"这样将孩子托出去，几乎家家如此。他们是用自己的工资去买宝贵的时间。孩子带在身边的就轮流外出。去年六月，马宝林同志率队野外考察，不幸发生车祸，受伤住院。他爱人，和他同研究一个课题的朱莲芳同志，立即替夫带队出征，直到最后完成任务。这是一个非常友爱的战斗集体。如果有谁出差，家里无人，那么孩子就当然地到老同学家去吃、去住，受到如同在自己家里一样的关照。二十五年过去了，他们的青春随着祁连雪水，已慢慢溶进山南山北的油田上。现在他们都是近五十岁的人了，共同心愿就是趁气力还佳，赶快再干几年。

记者问他们现在还缺什么？他们说："最缺的是人，这三年，所里共分配来十七个大学生，但只有七人报到。"他们希望通过报纸寄语有志青年，快快来接他们的班。

划出七十……

敦煌文物所从莫高……

独白 26

关于这个得奖标题

1983年我从新疆返京过兰州，因等车票耽误了几天，就抓紧时间到了设在这里的中国科学院地质研究所采访。恰有一个巧合。北京地质学院一个班的31名同学在20世纪50年代初一同分配到了这里，现已共事25年。这些当年风华正茂的学生饱经了戈壁滩、祁连山的风沙冰雪，如今都已鬓发斑白，皱纹上额头了。我很为他们赤诚地为国献出青春而感动。可能是职业习惯作怪，每当一进入采访过程就会有一种念头跳出来，像一个独立的幽灵去自动执行一项任务——搜索一个好标题。采访才进行了一半，我的脑海里已闪出一个标题："二十五年祁连月"。

他们在这里奉献了25年啊。祁连月，25年，多有诗意。车票到手，我在火车上继续写完稿子，到北京一交差就返回到太原任上。几天后报纸寄来了，标题上又加了半句，成了"三十一位同窗友，二十五年祁连月"。我不禁拍案叫绝，不由冒叫一声："真可得奖了。"这一加不但成了工整的一联，而且更切主题。看了标题，就知道了人物、时间、地点，这符合一般新闻标题的要求"实"；而且又是上下相对的两联，"同窗友"对"祁连月"，不但工整，更加强了原来的诗意。果然这个标题得了这年的"全国好新闻标题奖"。我和那位加上半个题的夜班编辑共享了这份荣誉。

标题是新闻的眼睛，一双能引人注意的好眼要有三个条件：明亮、传神和传情。这个标准恰好符合我们平常说的一篇好文章的标准：鲜明、准确、生动相似。一个好标题基本的要求是言之有物，能将新闻稿中最重要的东西提示出来，要清澈见底，这是明亮；第二步要能道出稿件的本质，要由形及神，表达出思想，如新风扑面，这是传神；第三步是这种表达人、事、物和思想的方式，即标题的文字修辞还要尽量地形象、生动、幽默、含蓄等，含有更深更复杂的感情，从而达到这个标题自身的个性。我们采访到一篇新闻，一定要给它定一双光、神、情俱佳的眼睛。这样，一篇稿子登在报上，只要在读者面前一晃，就如美人回眸，翩若惊鸿，一下就牵动了读者的心，不由他不循着标题一口气把全文读完。而且读后对这个标题还铭记在心，时时不忘，有如曹植对洛神那样留恋。这个标题就真正够个好标题了。

责任制在这个研究所

三年前，山西省交城县一个苗圃搬迁，留下了 60 亩地、2 棵枣树、10 间房，还有其他一些零星苗木。县林业局技术员解进保找到局长说："请让我试一试，在这个摊摊上办一个枣树研究所。"局长问："你要什么条件？"

"我只要立一纸合同，但是上下都得遵守，一丝不苟。"

结果他和县里订了合同：暂借 2 万元作为办所基金，年底归还，完不成任务受罚。

解进保拿了这把"尚方宝剑"走马上任了。他没有向国家要一个编制，而是从生产队雇了 10 个懂技术的社员。一份合同化作了 10 份。所里又分成几个小组，2 万元也随之化整为零，各组长都有花钱用人权。但年底根据完成指标情况要有奖罚。

庙门一开，求神的就来。一天，一位领导同志找到解进保说："我有个亲戚，能不能到你所里当个工人？""可以。"他满口答应。不久，解进保到省里开会，走了十几天回来后组长找他汇报："那个新来的工人表现不突出，我已把他退走了。"解进保微微一笑："知道了。"一次，又一位领导批条子送来一个女工。不料干了半个月后全所宣布放假——所有的合同都已到期。经过几天的休整、评议，再发下一期聘用合同时，就没有她了。原来，这里没有"终身制"。由于责任到人，人尽其力，物尽其用，各组一人能干的活决不用两个劳动力，一个钱尽量掰成两半花。就连田埂小路边都点满了黄豆，人走过时，豆荚直敲得小腿肚子疼。年底，他们不但还了 2 万元借款，还多收入了 3 万元。

这个一文不名的小所，有了 3 万元的家底后便开始了选题攻关。这个县产的骏枣，个大肉厚，曾参加过国际博览会。但近几年却产量骤减，濒于绝收。这除政策上的原因外，还因科学上对这种枣的开花、坐果规律没有摸清。他们就从这里下手，成立了课题组。固定了观察人员，并且都以合同形式落实了责任。合同规定，圆满完成观察记录者有奖，错记或请人代记一次者罚款 3～5 元，漏记一次，立即取消科研资格。这是一项十分艰苦的观察研究。一朵花从形成蕾到完全开放，要 24 个小时，共分 8 个阶段，有时隔 10 分钟就要作一次记录。他们雨天撑着伞，夜间打手电筒，在带刺的树上，爬上爬下，无一缺误。为了排除地域影响，他们骑自行车到 100 里外观察，带着干粮到山里去观察。两年时间，这几个农村小伙子在所长解进保的指导下，竟取得了 10 万多个数据。在花期研究上有好几处新的发现。1981 年 9 月这项成果已通过鉴定。在鉴定会上，一位农大园艺系主任翻着那几十本整整齐齐的观察记录，感叹地说："这种辛苦和认真只有你们这里才能做得到啊！"

初步取得了成果，就想立即扩大试验和推广，但是所里枣树太少。解进保找到附近的生产队。这个队有 2 000 棵骏枣树，多年来已很少挂果。他说："咱们订个租借合同吧。无论成功与失败，每棵树付给你们 10 元，如果株产超过 50 斤，超出部分再分给你们一半。"合同签订后，这项工作又具体落实到三个同志身上。枣树开花期，他们在树下吃，树下睡，整整二十多天，终于保住了果。到枣成熟期，护果又是一项繁重的任务，他们又与 8 个同志订了护果合同。往年结枣少，能收到手的更少。这年因责任明确，就连路边、村口抬头就可进嘴的红枣，也竟几无一失。9 月里，省林业厅厅长来这里视察，喜得大吃一惊，回去就把省委书记请来，又把全省 16 个产枣县的代表都请来，参观这一奇迹。中国农科院干果考察组的同志来到这里，也高兴得直点头。深秋，打下的红枣，堆在场上成了山，晒在房上、屋前像红毯。往年株产平均 10 斤，今年株产平均 108 斤，最多的一株竟产到 464 斤。按合同租用的 500 棵树，共产了 54 000 斤枣，新成果一下子开了花。还不等枣子收罢，附近和外县的一些产枣队，都找上门来要预订明年的技术合同。

才只有 3 年时间，这个到现在还是只有 4 名国家工作人员的小小研究所就从借钱办所发展到已有积累 10 余万元，新建了办公室、实验室、食堂等，购置了一套科研设备和生产设备，完成了一些新课题的研究，并很快进行了推广。它靠的是什么呢？所长解进保说："靠责任制。国家四化，匹夫有责，责任落实了，才会出效率。"

（《光明日报》1982 年 5 月 9 日）

一个工程师的解脱

冯其昌，山西一家工厂的总工程师，去年被提升为厂长，“麻烦事”搞得他焦头烂额，苦恼万分；今年辞职后重返总工岗位，顺心如意，工作干得有声有色

山西针织厂总工程师冯其昌刚由总工程师提升为厂长一年多就提出要辞职。灯下他正在写第 4 份辞职书：“为服从组织决定，去年我走上了领导岗位。十几个月的实践，证明自己很不适应此职。我一毕业就来到厂里，30 年来一直在基层作技术工作，连个小组长也没有当过。我没有组织群众、动员群众的能力和必要的管理经验。我上任几个月内，厂子经济效益下降，愧对 5 000 职工。我对人事工作不了解，对经济工作也不熟悉，不能说是任人唯贤、用人恰当。我要求辞去厂长职务，继续从事我所熟悉的技术工作。”

这二百字的辞职信，他涂来抹去，显得十分吃力。哪如审图纸痛快呢？他回顾着上任以来都干了些什么事。一共只有一年零三个月，这期间就调了一次工资，分了三次房子。这些牵动每个人的最敏感的问题，搅得他坐卧不宁。本来从家到办公室只有 10 分钟的路，可是他早晨出来，一路因“拦轿告状”，半小时也进不了办公楼。有一个人要房子，堵在车间主任家门前，扬言要动武，主任不敢回家吃饭睡觉。为解围，他只好亲自派车把这个人请来，这样就有 14 次；有几家抢了住房，他苦口婆心地去劝人家退出；一位工人病故，家属拦住不让火化，提出这样那样的条件……这些处理不完的麻烦事，叫他无从下手。工人们说：“老冯，你的刀子太软，不敢砍。”可他从来没有碰过这种事呢，该从哪里砍？还有原料问题、市场问题，他也从没有摸过。没有原料，开发不出新产品，他急成热锅上的蚂蚁。这期间有没有顺心的事呢？有，那是技术方面的事，3 000 多平方米新厂房的基建安装，说干就干，顺利完成，只用了全部精力的 1/10。

今年 8 月中旬，老冯的辞职请求被批准了。他又回到总工程师的岗位，立即开始抓他所熟悉的设备更新、质量管理。这件事在社会上引起了一场不大不小的轰动。现在不少人都在要官，而他却主动辞官。立即有人投书报纸，给他本人写信，夸奖他这种不图虚名、以事业为重的求实精神。记者近日在总工程师办公室见到他时，他正在打电话答复几个技术问题的请示，干脆利落就如打电报一般。他笑着对记者说，现在我解脱了，能干我想干的事了。他还说：重视知识分子不等于“封官”，要用其所长。过去压制他们不对，现在说重视就封官也不对。其实大多数知识分子的长处还是他们的专业才能。在提拔使用时，上面不要强人所难，科技人员也要有自知之明。总之，以搞好工作、发挥作用为出发点，事情就好办了。

（《光明日报》1986 年 9 月 25 日）

欲要山长树　先教山留人

——在一个家庭林场里的对话

金秋十月，正是大山换季的时候。本来是满沟满坡的墨绿，现在却这里抹过一片黄云，那里燃起一团火，斑斑驳驳，好看得很。现时，我们一行人在太行、太岳与中条山之交的深山里走着，不是为来赏景，而是为了寻找一个答案。

森林破坏，气候异常，已是全球都关注的议题。虽然天天都大喊栽树，却年年仍有洪水泛滥。远的不说，就说这三山之中的山西沁水县，1982 年一场山洪就卷走了半座县城，毁田 1 万多亩，损失 1 亿元。建国 30 多年了，这穷山何时才能有遮盖呢？但是，记者一进县城，就听到一个惊人的数字，近三年全县造林 49.6 万亩，是前 34 年全县造林总数的 5 倍。靠什么？靠它独创的法宝——家庭林场，全县 2 600 多平方公里的沟谷间分布着 3 373 个。真有这样的灵丹，何愁荒山不绿。第二天，我们就急切地进山来看个究竟。

这个地方叫卫岩沟，共有五梁四沟 3 000 亩地。过去住着 7 户人家，因山穷土薄，在前几年早已搬走他乡。而两年前的 3 月 15 日，有一名叫高凤岐的共产党员却毅然带着全家进驻到这个荒山窝里。当时寒风扫枯草，残雪压帐篷，现在已是 6 间新房一座院了。路随山转，当我们刚看到瓦房的屋脊时，两条黄狗便狂吠着冲出来向它们的主人报讯了。高凤岐已经去世，山上有他的新坟。现在接待我们的是他的妻子李琴。

记者问：“别人嫌穷搬走了，你家为什么倒上了山？”

她说：“过去靠山不能吃山，自然受穷；现在政府把这整架山都交给了咱，政策一宽，人就有胆，放开手干，还能受了穷？上山的头一年，我们靠育苗就收入了 1.2 万元，成了万元户。两年半了。现已整地 3 000 亩，植树 100 万株。今年收了 5 000 斤麦子，1 万斤山药蛋，

1 万斤萝卜，还有 1 000 斤山楂，每斤就值 1 块多。明年我的 3 000 多株梨果树就要挂果了。这样的好光景，谁不愿上山?”

“这样的好光景，这样简单的道理，为什么等了 30 多年?”

这时陪同前来的县委书记王殿文说：“千难万难，实事求是最难。过去山荒着也不敢包出去。栽树总是大军团作战，远距离奔袭，有人栽没人管，人一走，树就死，山越穷，人越走。全县像卫岩沟这样的旧山庄就荒弃了 300 多个。我们得到一个痛苦的教训：要想山长树，先得山留人。所以那场洪水过后，我们就因地制宜放开胆子定了几条政策，如：荒山包给农民办家庭林场，合同一订 50 年、80 年不变；林场可以由子女继承，林木也可以转卖；允许雇工；上山后集体负责给通电、修路、盖房；医院每月上山巡诊一次；子女上学太远，允许聘请家庭教师等。”

“这真是一个大胆的实验，一个很宽的政策，是不是对个人照顾太多?”

“政策是宽一点，照顾也不少。但是，我们是在组织群众向 30 多年来无可奈何的荒山要树，是在改善与我们的命运密切相关的生态环境。不管怎样的代价，能给子孙留下一座青山就合算。过去十几年废弃了 300 多个山庄，政策一宽，几个月就上山 3 300 多户，而且还从数千公里外的浙江来了 5 户农民上山落户栽树。中央提出 20 年绿化太行山，我们花了 3 年时间就将全县的荒山普栽了一遍，再花 4 年时间补栽、养护，就是一片青山绿水，利国利民啊！这个经验已经在全国广为宣传推广。”

“道理是这样讲，当时群众肯上山吗?”

坐在一旁的李琴接过话茬说：“前年合同一订，就有人说这政策初一十五不一样，小心有变。老高那时已带上病，他说当了 20 年干部也没有绿了这架山，临死也要办成这件事，就是政策变了，这山还是国家的。他捂着肚子干了半年就进了医院。当时不用说外人，就是我的儿媳也不愿上山，住在娘家不回来。亲家说，我养活了闺女 20 年，还能再养活 20 年。我说好，等 20 年后我的山绿了再去接你，咱们来个第二次握手！”屋子里哄的响起一阵笑声。

“现在呢？”

“现在亲家把闺女送回来了，知道我劳力不够，把两个儿子也送来了。我二儿子年纪不大，媒人却早登了几回门了。富在深山有远亲啊。”

“生活是富裕了，可青年人能耐得山里的冷清吗？”

李琴大声笑了：“有电视，有录音机，我 3 岁的小孙女录音机一响也跟着扭迪斯科呢。”

我一回头，发现桌上还装着一部电话。这里除了比城里少一点车辆人声的嘈杂，现代文明并不缺啥。

谈完话后，记者看了他们新栽的油松、侧柏和梨、苹果、山楂树，又在高凤岐同志墓前默哀了一会儿。山坡上沙棘串满小黄果，山柿子红得像玛瑙。山楂已经收过，留下满身的花叶，还是那样深绿。而远处红红的灌木丛早在风中燃成了一团火。

（《光明日报》1987 年 2 月 15 日）

独白 27

新闻的“新”就是“快”和“深”

一个人肚子很饿，最重要的是赶快给他一点食物，哪怕一块粗玉米面窝头也好；一个人身上很冷，最重要的是赶快给他一件衣服，哪怕一块麻袋片子也好；一个人寄人篱下，最重要的是先给他一间房子，哪怕一间茅屋也好。正所谓饥不择食，寒不择衣，贫不择居，这时最要紧的是快，赶快给他一些满足，给多给少暂且还顾不得。读者对新闻的追求也是这种心理，这叫新闻饥饿。抓住读者的这种“饥不择食”的心理，新闻就追求一个“快”字，这里发生了事情，读者急切地想知道，记者就给他一点消息，哪怕是不完整的一点，也可解燃眉之急。比如，当我整理这篇文字时正是青岛黄岛油库起火这件突发事件爆发的时候。新华社 8 月 13 日电，油库因雷击起火。当日 24 时又电，大火得到控制。14 日电，到晚上 7 时 32 分油火已基本扑灭。据了解，火灾共烧毁大小油罐 5 个，原油 4 万多吨；共出动灭火人员 5 000 多人，有 15 人牺牲，10 多辆汽车被烧毁。15 日电，大火基本扑灭。扑救残火的战斗仍在进行。16 日电，截至 18 点，残火已全部被扑灭，近百辆消防车已陆续撤离现场。库区周围道路已经疏通，供电和通信已经开始恢复。17 日电，中断了 5 天的黄岛油港，17 时 35 分开始向“刚果号”油轮输送原油。这几则消息就是抢一个“快”字，将最新情况告诉读者。

但是，当一个人已经有一点东西充饥时，他就想挑一样好吃的食品；当一个人已经有件衣服御寒时，他就想选一件质料更好的；当一个人已有一间房居住时，他就想换一套更大更漂亮的。这也是人的另一消费心理——得寸进尺。人们对物质的消费心理同样适用于对精神产品的消费。读者知道了某个消息，接着就想知道这消息更深的背景、更细的内容及它的影响和意义。就是说读者在向深层追求，这时记者就不要在“快”字上竞争了，而要在“深”字上较量。谁挖掘得更深些，就能得到比原来更新的东西。一个记者到底是去抢“快”还是去挖“深”，这要根据个人所处的地位、条件、气质而定。一般来讲，上层的靠近政治中心的记者近水楼台可以快速抢到新闻；基层的远离政治中心的记者不大容易抢到新闻，但是这也不必悲观，你可以在“深”字上下功夫，可以用生活中典型的人和事去证明那些新发生的、正在变革中的问题，这同样是新闻。比如，政府作出几项决策：科学研究要实行责任制，对技术人员要用其所长，荒山可以实行承包等。这些决定刚发表时都是新闻，都可以抢发消息，人们读到这个消息时也会为之一振，感到新鲜。但当读者得到暂时的充饥后，便要求更好的食品，这里收的三篇通讯就是通过典型的事例来深化这些主题的。

新闻的新，就是“快”和“深”。记者尽可以尽其所能，或快抢一分，或深挖一寸，各尽其力。当然如果能既快且深，那就更求之不得了。

女中学生池越忠踏冰救人英勇牺牲
园林工人王志胜奋不顾身连救三人

1983年12月9日下午，太原迎泽公园的湖面上像往日一样的平静。时已初冬，游人稀少，只有一些小学生踏着薄冰，走上湖面去。他们有一个天真美丽的心愿：“老师要调走了，破冰钓几条鱼儿给老师送行，那该多好呀!”不想冰太薄了，一踩即破，10岁的余斌、9岁的王锐，突然落入冰窟窿里去了，这时湖西岸的小山下正有一位女学生走过来，她见有人落水，便扔下书包冲上前去，伸手救人，没想到她立足的冰层，很快也被压塌，人也落入水中，救人的喊声在岸上响成一片。这时正在附近的公园绿化组工人王志胜，闻声向岸边跑去，边跑边甩掉帽子、手表，接着三层上衣也一把扯开甩落到身后，只听“扑通”一声，这位勇士跃入冰水中去了。他以双肘，并用自己的胸膛，连压、带打、带撞，冲开一条冰巷，游到出事地点，这时两个小学生正在互相拉扯在一起上下沉浮着。他一把将他们拖住，侧身奋力游回岸边，岸上已脱了衣服正准备下水的工人郭润明很快接过孩子。王志胜这时已冻得浑身打哆嗦了，他正要上岸，人们喊：“那个冰洞里还有一个女孩子呢!”他又翻身潜入冰下，向南游了几米没有人，再向东游了几米还没有人。他急坏了，顾不得身上已经道道血口，用拳头、两臂乱摔打着周围的冰层，撞开一个更大的洞口，又憋点气向北潜入冰下，果然碰到一个人的身子，他一伸手将那个女学生也拉出水面，救到岸上。三个落水少年被人们用大衣裹着一窝蜂似的送往医院。这时王志胜却浑身青紫，手僵得怎么也穿不上衣服。郭润明上来又紧紧搂住他，把他的两手挟在自己的腋下，暖了几分钟，勉强穿上衣服，两人便向医院跑去。

抢救工作一直坚持到第二天凌晨，两名男孩子很快脱险，而那名见义勇为的女学生终因落水时间太长，献出了她那幼小的生命。医务人员从她水湿的上衣口袋里找到一张汽车月票，上面写着：太原市十五中学生池越忠。才只有 15 岁。正在开会的市委书记王建功、副书记谷文波和团省委、团市委的负责同志立即赶赴医院，向池越忠家长表示慰问。在她的遗物中人们发现她的语文课本扉页上用钢笔抄写着一首诗："红烛小，见真心；流着泪，燃自身。平身（生）闪亮不为己，只求照他人。"

再说，王志胜那天追到医院，见落水的几个孩子正在抢救中，两个男孩已经脱险，才摸黑回到家里。爱人帮他脱下衣服，用紫药水涂抹伤口，他的胸前、背后、两臂都满是纵横交错的血口。第二天一早，他就往医院跑，一进走廊就见那里挤满一群学生，传来一片哭声。他不忍再往前走了，只蹲在墙角，两手抱住头，半天起不来。这天，王志胜被人们团团围住，领导接见，家长感谢，记者采访，许多群众也想来看看这位只身破冰勇救三人的英雄。但是他对市委书记只说了一句话，就是建议公园加强防范措施，再不能这样对人民的生命不负责了（就在王志胜救人的第二天下午，这个湖里又有两名儿童落水被救）。当他接受记者采访时，这位 29 岁的小伙子竟泣不成声地说："多好的姑娘，那才是真正的英雄，只恨我迟到一步。她家里人不知该怎样难受呢。"记者又问他："听说你过去还救过落水的人，对吧？"他不以为然地摇摇头说："那不算什么，况且又都是在夏天。"说毕，他的心情又沉浸到哀戚的追思中去。

（《光明日报》1984 年 1 月 2 日）

独白 28

眼前英雄　刮目相看

1983 年 12 月，听说太原迎泽公园一位工人破冰下水，勇救三人，我连忙赶去采访。我在办公室等着，公园负责人到绿化队去请那位勇士。他来了，这是一个中等身材、方脸浓眉的小伙子。我请他坐，他却目光滞滞地看着我，突然说：“你是梁衡哥哥吧？”我大吃一惊，他说：“我是志胜，你忘了吗？”采访遇故人，这真是一出传奇。

王志胜，我们两家曾是一墙之隔的邻居。那时我上高中，他上小学，极淘气，我们住的地方不远处有一个湖曰黑龙潭，夏天那就是他的乐园。他总是脱得赤条条的在水里一泡半天，有人炸鱼，鱼翻了肚皮漂在湖心，他一头扎下，又冒出水面，双手捧鱼，仰躺在水上，两个小腿一蹬一蹬地返回岸边，因逃学他常挨打，打了就跑，说不定在哪个草房里鸡窝旁边过夜。后来我上大学走了，又分配到外地工作，回家时再不见他，听说是犯了什么事，蹲了班房，也就不便多问。今天相见，想不到这事件的主人公正是他。

我们开始谈话。他的脸上还留着小时的那种倔强，只是成人了，懂事多了。对连救三人的事。他倒毫无自矜之态，说这不算什么，只是冬天冷一点，他现在是绿化工人，过去曾在湖里管船，救人是平常事。我一下想到他顽童时期的好水性。他很痛惜那个未能救活的女中学生。这中学生是为救两个小学生而落水的。他说，我开始只知下面有两个人，要是知道有三个人，要是早到一步，凭我的水性，这中学生也能救活的。我说，冰下漆黑，你怎么找人，要是返回时找不见洞口，岂不是连你也上不来了？他说，不能慌，记住一个方向，摸几步，再退回洞口，再换方向。

我们谈了好一会儿，他讲完救人经过，却谈起公园的管理，并吐露了一个埋藏已久的心愿，想挑头承包公园管理呢。

啊，真是眼前英雄，刮目相看。

抓住典型　深深开掘

陈万卿同志：

《新闻战线》编辑部转来的信收到了，谢谢。你在信中说，你在《光明日报》上见到我写的通讯《一个农民养猪专家的故事》，后来在《青年文学》上见到我写的报告文学《路，该这样走》，最近又在《光明日报》上见到我写的通讯《岳安林——中国新农民的一个典型》，这三篇文章写的都是岳安林同志，似乎在他的身上有做不完的文章。你要我谈谈我是怎样进行采访和写作的。我认为，这个问题涉及怎样采写和组织宣传典型。我并没有什么成熟的经验，只能谈一点粗浅的体会，以供你参考。

写新闻有一个格式，叫先写导语。写导语有一个要求，就是把最主要的东西，即读者最想知道的东西先说出来，以抓住人。这并不是什么人为的“八股”，而是顺乎人情与习惯。平时我们给人讲一件事也是这样。至于处理一个大典型呢，我以为也可以这样试试。

一、先讲答案，预留伏笔

1980 年 9 月，我到山西省忻县采访，人们向我介绍有个叫岳安林的青年农民自学了 4 种外语，养猪水平很高。但是由于家庭出身问题，他经历坎坷，处境不好。我到村里去采访时，他进城开会去了。我看了他办的猪场，条件简陋，但有科学味道：太阳能暖圈，简单化验仪器，墙上一块写满数据和公式的黑板。我看了他的家，一贫如洗：没有院墙，仅可进一人的高粱秆柴门，屋里一张旧桌，几个面缸，再就是散堆的书籍。正好他离家30年的老母回来看他，她向我哭诉说，真没想到儿子这些年这么苦。我中午回县城，下午找岳安林谈话。他讲了自己的简单经历和办猪场的经过。通过参观和采访，我模模糊糊感到他是个人物，经历不凡，学识丰富，很有志气，不是一般的农民。写一篇大通讯吧，似乎不大合适，因为采访时间短，材料不够。但是，像他这样一向遭歧视的人，敢于毛遂自荐，这在三中全会后，百废待举的用人之际，在政策上有典型意义。当时全国普遍存在着养猪赔钱现象，他一反惯例，科学养猪，成绩惊人，这对发展农业技术有指导意义。所以这个典型应赶快报道。于是，我决定写一篇不超过2 000字的短稿。文章虽短，却要力求内容多，思想深，能打动人。

根据上述要求，我在表现手法上就一方面详写他的“自荐”和“治场”，以树起一个形象，对读者产生一种感染力和号召力；另一方面又略写他的经历和具体技术，以留下伏笔，让读者去思考，去追求。如他去找公社书记自荐一节就详写情节：

……（他）说着掏出一个5 000元的存折，啪的一声压在桌子上：“大不过是这么多，甘愿立下军令状！”

这段中的“压”，几易其字。“放”太软，“摔”太野，只有“压”动中有静，有一种舞台艺术的造型效果，易给人留下比较深刻的印象。而写经历，只用了“备受凌辱”四个字，一笔带过，写技术，只抄了半张配方，用省略号带过，让读者去管中窥豹。

这个写法果然收到了一定的效果。文章见报后的一年多中，岳安林共收到近2 000封来信。许多人对他极表敬佩，有些人还要来当他的学生。而对略写部分，许多人则感到不足，每天看报，看有无续篇，有的骂那个可恶的省略号，说记者故意吊读者的胃口。

这里还要特别说一下短和快。记者和通讯员往往陶醉于自己的题材，一下笔就洋洋万言，而编辑却常常不能卒读。我是有这种教训的。因此，未落笔之前，先要审时度势，考虑到稿子将要通过的几道关口。而“短”和“快”，则是去斩将夺关、打开突破口的两把尖刀。这篇文章只有 1 800 字，《光明日报》1980 年 11 月 14 日全文刊用。见报当天，编辑部的同志就写了评论文章。后来，这篇文章又被一些报刊转载，并被评为当年的全国得奖通讯。如果当时就写大文章，那就不但出手慢，而且可能一个字也登不出来，以后就更没有文章可做了。

二、仔细剖析，深深开掘

第一篇短文发表后的较大反响和众多读者的要求，已使再写一篇长文章水到渠成。第一篇主要是讲“事”，第二篇就应仔细剖析“人”；第一篇已讲了结果，讲了其然，第二篇就要讲由来，讲其所以然。这就不宜用一般通讯或消息等形式了。于是，我想到使用新闻写作的另一形式——报告文学，其结果就是发表在《青年文学》1982 年第一期上的《路，该这样走》。

1981 年 5 月，我到大王猪场住了 7 天。我仔细研究了岳安林当时已收到的 1 000 多封来信。大家都为有这样的青年、这样的农民而惊喜和自豪，又为他的技术所吸引，恳切地要求推广应用。这说明岳安林这个典型符合时代的需要，是应运而生的。通过一段相处，我觉得他是继土改、合作化后我国第三代新农民的代表。我国农村在新中国成立后已经历了两次大的变革，现在该靠科学技术了。而这正需要岳安林这样的人，正像过去需要李双双等典型一样。但是，他的时代意义、成长道路、周围的矛盾又与李双双等不大一样。这就不是讲一两件“自荐”“治场”的故事能说明的，而需要再深深地挖掘。这篇两万多字的文章主要从以下方面挖掘：一是岳安林的爱国、爱党的赤子之心。他因出身问题而两次考取大学不能入学，十年动乱中又遭批斗，但他对党坚信不疑。二是他的志气。他在山上，在地头，在猪圈里，都顽强地自学，掌握了四种外语，这使许多人，包括外国人都惊叹不已。三是他用科学战胜愚昧，改造旧农业，改造农民的旧思想。文章的线索也由第一篇的单线发展成双线：岳安林在事业上的奋斗和他爱情上的甘苦交织进行。这三方面的挖掘已超出了他办好一个猪场的意义，而展示了我国十年浩劫后的这个特定环境，力图提出和回答目前在人们政治生活、思想倾向和农业政策上等带共性的问题。文章的内容力求更深、更广些，笔尖力求探到人物的内心世界、生活角落、环境背景等各方面。

三、注意发展，连续报道

对一个典型的挖掘除注意横的方面，还要注意纵的方面；除注意静的方面，还要注意动的方面。就是说除总结他现有的成绩和思想，还要随时注意其发展，看他本人及记者的报道是否经得起实践的考验。另一方面，读者心中既有了这个典型，便又时时想知道他的现状，所以随时挖掘新东西是必要的。

今年 3 月，我在省劳模会上经过对岳安林的第三次采访，发现他的事迹又有新发展，即：他本人已被录用为国家科技人员，但他不离开农村，继续在猪场搞研究；他除养猪外，又开始搞综合加工，创一条适合我国特点的养殖新路；他开始招有文化、懂外语的人当工人，要把场子办成农村基地。从这些可以看出两个问题：一是党对他的关怀，群众对他的支持，这个经历坎坷的人现在如鱼得水；二是他的抱负现在正一步步地实现。这对广大青年，特别是农村青年是一个鼓舞。于是，我又写了一个续篇《岳安林——中国新农民的一个典型》。《光明日报》在 1982 年 3 月 22 日头版发表了这篇通讯，并配了评论。这种通过不断挖掘对一个典型前呼后应、造成回响的连续报道，更易加强宣传效果，使典型的指导意义不断扩大。这篇通讯见报后，山西省科委、农委和团委很快发出了联合通知，号召向岳安林学习，省委、地委和省科委的负责人都到村里调查，加强指导，还拨了专款。当然，我们写发展，挖新东西，必须尊重客观事实，不能像“四人帮”时期那样，典型随着形势，天天换角度，人为去拔高。

一发现好一点的材料就想写一篇大文章，树一个大典型，这是一般记者特别是通讯员常有的想法，也可以说是一个毛病。作者本以为抱了个金娃娃，痴等见报，却常常等来一瓢凉水。所以我觉得如遇到好典型，倒是可以看准角度，紧密配合形势，先写个短东西、搞点火力侦察，敲点开台锣鼓，然后再大搞也不迟。当然有时发了小的，就不易再发大的。但这主要是看典型本身的价值和你挖的程度。你说我在岳安林身上好像有做不完的文章，这是有其原因的。一是岳安林的模范事迹太多和思想境界太高，我一时挖掘不完，只好慢慢地边挖边写；二是他本人也在不断发展，读者又不断有新要求，作为记者，应努力跟上广大群众和先进人物的脚步，搞好“同步”采访。

（《新闻战线》1982 年第 11 期）

致青年记者的信

抓住典型　深深开掘

梁　衡

陈万钟同志：

《新闻战线》编辑部转来的信收到了，谢谢。你在信中说，你在《光明日报》上见到我写的通讯《一个农民养猪专家的故事》，后来在《青年文学》上见到我写的报告文学《路，该这样走》，最近又在《光明日报》上见到我写的通讯《岳安林——中国新农民的一个典型》，这三篇文章写的都是岳安林同志，似乎在他的身上有做不完的文章。你要我谈谈我是怎样进行采访和写作的。我认为，这个问题涉及怎样采写和组织宣传典型。我并没有什么成熟的经验，只能谈一点粗浅的体会，以供你参考。

写新闻有一个格式，叫先写导语。导语有一个要求，就是把最主要的东西，即读者最想知道的东西先说出来，以抓住人。这并不是什么人为的“八股”，而是顺乎人情与习惯。平时我们给人讲一件事也是这样。至于处理一个大典型呢，我以为也可以这样试试。

一、先讲答案，预留伏笔。

1980年 9 月，我到山西省忻县采访，人们向我介绍有个叫岳安林的青年农民自学了四种外语，养猪水平很高。但是由于家庭出身问题，他的经历坎坷，处境不好。我到村里去采访时，他进城开会去了。我看了他办的猪场，条件简陋，但有科学味道：太阳能暖圈，简单化验仪器，墙上一块写满数据和公式的黑板。我看了他的家，一贫如洗：没有院墙，仅可进一人的高粱杆柴门，屋里一张旧桌，几个面缸，再就是散堆着的书籍。正好他离家三十年的老母回来看他，她向我哭诉说，真没想到儿子这些年这么苦。我中午回到县城，下午找岳安林谈话。他讲了自己的简单经历和办猪场的经过。通过参观和采访，我模模糊糊感到他是个人物，经历不凡，学识丰富，很有志气，不是一般的农民。写一篇大通讯吧，似乎不大合适，因为采访时间短，材料不够。但是，象他这样一个向遭歧视的人，敢于毛遂自荐，这在三中全会后，百废待举的用人之际，在政策上有典型意义；当时全国普遍存在着养猪赔钱，他一反惯例，科学养猪，成绩惊人，这对发展农业技术有指导意义。所以这个典型应赶快报道。于是，我决定写一篇不超过二千字的短稿。但文章短，却要力求内容多，思想深，能打动人。

根据上述要求，我在表现手法上就一方面详写他的“自荐”和“治场”，以树起一个形象，对读者产生一种感染力和号召力；另一方面又略写他的经历和具体技术，以留下伏笔，让读者去思考，去追求。如他去找公社书记自荐一节就详写情节：

“……（他）说着掏出一个五千元的存折，啪的一声压在桌子上：大不过是这么多，甘愿立下军令状！”

这段中的“压”，几易其字。“放”字太软，“摔”字太野，只有“压”动中有静，有一种舞台艺术中的造型效果，易给人留下比较深刻的印象。而写经历，只用了“备受凌辱”四个字，一笔带过，写技术，只抄了半张配方，用省略号带过，让读者去管中窥豹。

这个写法果然收到了一定的效果。文章见报后的一年多中，岳安林共收到近二千封来信。许多人对他极表敬佩，有些人还要来当他的学生。而对略写部分，许多人则感到不足，每天看报，看有无续篇，有的骂那个可恶的省略号，说记者故意吊读者的胃口。

这里还要特别说一下短和快。记者和通讯

提出问题　说透问题

通讯，作为一种新闻体裁，可以分成三类：人物通讯、事件通讯和问题通讯。人物通讯靠人的思想感情去感染读者；事件通讯通过事件本身和情节故事去吸引读者；问题通讯则靠提出和说明一个大家都关心的问题，去启发、教育读者。相比之下第三者的写作难度较大。

人物、事件都有具体的形象，文学的思维方式本来以形象思维为主，但是，我们要思考、研究一个问题时，其思维方式却是逻辑思维，这就带来一个问题——抽象、枯燥。抽象、枯燥正是问题通讯之大忌。

怎样克服抽象、枯燥，将文章写得生动、有趣、在理呢？

第一，要能发现问题，准确地提出问题。

记者和通讯员在生活中遇到人和事，觉得很新鲜，便要给报刊写稿，以期介绍给更多的人知道。相比之下，人和事是生活中表层的东西，而问题却掩藏在更深的一个层次。它要靠记者在观察了无数人和事，在学习理解了中央的政策方针，在了解和体验了群众的思想感情之后，提出自己的看法。但是这个看法又绝不是他个人的，它应该属于全社会，是社会上大多数人和领导阶层都已感觉到了的。而且最好是虽然人人都有一种模糊的感觉，都有一个轮廓，但由你来一下点透；人人都在想，你却一下就能说了出来。所谓新闻的敏感性，正在于此。所谓记者的敏锐眼力也正在于此（如果是在其他体裁则表现为抢消息、抢新闻人物等，这里则是抢问题）。你提的问题要能合上时代的节拍，能引起读者的共鸣，这样读者就会以极大的兴趣来和你一同研究问题。在战争时期，平常最不通军事的文人们也会关心战局；在灾荒年景，城里人也会过问乡下的收成。社会在某一个时期、某一个阶层、某一个范围内总会自然形成一个“热点”，而无论平时人们对这问题多么漠不关心，这时都会全神贯注。如农业方面，在“学大寨”十几年后，那套“左”的政策到底还行不行？要不要搞责任制？教育方面，教学质量问题、教学结构问题。环境保护方面，生态平衡问题，我们还有多少水、多少树，空气污染，土地沙漠化等问题。还有干部问题、物价问题、体制问题等等。这些都不同程度地牵着一些人的心。记者就是要寻找这个“热点”，一下子将无数人的视线都牵到你的手中，这样你就成功了一半，再抽象、枯燥的问题，也不愁没有读者。如果说人物通讯、事件通讯是选择一个好的典型的事件和人物，问题通讯就是要选择一个好的“热点”问题。这个问题一提出，犹如突然说明日有地震，使人为之一惊。总之，要能提出一些警人、醒人的问题，才能将读者拉到你的文章中来。新闻的特点就是要新，在其他体裁，是新人、新事，在问题通讯里则是要强调新问题。

第二，问题必须有新的角度和深度。

说是要新，但我们常常碰到的却都是老问题，真正第一次接触到的新领域、新课题是很少的。所以新问题常常是指出一个老问题的新角度和深层次，有经验的记者应该能教旧曲翻新声。角度，指一个问题的侧面。事物是立体式多侧面的。我们用手拿起一件物品会不由地正面看完看反面，可是对一个问题却常常只看到一面，而忘了其他侧面。因为问题和具体的物比更抽象、更深刻、更复杂。记者的功夫就在于拉着读者的手，从一个问题的正面走开，绕到侧面、后面；从不同的角度停下脚，多看看，指点指点，将读者没有发现、没有注意的地方指给他看。这样你的文章就有新鲜感，就能醒目，就能引人。比如号召知识分子到边疆去，扎根献身，这是多么老的问题，从 50 年代初说到 80 年代末，30 多年了。过去我们的宣传是为理想、为事业献身。现在光这几句不够了。我在新疆见到一批 50 年代初就落户了的地质学工作者。他们说：“我们将此生献给边疆，毫无怨言，但是我们的子女也快 20 岁了，他们也要成才，可是这里的教育条件差，他们连我们当年在大城市享受教育的机会也没有，为了下一代，我们也起了内迁之意。”50 年代时这批知识分子自己才 20 岁，一身轻松无牵挂，现在除了考虑事业还要考虑子女，这个要求并不过分。这就是研究知识分子支边问题的一个新角度，一个过去没有注意的侧面。只要我们提出这个问题，调查情况，研究解决方案，都会引起知识界、组织部门和边疆地区政府的重视，会引起这一范围和层次的读者的关注。不断地发现新角度，就是不停地调查、思考。新闻报刊是社会的一张寒暑表，记者要能“春江水暖鸭先知”，能及时地于人所不注意的地方抓出一个让人大吃一惊的问题。

深度，是指一个问题的背后。记者的责任不仅是将读者不易发现的问题的侧面转过来给人看，更主要的是要进一步将读者不易看到或者说很难看到、几乎看不到的问题揭示给人看。因为记者这个职业提供了他比一般人更易发现问题的方便条件。他上下左右到处可以接触人和事，可以既研究中央精神又调查基层的实际情况。可以随时换地点，换角度，可以旁观者清，也可以深入到铁扇公主的肚子里。可以得到许多材料进行分析，找出事情的本质，预测事物的发展方向。而一般读者，由于自己特定的单一岗位所限无法做到这一点。记者既然得到这么多的优惠，他的责任就是要能将普通人认为是平常的问题、看到的现象，一下就抓住本质，就揪住它的根。这样，你的文章才有深度。这并不是多么高的要求，也不是记者的骄傲，而是职业要求的起码责任。如果说角度是将一件东西转移一个面来看，深度则是将这件东西翻起来，看它的根底，这样就常会使读者大吃一惊或恍然大悟。比如曾轰动一时的昔阳县西水东调工程，硬是将太行山打穿一个洞，将黄河水系的水东调到海河水系了。当初这是“大寨精神”的表现，曾大肆宣扬，后来渐渐感到错了，又从各种角度进行批评：比如为了自己浇地调人家的水，风格不高；花钱穿一座山，经济上得不偿失等等。但是这样一件明显的蠢事、这样浩大费资的工程何以能够得逞呢？再往深里挖，原来科学家、工程师不是没有提过意见，计划财务部门也不是没有据理力争，但是当时陈永贵当了副总理，昔阳、大寨像神一样不可冒犯，一个县委书记只凭肉眼看，就否定了大坝的选址，由他随手一指便在此改建，什么水文地质资料都可以不管。发生在70年代的这场悲剧、闹剧，其实质是什么呢——是封建专制与科学民主的搏斗。我们虽然在科技方面取得了不小的进步，但是对封建专制的思想、制度并没有彻底地批判和铲除，所以在一定条件下，科学还是要做专制的奴隶。这样去思考问题便挖到了根。作为反映某一个问题的通讯，就是要将与本质有关的材料尽数抖出来给读者看，将读者的思路引到入地三尺更深的一个层次。一篇文章，就像一把雪亮的铁锹，一锹下去翻出问题的老根。

有新角度、新深度，这样的问题通讯是可以吸引读者了。但是读者捧起报刊后怎样才能同意你的这个角度和深度呢？这还有一个表达方法和效果的问题，亦即你这篇问题通讯说明问题的力度。

第三，问题通讯最忌就问题说问题，要功夫在“理”外。

我们写一篇通讯是要围绕一个问题，说清这个问题，从这个动机出发，好像和写社论并无区别，但其表达方法、所用的手段却大不相同。它主要不是靠推理论证，而是靠剖析事实。其严密的道理、新颖的观点藏在事情的客观存在之中。就是说它既要有论说文的严密性，又要有文学的形象性，它是两种特点兼而有之的边缘文体。

在动笔之前，人物通讯先要研究人物的形象，事件通讯要分析事件的过程，问题通讯则是要先提炼出一个论点。论点的提炼是将已有材料在头脑中反复检索抽出一根丝头，理出一条脉络。这个提炼论点的过程是前面讲到的提问题的深化和具体化。有了一个论点，文章就有了灵魂，一切笔墨都服从它、突出它、衬托它。问题是一个方面，论点却是一个点，要更集中、鲜明，更能吸引读者，像口号，像指令，如警句，让人过目不忘，不由地追根问底寻其来由，找其论据。这个论点最好能在标题上或文章的开头就显示出来，亮明旗帜。

论点立起来之后按论文的写法就应该有论据和推理了，但是因为是通讯，却要避免枯燥的说教，而是用事实一层层地推出。这论点是运用人、事、物来说明的，务求自然、形象、生动，事尽而理现。而且，作者在提出问题、提炼论点时明明是要将某种自己的观点宣传给读者的，而下笔写文章时却切忌露出说教的面孔，反而要和颜悦色，如说故事、谈见闻一般缓缓道来，细细述说。比如《欲要山长树，先教山留人》这篇通讯，说的是植树造林这样一个老问题，但它从生态平衡被破坏这个大的宏观问题入手，却选了一个家庭林场这个小角度。从为什么几十年，年年栽树，年年山上秃这个现象出发来研究，提炼出一个论点，即本文的标题。同时把造林问题，引申到树与人、管理体制问题。文章的头尾是散文式的笔法，托出富有感染力的画面，即金秋十月，沙棘串满小黄果，山柿子红得像玛瑙。中间是记者与主人风趣的对话，还有一节烈士陵前深情的致哀。处处在写景、写情、叙事，但树和人的关系却是已经摆得一清二楚了——造林的事实、群众的态度、领导的体会都是最好的论据。这样就较有说服力，即文章有深度和力度。

总之，问题通讯要能准确地提出问题，用形象的手法既生动又严密地说透这个问题。它比一篇社论应该更生动、具体；比一篇消息应该更深沉、周密。虽然它们说的是同一个问题。这正是问题通讯的长处。

（《支部生活通讯》1987 年第 1 期）

第四编

怎样写记者来信和内参

宣传《森林法》积极保护森林

编辑部：

近年来，五台山公安派出所的全体干警积极维护和宣传国家关于保护森林的各项法规，打击犯罪分子，为保护森林资源和这个著名游览胜地作出了贡献。

五台山，地处山西境内，是我国四大佛教名山之一。这里沟壑纵横，山高林密，分布着国家林业局和地方经营的许多林场，是一个重要的用材林基地和优种树繁殖基地。山区的五个台顶之间，古寺遍布，风景优美，又是一个重要的文物保护区和游览胜地。五台山派出所的同志们，自觉地把保护森林作为治安工作的一个重要部分，并把保护森林和保护环境、保护文物结合起来。

今年以来，他们带着国务院关于保护森林的布告和《森林法》，走村串户进行宣传。他们不怕山高路险，踏着没膝深的积雪，一边宣传，一边调查处理破坏森林的案件，并通过对案件的处理，对群众进行生动的法制教育。他们还积极配合公社党委召开公社各机关干部会，要求干部知法、守法，决不购买非法木材，以杜绝赃物市场。会后各机关都制定了护林公约。他们还协同国有林场在生产队安排了专职和义务护林员，划分地段，责任到人。东台沟大队过去滥伐现象严重，经过派出所同志结合破案进行《森林法》的宣传后，大队党支部立即挑选了 9 名护林员，并制定了护林公约。今年全大队新育的 20 万株树苗，新绿化的一条山沟，都得到了很好的保护。

五台山派出所所辖地区毗邻二省、四县，又是林区的出口要道。这里平时过往人员较多，特别是每年 6 月传统的骡马大会，附近数省都来这里放牧和交易，人折畜啃经常造成毁林。在这种情况下，干警们的工作做得深入细致，力争防患于未然，加强对刚来这里交易、放牧的群众的宣传。平时他们坚决支持林场和各义务护林员的工作，对林业部门和地方上的一些纠纷认真调解，秉公处理。对不服国法，殴打护林人员的闹事者从严处分，逐步造成了一种护林光荣、守法光荣的新风气。由于这里寺院较多，他们在执行《森林法》时，还同时注意执行党的宗教政策，保护寺院文物和寺院内外的古木新林，对那些积极护林的僧侣给予表扬和支持。一次，一位僧人向派出所报了一起毁林案，几个作案人找上庙来纠缠不休。派出所所长米秀文知道后，立即赶到对作案人进行了批评教育，并在群众会上对这位僧人进行了表扬。现在，由于派出所的同志和有关部门的积极工作，寺庙内的一些古木和山上的树林都保护得较好。

（《光明日报》1979 年 8 月 24 日）

山西农业大学教师李连昌建议 大力发展我国的红枣生产

编辑部：

在最近召开的山西省农业现代化学术讨论会上，记者颇有兴味地听了山西农业大学教师李连昌谈发展我国的红枣生产问题。

红枣营养丰富，含糖量达70%左右，远远超过甜菜和甘蔗，此外，还含有蛋白质、脂肪、铁、维生素等，其维生素C含量比橘子高10倍，比苹果高70～100倍，能润心肺，补五脏，止咳，治疗肠胃病、肝炎，是良好的药物和滋补品。枣树开花时间长，又是很好的蜜源植物。其木材坚实，纹理细致，可用于雕刻或制工具。更重要的是枣树耐旱、耐寒、耐瘠薄。我国华北、西北广大地区气候干燥、土壤贫瘠，粮食亩产常常只有几十斤，而一棵枣树就可产鲜枣几十斤。以亩产红枣300斤计，就可收入90元。所以群众称红枣为“铁杆庄稼”。红枣可以代粮加工成酒、醋及各种副食。这对改变山区面貌，使群众尽快富起来有很大作用。如山西省干旱山区的柳林县高家沟公社，1978年总收入81.4万元，其中红枣收入29.1万元，占总收入的37%。这个县的庄头大队，1979年红枣收入占总收入的64%。仅红枣一项，每人平均增收130元。

枣树开花长叶都较迟，还可与小麦间作，做到粮果双收。

但是，在过去十几年间，红枣生产出现了大倒退。这首先是由于片面地强调粮食生产，枣树被大量砍伐，现在按全国人口平均每人只有红枣半斤，远没有达到历史最高水平。我国红枣基地之一的山西省，现在和1966年相比，枣树被砍掉1 100多万株，产量下降了近千万斤。临汾县特产的团枣树，1966年有2万多株，现在被砍得只剩1 000多株。另一个原因是，把社员房前屋后的枣树都当作“资本主义尾巴”割掉了。第三个原因是，枣树科研跟不上，国家没有专门机构，全国各地搞这方面研究的专门人才不过几十人。

李连昌认为我国发展红枣生产的潜力很大，目前已查明有 15 个省可大量栽培。有些省区，如新疆，在引种中发现红枣质量比原产地还要好。他建议把红枣生产和糖、棉、油等经济作物一样对待，进一步规划落实我国的红枣生产基地，落实有关政策，有的地区可拨一些荒地，让社员种枣树，发展农工商联合企业，还应马上建立我国的红枣科研中心，挽救和恢复一些枣树稀有品种。

（《光明日报》1980 年 7 月 30 日）

山区养猪、养牛，孰更有利?

编辑部：

在我国的农业生产改革中，多少年来强调粮食生产，忽视林、牧业的发展，而在牧业中，又强调养猪，忽视其他牲畜。最近记者在太行山区的山西省和顺县采访，县畜牧局的三位负责同志就山区养牛、养猪问题为我们算了一笔细账。

猪是舍饲动物，主要靠吃粮。养成一头 150 斤以上的猪，需要精饲料 500～600 斤。牛是放牧动物，主要靠吃草，养一头 600 斤以上的牛，只需 400 斤精饲料。而按国家现在的收购价，一头猪一般卖140～150 元，一头牛可卖 500～600 元。一头牛只用一头猪的精饲料，却可以获得相当于四头猪的收入。这是第一。第二，从用工上看，办一个能容 50 头猪的猪场，加工饲料、喂食、垫圈等，至少得 4～5 个人，而 50 头牛的牛群，只要两个牧工饲牧就可以了。社员个人养牛还可以放在队里的群里捎养，或利用老幼辅助劳力放牧。另外，牛比猪发病少，这也省去许多麻烦。第三，关于经济价值，过去大力宣传猪浑身是宝，其实牛的价值也不低。首先它可以役用，特别是在山区耕作、运输中，目前它还是重要畜力；牛又可以挤奶，一头改良牛在奶场年产奶可达8 000斤，就是在生产队一边役用，一边哺乳小牛的情况下，一年也可顺便产奶 2 000 斤；牛皮、牛筋、牛角、牛毛等都是重要的轻工原料，只一张牛皮制成皮鞋，就可收入 500～600 元。第四，在食用方面，牛肉也很受群众欢迎，从记者走过的几个市、县看，市场上七八角一斤的猪肉都卖不出去。人们食肉，现大多厌肥喜瘦。而牛肉可满足这种需要，稍有出售就抢购一空。尤其是太行山区的牛，终年生活在凉爽的草坡上，杂食百草，不受暑热，其肉纤维细，筋腱少，烹饪后鲜嫩可口，出口香港市场，大受欢迎。

和顺县地处太行山之巅，全县总面积 337.5 万亩，耕地面积只占

8.3%，山林草坡占80%以上。这里无霜期短，晚霜到6月初才消，早霜9月初就降。可是过去这里和昔阳一界之隔，在“学大寨”运动中的极左路线的压力下，硬要搞粮、猪上《全国农业发展纲要》，全县集体猪场最多时发展到127个，甚至统一发售仔猪，强制社员喂养。不少社队为发展粮食、饲料，卖了黄牛买“铁牛”，开了牧坡种庄稼。结果建国30年，粮食只有两年刚过1亿关，猪也没有上《全国农业发展纲要》，黄牛总在1.5万头上下徘徊。党的三中全会后，这个县的县委提出向草坡要肉、要乳、要钱，鼓励社队和社员个人大养其牛。一年半的时间，全县的黄牛存栏数就突破2万头，一些生产队和社员很快富了起来。土岭公社社员孙有富，一个劳力、7口人，历年来拖欠队里1 200元，去、今两年他共养牛5头，纯收入1 300元，8年欠的债一笔还清。他高兴地对人说：“要不是喂牛，我这一辈子也别想还清这笔债。”畜牧局的同志说：“你看山区养猪、养牛，哪个更有利?”这个县现在已是国家的肉牛基地，该县作了长远规划，到1985年，全县黄牛存栏将达到5万头，每年将向国家提供200万斤牛肉。

（《光明日报》1980年9月8日）

要重视放射性同位素的管理工作

编辑部：

同位素与射线核技术的应用是科学技术现代化的主要标志之一，它在工业、农业、医学卫生和科学研究等部门的使用范围越来越广。但是由于放射性同位素能够造成污染，危害人体健康，所以应特别加强对放射性同位素的管理工作。

过去由于管理不善和人们缺乏这方面的科学知识，经常出现事故。一次，山西省某研究所的同位素库房，4 个月内竟 6 次被盗，丢失铅罐 76 个，造成放射性污染。虽然经过破案、追查和消除污染，没有造成很严重的后果，但是却在社会上引起了很大的不安。另一方面，因为没有一个主管部门统一管理，一些科研项目无人抓，新技术得不到推广，特别是后勤供应得不到保证。有些单位常常为了一点药物或小件仪器就要派人到外地单独采购，在没有必要的防护条件下使用公共车辆进行运输，既浪费又不安全。

为了改变上述状况，山西省科委去年专门成立了同位素管理站。半年多来它对全省 60 多个使用同位素和射线核技术的单位进行了普查，摸清人员、同位素品种、用量等基本情况，建立了档案，就这方面的技术研究、应用货源供应、污染废物处理等都统一编制了规划；对已发生的事故，协助公安、卫生部门进行了善后处理。为了安全接运，它又配备了一辆专车、两个专人和一些必要的防护监测设备。管理站还协助业务部门向上级反映情况，解决了一些迫切的问题。现在全省同位素的使用、订货、分配、接运等都已经统一管了起来，一些新技术、好经验也得到了及时推广。使用单位的防护条件也有所改善。

（《光明日报》1981 年 2 月 26 日）

农村科学实验也要有一种责任制

编辑部：

在最近召开的山西省科技工作会议上，晋城县试行农村四级农科网责任制的经验引起了与会同志们的很大兴趣。

自从党中央关于农业的两个文件下达，各种生产责任制实行以来，科学和群众的利益联系紧密了，社队干部、群众纷纷向农科部门要良种、要技术，要求学科学，要求指导，出现了“科学热”。另一方面，不少地方的四级农科网过去靠社队统一摊派资金、工分，吃“大锅饭”，管理不善，成果不多。这次一实行责任制，搞经济核算，群众再也不愿养它们，只得垮掉。晋城县共有 30 个公社 600 多个大队，96％的大队实行了各种形式的责任制。有 20 个公社级和 180 个大队级的农科组织，在这场变革中试行了各种形式的责任制，因而更受群众欢迎，得到了加强，而 300 多个大队级的农科组织却面临着垮掉的危险。去年初，晋城县委对全县农科网中出现的这些新问题进行了调查研究，试行了一种定人、定点、定项目、定报酬、定奖惩的农村科学实验责任制，收到了很好的效果。

四级农科组织的任务，主要是新技术、新成果的指导、示范和推广。其工作内容、管理方法与从事粮食生产的社队有许多相似之处。县委参照农业生产责任制，根据农科实验的不同内容，在“五定”的基础上，分别采取了下列办法：一、可以联系产量的项目如高产示范、制种等，联产计酬；二、属于试验性的，如新栽培法、新品种试验等，以试验方案为准，包工计酬，有奖有罚；三、对技术要求高的单项作物，如棉花、油菜的管理等，签订单项合同；四、对不便计算定额的如大田指导、病虫害观察等，根据出勤，实工实记；五、对业余传授技术、夜校讲课等发放津贴。根据这些具体办法，去年县、社农科推广站分别与 8 个公社、11 个大队签订了农业技术合同，推广了 16 项栽培、土肥、植保等方面的新措施。大队农科队也分别与生产队签订了技术指导、良种推广等合同。责任制的实行大大调动了基层科技人员的积极性，促进了新技术、新成果的推广。过去技术员下乡，讲几次课就走，现在有了合同，大多数技术员都长期蹲在队里具体指导，除了开会很少回机关。谷子套种是这个县的一项有效的增产措施，过去一些社队推广不力。去年县、社推广站与生产队订合同，包队指导，全县一下子推行到 11 万亩，只此一项每亩就增产了约 100 斤。全县有 18 个农业技术员与社队签订了推广合同，到年底推广成效大大高于往年。晓庄大队的农科队共有 23 人，种地 40 亩，过去每年大队要给他们补贴 2 000 个工。去年实行责任制后，他们除完成了本大队的制种任务，还多培育了 4 万斤卖给外队，结果全年只用了补贴工 1 000 个。西马匠大队农科队前几年虽有些成果，但开支大，每年大队要补贴 1 000～2 000 元，群众意见很大。去年实行责任制后，该队与大队签订了育种、大田示范等合同，又从内部挖潜以副养队，结果，不但完成了棉花新品种试验和谷子、玉米高产示范等任务，经济上也翻了身。它不但没有再向大队要钱，还交回大队 7 000 元。群众高兴地说："过去推广新技术只布置没人抓，减产没人管，现在学习有人教，减产还有人赔，我们科学种田更有信心、有决心了。"现在这个县实行责任制的各级农科组织正在不断增加。

（《光明日报》1981 年 7 月 26 日）

为什么很多农民子弟不愿读高中、初中?

关键是现行教学体制和教材内容脱离实际

神池县委书记认为应从用人和教材两方面改革目前农村教育

编辑部:

7 月中旬，记者来到山西省神池县采访。当问到目前农村的教育情况时，县委书记李枝荣说，改革农村教育，发展农业中学，年年喊，但是不见成效。根本原因是现在的学制和教材脱离农村实际。

第一，无论哪个部门从农村招用人才时，都应严格强调具有中学毕业的文化程度。现在的教学体制是一切为了高考，学生上不了大学，即使读完初中、高中也无用。所以，目前很多农民子弟不念高中，甚至不念初中。目前农村大量增加的社办企业工人、汽车司机、拖拉机手、加工行业工人，不管文化程度，只靠关系，许多文盲都可充当。招用这些人员时，社队企业、交通监理等职能部门以及公社文教委员会、党委等都有权通盘检查审核。如果各部门都能强调文化程度，把好关口，必然会促使农民自觉地对子弟进行智力投资。

第二，现行教材是为升学服务的，应在农村高小课本中加入农业教材，使学生知道一点与自己周围农业生产有关的知识。高小学生年龄还小，只要简单明白“是什么”即可；在初中部分，应加入一些农业理论知识，使学生明白“为什么”；高中部分，可选编一些农、林、水利、机械等专业知识。加入这些内容后，农村中学的学制可适当延长一点。目前，农民子弟升上大学的很少。他们升大学无望，所以连初、高中也不读了。如果中学教材能这样改变一下，即使升不了大学，他们在中学里学到的知识也会马上有用的。再加上前面讲到的，各部门都一起来卡文化程度，农村初、高中的普及率、巩固率将会有所好转。国家机关用人现在开始强调学历和文凭，农村集体经济部门也应这样。农村教育改革主要不是办几所农中的问题，而是改革整个农村的中等教育，包括用人制度。

（《光明日报》1983 年 8 月 3 日）

独白 29

提出问题比回答问题还要难

在新闻写作的诸种体裁中有一种叫“记者来信”，它主要的功能是提出一些值得社会重视的问题。因为用信的形式写就更真切些，又可加进记者的意见，阐述时也会更自由。

1983年7月我过山西神池县，午饭前县委书记李枝荣同志到招待所看望，问及当地的教育情况，他谈了一些想法，也就是一支烟的工夫。第二天我到五寨县冒雨登自然保护区芦芽山，回来后衣衫全湿，拥被坐床，与同行的神池县委通讯组长冯耀同志闲聊。我说：“昨天你们书记的谈话，倒是可以整一篇东西。”他一听就来劲了，忙取出纸笔。而我当时还冷得直打牙颤呢。这篇东西以来信形式写好后，正好我回京开会，便带给编辑部，希望能发个“内参”。几天后我正在办公室看报，负责教育稿的一个老同志进来兴奋地说：“今天我们《光明日报》可露脸了。”她手里拿的一份“内参”正是我那篇床上之作。原来当天上午全国教育局长会议刚刚闭幕，闭幕式上请副总理万里同志讲话，万里一坐下即说：“我没什么好讲的了。刚收到一份《光明日报》的内参，我念一下就行了，这也就是我的意见。”说完他念了一遍。于是这篇“内参”第二天又公开发表在头版头条，国家教委又以文件形式发到全国。

新闻的功能包括宣传、教育、传播信息、文化娱乐和社会监督等方面，但总的一条是要促进社会进步。进步的方法就是提示矛盾，解决矛盾。记者能在繁杂的社会现象中找到某一方面的主要矛盾，他就完成了新闻的部分功能，而其意义常常比写一篇有因有果的报道还要大。从某个角度说，提出问题比回答问题还要难，它所引起的社会效果也要广泛些。这在自然科学领域也许看得更明显：1687年牛顿公开提出万有引力原理，导致159年后发现海王星；1864年麦克斯韦提出电磁波问题，导致34年后电报正式用于商业；1905年爱因斯坦提出相对论，导致 40 年后第一颗原子弹爆炸。我们当记者的也要多提出一些社会问题，让实践去解决，到时我们再报道它的结果，这也是春种秋收。当然，有些事我们并不一定能等到它的结果，但问题只要提出就总有解决的一天。

我国人均水资源占有量列世界第88位

我国已有近150个城市出现缺水的局面

为此，200多位专家呼吁：水资源危机该引起全社会注意了

编辑部：

春节前，水电部和山西省人民政府邀集了200多名专家会集太原，讨论一个紧迫的问题——水。水电部长钱正英、山西省省长王森浩主持了这场讨论。

随着经济建设高潮的到来，各项基本建设，特别是能源建设迅速发展。但是一个掩藏着的大问题——水资源紧张，却还没有引起全社会的足够重视。采1吨煤需水1～1.5吨；炼1吨钢需水20～40吨；造1吨纸需水200～250吨；生产1吨化肥需水500～600吨；提取1吨人造纤维需水1 200～1 700吨。生产和生活一刻也离不开水。可是，我国的人均水资源占有量仅为世界人均占有量的1/4，列第88位。现在全国已有近150个城市出现缺水局面。这个问题不解决，将会制约我国的经济发展。

山西是我国的能源重化工基地，但又是全国严重缺水的省份之一。由于长期以来只顾挖煤、发电而忽略了水资源的开发，现在欠账很多。为保工业用水，全省水浇地1985年比1980年已减少百万亩以上。现有水利设施大都是“大跃进”和“学大寨”时的产物，严重老化、失修。地下水大幅度超采，太原吴家堡地区地面已下沉1.38米。著名的晋祠泉，流量已从50年代的2秒立方米减到0.37秒立方米。与会专家对这种状况深表忧虑。他们指出，从现在起，到20世纪末或更远，山西的煤炭、电力将对我国的经济发展起重要作用，而水的问题不解决，其他都是空谈。在山西明显反映出来的缺水问题，在全国同样存在。杜润生同志在书面发言中指出：“耕地减少、森林减少、能源供给紧张，已引起大家的重视，现在已经到了该大声疾呼的时候了。”

与会专家对水资源紧缺现状提出了相应的对策。第一，要改变那种水是自然供给、用之不尽的旧观念。要在全社会大力宣传惜水、节水，抓好污水处理，增加重复使用。第二，要强化水资源管理，在山西特别要把水资源建设作为国家能源基地建设的一部分，统一管理、保护，处理好工农、城乡、煤粮等争水矛盾。第三，从现在开始要着手考虑一些大的供水工程，尽快改变水利工程年久失修、与经济发展不协调的局面。

与会专家指出，要让人民知道我们缺水的国情，不要出现用水的高浪费。这几年我们大力宣传保护森林、生态平衡的道理，很有成效，而对保护水资源宣传还不多。应该让全社会都明白水资源危机已不是什么潜在因素，现在已经摆在我们面前，制约我们的生产和生活了。大家都来关心水、保水、节水，事情就好办了。

(《光明日报》1987 年 2 月 8 日)

在郭凤莲像上画“眼镜”引起的一件冤案

1977 年 3 月，山西农学院铁工组内放着一张《山西日报》。不知谁给报上郭凤莲同志的像上画了一副“眼镜”。当时查问时没有人承认。8 月 2 日开始追查此事，政治处负责人指名让工人武慎修交代，武不承认。后来又有人指控他曾指着报纸上陈永贵同志的相片说过一些不尊敬的话，他更觉冤枉。以后经多次谈话，他都一再申辩，但办案人员却不许他解释。8 月 11 日开始对他隔离审查，晚上召开了 30 多人的批斗会，到深夜 1 时，武晕倒在地，把他扶起来又继续逼供。他刚一承认，于是有人拿来一叠有陈永贵同志照片的报纸，要他说出指的是哪一张。武被逼无奈，只好随意指了一张，就算定案了。事后他觉得冤枉，又找专案组申诉，专案负责人训斥说：“你要翻案，没有好下场!”8 月 17 日召开全院批斗大会，说武是“反大寨”“反中央领导”“‘四人帮’的爪牙”。会后武即被绑送到公安局拘押。

1978 年 2 月 27 日，武被送回农学院劳动，他又找保卫处再次申诉。处长说：“你这样做可要考虑好，这不是小问题，对处理你的问题没有好处。”3 月 30 日，学院正式宣布开除武慎修的公职。当宣布完处理决定征求本人意见时，他写道：我认为不合理，要求重新处理。

在这件事发生的过程中，武曾两次写信给省委文教部申诉，未获答复；找农学院负责人，答复是：这是“反大寨”“反中央”“是反革命问题”。

武慎修，1949 年 5 月参加中国人民解放军，后参加抗美援朝，1954 年复员，1965 年到山西农学院当工人。被开除后生活非常困难，全家 7 口人，只有一个孩子每月有 23.5 元的固定收入。他多次找学院申诉，到现在问题仍没有解决。

（《光明日报 · 情况反映》，第 500 期，1979 年 3 月 21 日。此文为一篇内参）

第五编

怎样写报告文学

路，该这样走

引子：“啊，安林，是你吗?”“这个孩子废了，这个孩子废了！”

1964年初春的一个下午，黄土高原上特有的风沙天，天昏地暗。风尘沙雾罩着村庄，罩着田野，只有那些村外田间的道路被扫得坦坦净净，光溜溜的。路边的树木都弯成了一面弓，在狂风中发出呼呼的嘶鸣。这时，在村外的路旁停着一辆毛驴车，车上有一杆秤，还有小半车卖剩下的粉条。赶车的是一个不到20岁的小青年，他衣衫单薄，赤脚夹鞋，在寒风中缩成一团。这样的天气有谁来买粉条呢？他没心叫卖，再说，冷得牙床直打战，也叫不成个音。可这是队里给的任务，卖不了，回去怎么交代呢？他冻得实在受不了，就抱着毛驴脖子，一边取暖一边想着心事，就像安徒生童话里那个卖火柴的小女孩。这时，村边学校里走出一位上年纪的老师，他奇怪地看着大风土路边的这一人一车，突然说：“啊，安林，是你吗?”“沈老师，是我。”岳安林抬起头，抱着肩，冷得声音都在发抖。沈老师惊讶加感慨，顿时，两眼涌出了两汪泪花。他痴痴地站了片刻，叹了口气转身走了，边走边说：“这个孩子废了，这个孩子废了！”

他是废了，是被当作废品在社会上到处抛弃的。1959年夏，只有16岁的岳安林，以优异的成绩考入北京师范大学生物系。当他欢天喜地捧着报到证走进这所高等学府的大门时，听到的是8个字：“名额已满退回原地。”一个16岁的孩子懂得什么呢？他不敢多问也不敢多想，近视镜片后面那双稚气的大眼里闪着泪光。逆着新入学的人流，慢慢地走出校门。他不服气，两年后又去撞清华大学的校门。这次，他的高考成绩远远超过了录取分数线，但还是没有被录取。答复是：“政审不合格。”啊，原来如此。岳安林的父亲在日本留学时，曾是日本前首相田中角荣的同窗，新中国成立前夕，当过一段阎锡山政府的专员。他还有一个从来没有见过面的“富农”外祖父（后来核实只够中农）。但是，在他刚 3 岁时，母亲便带着他与父亲分居了。他对其父，甚至连面孔也回忆不清。可是不管怎样，这些都装在档案里，时时像影子一样跟着他，任他有千般才华，还是一再被拒于大学校门之外。

很快，“四清”运动开始了。他，不许当民兵，不许当教师，申请入团更被当作笑话，编剧演戏又被看作假积极。现在，他生活的内容就是白天下地，晚上回家。而家，母亲早已改嫁，这个冷清的小院里枯藤老树，篱墙茅舍，只有他形影相吊，孑然一人。他还能做什么呢？入学无门，入团无望，没有正常的生活权力，难怪那个沈老师说：“这个孩子废了！”

“人，不是浮萍，不是流云，不应随波逐流，苟安自弃。哪怕遇到再大的逆境，我也要随时自己设计自己，生存下去，闯出路来。”

当岳安林回到他那孤寒的小院，搂起一把柴火，正准备做饭时，有人敲门了。进来的是一位姑娘。她身着一件素花罩衫，领口露出一件绿色毛衣，下身穿一条普通蓝布裤，但剪裁得体，很能显出她那苗条的腰身。还有那两条黑亮的大辫子，在回身闭门时，那美丽的一闪，就像一对翩然飞起的彩蝶。蓬松的刘海下是一双水灵灵的大眼睛，一抬头就闪现出一股掩不住的流光和秀媚。但她那紫红色的脸膛，粗壮的胳膊，还有那走起路来噔噔的脚步声，又分明是一个真正的农家姑娘。她叫李翠先，回乡高中生，预备党员，现在是大队团支部书记、公社团委委员、大队妇代会主任。模样俊，出身好，在她的生活之路上，铺满了阳光。

岳安林把她让到屋里，取来个瓷盆开始和面。翠先也不是生人，便拉了个小板凳坐在灶口烧起火来。

“安林，你最近思想上有什么不痛快吗？你看这家也懒得收拾。”原来，团支书是来做青年的思想工作的。

沉默。他低着头，双手使劲团着盆里的高粱面。

“你父亲、舅舅家到底是什么情况呀？”

“就在本村，你还不知道？”

姑娘也感到自己在明知故问，一时倒不自然起来，昨天晚上团支委又开了会，坚决不同意安林入团，还要把入团申请书退还给他。女支书是会上唯一支持安林入团的少数。她不理解，除了出身之外，安林哪一条不合格，而团章上又没有规定团员的出身。她觉得应该向安林解释点什么，说点安慰的话，可这平时惯于做青年工作的巧嘴，今天不知为什么这样笨拙——本来这里的道理，她也说不清的。

锅里的水开了。安林去上笼，她站起来，坐也不是，走也不好，尴尬地站在那张旧八仙桌旁。靠桌的一面墙上是一张课程表：早饭前，英语；午休时，生物；晚上，整理笔记。上面还有具体的进度要求。姑娘的嘴巴微微吃惊地张了一下，却没有发出声来，又慢慢低下了头。桌上是散乱的书籍和各种笔记。她随便翻开一本，里面夹着各种牧草标本，一个个制作精细。那草的枝、叶、花都被固定在纸上，各得其所。那巧妙的布局，甚至显出一种神韵，给人一种生气和美感。她翻了一下编号，共405种。抽屉是半拉开的，里面满满的，全是火柴盒子。奇怪，安林是不抽烟的，哪用这么多火柴？她随便打开一盒，是一块又干又硬的黄土；再打开一盒，还是黄土。按顺序号一找，共86盒。

翠先没有回头，轻轻地说：“装这些黄土块干什么？”

“那是咱村的土层取样，种地不识土，怎么当农民！”

“从哪儿弄来的？”

“上个月打井时，在井壁上一层一层取的。”

“噢！”姑娘轻轻地张了一下口，“那牧草标本呢？”

“上山放牛时采的。”

翠先不说话了，她翻着桌上的书，有《土壤学》《家畜饲养基础》，还有数学、物理等教科书，也有《莎士比亚戏剧集》《钢铁是怎样炼成的》等。不知为什么，她的心一下子软了，说：“安林，你知道外面人们怎样议论你吗?”她奇怪，自己的声音怎么变了，过去常用的做思想工作的语气变成了同情式的谈心。

“我知道，说我是书呆子，说我假积极，还说我学外语想叛国。”

“可你怎么还要这么苦学呢?”她扭头看了一下屋角上吊着的蛛网。

“人各有志，不管怎样，总不能虚度一生。你大概也读过桌上那本书，保尔能打仗时就打仗，该搞建设时就搞建设，病倒在床上时就写书。我现在不像你，有好多事是不能干了，不能上学，不能当工人，不能安排工作，不能入团，也许我是废了。但人，不是浮萍，不是流云，不应随波逐流，苟安自弃。哪怕遇到再大的逆境，我也要随时自己设计自己，生存下去，闯出路来。”

团支书的眼睛瞪得大大的。这几句掷地有声的话语就是眼前这个衣着寒酸、被人耻笑、被学校和支部推出门外的青年说的吗？翠先是极爱好文学的，她脑子里一下闪过保尔的名言，闪过刘禹锡的《陋室铭》，闪过许多在逆境中挺立不屈的坚强形象。她看着安林，安林正在脸盆里洗那双沾满高粱面糊糊的手，袖口翻卷着，有几处已经开线。因为低着头，长头发前倾下来，遮在眼镜框上。他平平静静地说完这几句话，再不开口，也许一会儿又要坐在桌旁看书了。本来翠先是想来说几句安慰的话，开导开导他的，可是她自己反倒觉得受到了一点什么——是教育？是启发？还是感到自愧？都说不清。她觉得自己该走了。不由伸手摸摸口袋，里面有准备退给他的入团申请书。但她又没有勇气拿出来，说了一句：“我妈还等我吃饭呢，有空再来帮你干活。”转身走了。安林送她到院门口，不过，这次她转身闭门时，大辫子再没有飘起来，大眼睛也不像刚才进来时那样闪着活泼的光，却沉静得像湖里的一汪水。

“家庭里，有时有亲娘或后娘，政治上，有时会被信任或被疏远；可是在祖国的怀抱里，我和大家是一样的赤子，都获得了一样的爱怜。祖国母亲啊，我对你的爱将永不改初衷。”

在“文化大革命”的第一个动乱的年头里，一个暴风雨的黄昏。岳安林蹚着齐腰深的积水，赶着一群水湿的黄牛向村里走来。他刚拴好圈门，一个民兵凶神恶煞般出现在面前：“叫你到大队部去！”他顺手拧了一把湿透的衣襟，默默地跟在后头。大队部人声嘈杂，透过水湿的近视镜片，他隐约看见明晃晃的电灯下队长袒胸露臂，一见他进屋便拧起两道粗眉厉声问道：“雨这么大，你为什么不去防洪?”“我放牛刚刚进村。”“放什么牛，总是又躲到山上看黑书去啦！反革命子女……”话音未落，一巴掌扇来，眼镜飞落地下，半个脸像通了电一样热麻火辣。接着，身后又飞来一脚，他被踢翻在地，数不清的拳脚冰雹般的向他砸下，“不许地富翻天”的嘶喊盖过了屋外的雷声雨声。队长发够了威风，一把提起他的衣领喊道：“还不给我上堤去！”已经数不清了，这是第几次“莫须有”的批斗。

天亮了，雨停了，昏倒在堤上的岳安林被人搀回家里，他大口地吐着血，脸色白得像一张纸，年轻的妻子用手绢擦着他嘴边的血迹，俯在炕沿上哭成一个泪人。

他醒来后的第一个感觉就是：我被人一巴掌打倒了！实实在在地倒下了。窗外雨后的天空碧蓝如洗。几年来的艰难挣扎，难得有今天这样的安静，他细品着自己来到人世间的这22个春秋。

这是多么美丽的童年啊！刚解放时，母亲和他，还有姥姥，就生活在这个小院里。靠墙是一架浓密的葡萄藤，夏天繁星满天，人们在架下乘凉，据说静静地还能听见天上的牛郎织女说话呢。当院是一棵大桑树。7月里桑葚红时，他常爬到树上不住地摘吃，手指头、嘴唇都染成了紫黑色。当他一个人在院里时，就用小棍伸进地缝里去吊蚂蚁。有一次抓到一只麻雀，就用碗扣在地上：“1、2、3、4……”数到200下，再取出，看它会不会闷死。这个花红叶紫、蝶飞鸟鸣的世界啊，多么美丽，多么令人留恋！后来上学了，他连连跳级，升高中时又在几百名学生中夺得头魁。高中，他遇见了一位好生物老师。他至今还清楚地记得，他叫李子平，是新中国成立前老北大的毕业生，他的课把学生都迷住了。他讲兔子，先讲古埃及人对它如何崇拜，那是他们民族的图腾；又讲嫦娥奔月，玉兔捣药。他带他们一起养蜂。他们还种了许多植物、花卉，养了乌克兰大白猪。李老师指导他们读《花镜》，读伊林的《十万个为什么》，读《动物世界漫游》，讲米丘林的故事。那个生物小组便是他的天堂。他没有父亲，老师像慈父一样地关怀；他没有兄弟姐妹，同学们情同手足般的友好。他每年考试拿第一，每年都可以得到奖励性的助学金。他无忧无虑，感到前途光明。哲学家赫尔岑说："小孩的时候，再加上刚刚进入青年时期的两三年，是生活中最充足的、最优美的，是属于我们的部分，也几乎是最重要的部分，它不知不觉地决定整个的未来。"那些年份啊，正是我们的国家，也是他的生活中最兴旺、最优美的岁月。可是后来呢……他想到这里，那个粗暴的声音又在耳边响起："你这个反革命子女……"啊，就算我是反革命子女，但我是吃国家的助学金，喝社会主义的墨水长大的。我是祖国的儿子。家庭里，有时有亲娘或后娘，政治上，有时会被信任或被疏远；可是在祖国的怀抱里，我和大家是一样的赤子，都获得了一样的爱怜。祖国母亲啊，我对你的爱将永不改初衷。可是我能奉献给你点什么呢？

寸草之心，可报春晖。他只有一点知识，一点科学知识；还有一颗心，一颗献身农业的心。本来他可以白天肩上扛一把铁锹去挖土，晚上脖子上挂一杆旱烟袋，到光棍窑里去听古。可是，他的脑子里又装满了米丘林、达尔文。他那双近视镜片后的大眼，又不由得要看书、看报，要探索外部世界。他这株黄土高原上土生土长的酸枣树却不知不觉地接上了大枣的树杈，越长越表现出异化。他是土改和合作化后中国农村的第三代农民。他不甘于这样浑浑噩噩，愚愚沌沌，也不想逃离农村。他想做一个普罗米修斯，去为自己的家乡、为长年栉风沐雨累弯了脊梁骨的父老们探一条新路……

“本来，爱情就含有牺牲。我知道一个姑娘一生只有一次这种甜蜜而热切的恋情，献出她，无异于献出自己的生命。……我知道我的命运，我也知道将要付出的牺牲，但我相信，这种牺牲将换来甜蜜的果实。”

一连两个月，岳安林只能这么仰卧在土炕上。如果说前几年他是被社会遗弃的话，他还可以自由自在地在山坡上读养牛的书，可以在小屋里画土壤肥力图。而现在，他连青春的活力也被剥夺了。窗外，蔚蓝的天穹那样纯净，天边一丝白云轻轻飘过，秋阳像春光一样地明媚，大桑树上的几只小鸟欢快地叫着，突然又扑棱一声飞向高空。岳安林望着这个生机勃勃的自然世界，眉头渐渐舒展开来，他不由念出两句诗来：

两个黄鹂鸣翠柳，一行白鹭上青天。

啊！书，书呢？他想起了他的《唐诗选》，伸手向枕头底下一摸，抽出的却是一本日记。这才想起，除了这本日记外，所有的藏书都被抄、被烧了。这日记的布皮已磨出了线纹，页角也已卷曲。真是“大难不失”啊！他翻着，脸上渐渐有一些激动。

“你的热情，已经暖化了我这颗冰冻的心，你的大胆，也鼓起了我爱的热忱。可是，爱情，除了感情之外，还得有一点理智。你我在政治、经济、家庭各方面都有天壤之别，你爱我这样一个被社会遗弃的人，将会付出多大的牺牲？爱情的结果，可不是像一朵花那样姣好，不像一首歌那样轻松，她随之而来的是责任，不，也许是枷锁，将重重地压在你的肩上，永难脱身。我们还是超过那爱湖的波光水雾，考虑一下在对岸等待着的现实吧……”

“本来，爱情就含有牺牲。我知道一个姑娘一生只有一次这种甜蜜而热切的恋情，献出她，无异于献出自己的生命。这是一次命运的结合，也是一次命运的转折。有人因此而失去了什么，像王宝钏失去了富贵，那是光荣的牺牲；有人因此而得到了什么，像杨贵妃全家得宠，那是可耻的卖身。我知道我的命运，我也知道将要付出的牺牲，但我相信，这种牺牲将换来甜蜜的果实。也许我们只能栽树，赶不上吃果，但即使这样，我也毫不悔恨……”

门吱的一声，妻子进来了，手里捏着几张毛票。她是去变卖家当的。本来就穷得揭不开锅的日子，这次为了治病，把大门卖了，把房子拆卖了，最后，把吃饭的碗也卖了，一只才值五分钱。她向炕上看了一眼，苦笑着说：“又在看那本日记，还不如让人家抄去呢。”安林看着她疲惫的脸色，单薄的身影，轻轻说了一句：“我真叫你受累了……”话还没说完，妻子走过来，一把捂住他的嘴：“快别胡说了，我们能活下去。”说着，她便搂了一把柴火，蹲在灶口烧起火来。火光映着她的脸膛，又是那样红扑扑的；那投在墙上的身影，还是那样高大壮实。多么熟悉啊，什么时候也有过这样的情景？对，想起来了，那个大风天，卖粉条回来，安林正准备做饭，翠先来了，来谈心，来退入团申请书，还看了他的读书计划……啊，那时她还是一村青年之主，可现在，她却做了这个寒窑的主人。

自那天之后，女支书不知为什么，觉得这个被抛弃的青年更应该得到关心，而且那简直是她义不容辞的责任。她三天两头常来干点零碎活，谈谈思想，安林心里有话也常向她说。记不清那是第几次登门了，翠先带来一首俄国人莱蒙托夫的诗《孤帆》：

在大海的深蓝色的浓雾里，
一只孤独的帆儿闪着白光。——
它在寻求什么，在这遥远的异地？
它抛下了什么，在那自己的家乡？

趁着安林低头读诗的当儿，姑娘抬眼扫着这个熟识的小院。半塌的小墙，烟熏的房檐，炕上半张旧席，地下几双烂鞋。院子里没有鸡、没有猪，只有那棵硕大的桑树，绿叶闪闪，亭亭玉立。紫红色的桑葚，自生自落，铺满一地。左邻右舍，爷娘相呼，鸡犬相闻。在这一片农家乐的大合奏中，小院却像一丸大海中的孤岛，像一条群山中的深谷，静得寂寞，静得深沉。

“来，我试着给你翻成英文吧！”

安林的话把姑娘从沉思中惊醒，她嫣然一笑，欲言又止，随即脸上掠过一丝很难觉察的失望，半羞半恼地，半天才说出一句：“谁让你翻译来着？”稍停片刻又话题一转：“我明天要去省里开会，你有捎的吗？”

“捎几本书吧。”

“书、书、书，书呆子！”

一串笑声飞走了，窗台上却留下一封信。大意是：“你就像那大海的孤帆，你的事业需要一个终身的伴侣。”

安林绝没有想到。……这几年他被剥夺得太多了，被剥夺了当民办教师和当民兵的资格，被剥夺了开会、外出的权利，被剥夺了学习研究的条件，自己也早就被剥夺了爱的权利……翠先开会走了 3 天，他在土炕上翻了 3 个晚上的“烙饼”，心里悲喜参半，七上八下。

果然，事情还没有开头，大队就来传讯安林，警告他“不要拉贫下中农的女儿下水”。他们被监视了。吃人的舆论使这对两小无猜的青年男女陌路相逢不敢抬头，同田耕作不能启口。咫尺天涯，画地为牢，他们遇到了无形的捆绑。可悲的是，这些绑人的绳索，竟是一些堂而皇之的政治原则，那些绑人者正是抚育他们的人。

身无彩凤飞翼，心有灵犀可通。晚风吹动了河边的垂柳，牧归的羊群已在村口大路上荡起一阵轻轻的沙尘。安林独倚在那棵华盖似的绿桑树下，遥望翠先家房顶的烟囱。不知为什么，他从那一缕袅袅的青烟中似乎看到翠先那双忧郁而又深情的大眼睛。不能当面一诉衷肠，就用文字来表达心声。他们共同用一个日记本：今天你写一页，在村头趁人们不注意时，传给我。明天我再回写一页传给你。这就是刚才岳安林翻的那本日记，那是一本火热的诗集，是一本没有出版的《两地书》。那里面有牛蛀，有保尔；有麦浪，有绿叶；有对理想的憧憬，有两心相恋的衷曲。那是一种司马相如与卓文君式的恋爱，充满着一种令人陶醉的才气，又闪烁着锐意抗争的火花。

经过一年多的"地下"恋爱，他们要结婚了。可是这时，翠先为了爱这个既"黑"又穷的落魄书生，已付出了巨大的代价：大队团支书被撤了，公社团委委员被撤了，预备党员不算了，准备转干部的决定也无效了。她走在街上，迎面是冷眼，背后是唾声。她回到家里，父亲愤怒地敲着烟锅："你再别进这李家的门!"

最厉害的一手是大队不给开结婚介绍信。岳安林搬出《婚姻法》愤怒地抗议："我们哪一条不合法?"

"小子，除了法，党内、团内还另有规矩!"

"我不能入党，不能入团，还不能享受公民的权利?"

"你目无党的领导，没有政策观念!"

他俩跑到公社，准备再不行就跑到县里、省里去上告。公社有个年轻的秘书，对他们深表同情，说："不用往上跑了，我正好还有这个权。"大笔一挥，公章一盖，就给开了结婚证。

给新娘子买点什么呢？从公社出来，安林领着翠先走进供销社，摸摸口袋只有三毛钱。他们商量了半天，买了一支牙刷。这就是他们新婚添置的唯一"家具"。

翠先是被娘家赶出来的，她只身走进安林的寒窑。没有媒人，没有亲友，没有花烛。晚饭是新娘自己动手做的一顿高粱面饸饹。这就是他们的喜宴。饭后，岳安林从墙上摘下那把满是蜘蛛网、尘垢的二胡喊着："翠先，唱支歌吧。院墙以内是咱们的天下!"

翠先用围裙擦了一下手，又抹了一下眼角的泪珠，亮开了那有一年多没有放开过的金嗓子：

> 百灵鸟，双双地飞，
> 是为了爱情来歌唱。
> ……

“年轻人，到这种地步，你还要读书吗!?”

大病初愈，岳安林就被送进大队猪场。猪场坐落在村外的一个野坟滩上，已经连续10年赔钱，很难维持。这里枯草蓬蒿，破房断墙。他心里明白，是被送到这里劳改来的。

第二天他来劳动，只见猪食缸敞着口子，地上放着空桶、扁担、食瓢，猪在圈里饿得嗷嗷叫，却没有人理。他这个新来者以疑惧的目光打量着这个陌生的地方，来到这里该怎样迈步呢？一阵轰嚷声使他转过头来，这才发现人们都聚在西头的一个猪圈前熙熙攘攘，吵成一团。他轻手轻脚地挨上去，透过人缝往里一看，只见地上躺着一头骨瘦如柴的老母猪，四蹄硬挺，已经死了。只听有人叫着：

“这是反革命破坏!”

“老家伙不服改造，罪上加罪。”

“不交代，把他捆起来!”

一阵骚动，几个人七手八脚将一个人的肩膀绕上麻绳，提起后颈往前一搡……“啊!”岳安林悄悄吸了一口凉气，这不是老畜牧专家蔡庆璋吗？老人原在外地工作，后来年纪大了回到县里，常下乡来为牲畜治病，为年轻兽医讲课，大家都称呼他“蔡老”，今天怎么来到这里？只见蔡老扬起头，满头白发，脸上刀刻似的皱纹，失神的目光，他看着人们，又看看地上的那头死猪，好像要说什么却又不想说，低下了头。原来“文化大革命”一开始，蔡老就因“历史反革命”问题被送到猪场劳改来了。今天猪场死了猪，他当然是第一个怀疑对象，不分青红皂白，先被批斗了一顿。会后岳安林被一个队干部领到一间小土屋前，递给他一盏马灯：“你白天喂猪，晚上就在这里下夜撵狼，要不老实，那老头子就是你的下场!”

岳安林是很老实的。他又像过去种地、放牛一样，认真地去担水、拌食、喂猪。他每天起得特别早，常常偷偷地帮蔡老担好猪食。给“反革命分子”帮忙是要担风险的。相逢何必曾相识，同是猪场沦落人。他也说不清为什么总想帮他干点活，老人却像毫无察觉，每天低头喂猪，低头走路。休息时其他人在树下围成一圈打扑克，他一人孤坐在墙根，两眼呆滞滞地，看着那些破烂的圈，那些瘦骨嶙峋的猪，一言不发。

这几天岳安林也犯愁了，他喂的一头猪脖子上有一处溃烂，直流脓水，公社兽医看过多次，总不见好。要是真的死了猪——一想到这，那天斗蔡老的情景就使他心惊肉跳。这天又该休息了，其他人又一窝蜂地去打扑克，岳安林趴在圈墙上对着病猪想心事。忽然有人在背后自言自语地说："在伤口旁打一针酒精，封闭一下就好了。"他猛一回头，见蔡老已低着头走了过去。还是那个老地方，他顺墙一蹲，眯缝起眼睛看天上的流云。岳安林心头一热，眼睛突然亮了，眼前这不是一个最好的老师吗？像过去学土壤、学养牛一样，他心里又萌动了钻研养猪的念头。他看远处人们扑克摔得正凶，就三步并作两步走到墙根，一把拉住老人的手，压低嗓音说："蔡老，您收我当个学生吧。"老人迟疑地望着他："年轻人，到这种地步，你还要读书吗！？"

"风声、雨声、读书声，声声入耳。
家事、国事、天下事，事事关心。"

夜深人静，繁星满天。当晚风掠过树梢，掠过蒿草，合奏着天籁之声时，你们细听，这里还有一种声音。一个人在高声地用俄语、英语，还有日语、法语背诵畜牧方面的单词，也流畅而激越地背一些诗篇：有莎士比亚的《罗密欧与朱丽叶》，有高尔基的《海燕》。这就是那个被一巴掌打倒的人。他被从北京打回山西，从学校打回村里，从村里又一巴掌打到村外。广阔天地竟容不下他这一介书生。"穷且益坚，不坠青云之志。"岳安林确有一种随遇而安的能力。一切压力，各种逆境，一到他的面前就统统变成前进的动力和攀登的阶梯。蔡庆璋先生在这里下放劳动了 8 年，岳安林跟着他学完了大学兽医专业的全部课程和具体操作，又补修了第三外语——日语。动乱10年正是岳安林知识大丰收的10年。

现在他要上晚自习了。这时，饲养员都回到村里，人声的嘈杂，猪群的嘶叫，一切都被浓浓的夜色融去。这个世界上现时只有他自己和头上的那盏灯。灯下满案书籍，墙上一方小纸，纸上楷书写着西晋诗人刘琨的一首诗：

功业未及建，夕阳忽西流。
时哉不我与，去乎若云浮。

斗转星移，夜风习习。他把自己完全埋进了书堆里，凡与猪有关的知识都贪婪地吸取。他上溯科学史的长河，一会儿走进奥地利的修道院，与孟德尔讨论遗传杂交问题，一会儿又走进一间中国式的书房，与徐光启讨论《农政全书》中猪的选育。他神游古今，泛舟中外，在知识的大海中畅畅快快地呼吸，自由自在地来去……他研究菜谱，全国801种名菜，有163种是用猪肉做的。他研究猪的历史，汉字的“家”字，就说明古代无猪（豕）不成家。我国劳动人民把一年只生一胎的野猪逐渐驯化为四季发情、一胎数仔的家猪，对世界养猪业是有巨大贡献的。全世界300个猪的品种，中国就有153个，是一个大的猪基因库。可是，现在我们落后了，甚至还常把猪喂死。他觉得简直是一种耻辱，禁不住一个人拍着桌子。“一定要争这口气!”

“小岳，一个人和谁生气呢?”

随着这和蔼的声音，一位老人推门进来了。这是蔡老，岳安林忙起身把他让到炕上。蔡老看着桌上那一摊说：“还在读书啊?”

岳安林苦笑着：“我政治上先天不足，再不读书，可真的要变成废人了。——蔡老，这么晚您也没睡?”

“睡不着啊！我搞一辈子畜牧，现已年近古稀。就算我没有资格去见马克思吧，但是，见了贾思勰也不好交代啊！他在《齐民要术》中就论述到许多养猪经验，可一千多年了，我们有什么发展呢?”

“我刚刚翻到一个资料，您看：国外育肥一头 200 斤的猪用 5 个月，我们要一年；国外多 1 斤肉，投 3 斤料，我们要 5.5 斤……”

“这些更不用说了，这几年我们不倒退就够好了，哪敢再和国外先进水平比呀！”

两人都不说话了。夜风吹着窗纸轻轻地抖动，远处传来几声狗吠和一阵蛙鸣，沉默良久，蔡老轻轻叹了一口气说：“小岳，你知道明朝东林书院的那副对联吗？”他搔搔头上的白发，目光向着窗外的夜空，一字一顿地念着：“风声、雨声、读书声，声声入耳。”岳安林把手中的书往桌前轻轻一推：“家事、国事、天下事，事事关心。”两人相视无言，空气像凝结了一般，蔡老起身告辞了。

他就是这样牺牲了小家庭的舒适，承担着感情上的自责，在这种别人掩鼻而过、望而却步的地方，开始了自己的事业。

一轮明月照着秋天的田野，照着夜色中朦朦胧胧的田禾、树林和村边波光闪闪的小河，也照进了这个已被拆掉一半的小院。月光穿过那棵桑树的枝枝叶叶，又透过贴在窗棂上的透明塑料布，照着炕上一个不眠的人。她是翠先，怀里的孩子早已睡熟，小手搂着她的脖子，嘴唇还咬着奶头。夜，静极了，翠先躺在炕上圆睁着眼睛，隔壁传来了大叔大婶们劳累一天后香甜的鼾声。墙外的秋庄稼喝足了雨水正在拔节，发出一片清脆的“啪啪”声。这溶溶月色中传来的天籁之声是最好的催眠曲，可是，翠先却越睡越醒，越难成眠。这是结婚后的第四个年头了。先是安林重病，后又是他进猪场、下夜、读书。整个家，整个院子，整个这一摊，全担在了她的肩上。她本是有思想准备的，但实在是太苦了。新婚燕尔，又正当年华，本应该是浓妆淡抹才不辜负那光艳动人的青春。可是，不用说时装花色了，就连合身衣服也几无一件。她穿的大都是别人穿剩或因不合身而送给她的衣服。为了安林的药费和能重新买书，她除了在队里劳动外，常常一天要再割 200 斤青草，去卖点零钱。多亏她有一副农家女的好身骨。由于是和娘家闹翻后出门的，虽然娘家就在本村，但对她从没有什么照应，老人还憋着一肚子气呢：“让她尝尝这份苦吧——不听老人言！”她怀里的这个女孩子，在城市里的人家该是一个喝牛奶、吃面包的“千金”吧，可是他们哪有工夫娇惯她呢？这孩子先是被拴在炕上，后来就被锁在屋里，再大一点就锁在院子里。今天她摸黑收工回来，是在院角的一垛玉米秸里找见这个可怜儿的。她已哭累了，倒在玉米秸上睡着了。现在脸上还有小泥手擦的泪印。月亮越升越高，寰宇一片空明。明天就是中秋节，今天下午村里已闹着杀猪了，家家户户都买了月饼。可是安林，估计他今晚应该回来一下的，却没有回来。明天怎样呢？也许他根本不记得这些。想到这里她不禁眼眶湿润了，这倒不是悲自己的身世，她可怜怀里的孩子，又操心安林的事业和身体。她仰望月亮，那里有桂树，有白兔，还应该有嫦娥吧。这个文学素养很好的高中生与书已经久违了。今天月下独思，不禁想起杜甫的那首《月夜》诗来：

今夜鄜州月，闺中只独看。
遥怜小儿女，未解忆长安。

唉，这个秋风明月夜，安林在猪场小屋读书之暇，不知会不会想起我们母女。她不愿再想，翻了个身准备入睡。突然，村外“乒”一声枪响，接着是一片狗吠。不好，狼来了！她起身披了一件衣服，顺手操起一根木棍，拿上手电，反锁上门，就向猪场奔去。

她来到猪场时见几个人乱哄哄地正向墙外的树林里追去，知道狼已跑了，便径直向安林下夜的小屋走去。屋门敞开着，果然灯下桌上是散乱的书本，不由一阵心疼，便去整理了桌子。转身又想给他铺炕。“啊！”她惊叫一声。一头老母猪正舒舒服服地卧在炕上，几个小崽在它的大肚皮上乱拱。她抬手用棍子把猪轰到炕下。原来，安林为了掌握猪的生活规律，将一头瘦弱的老母猪“请”进了自己那间小土房里。从猪的发情、配种到产仔、断奶，他已整整观察了一个全过程。他每天给它煮食、刷鬃、换草，并认真地作着记录，那猪的粪尿臭气熏人，还有那缸里正发酵的饲料，酸涩难闻，这些他都不在乎。这头老母猪从又湿又冷的露天圈里睡进这间“别墅”，自然非常舒服。它的毛色很快油光发亮，不久，一胎生下 10 个猪崽。今天外面狗叫狼嗥一阵惊吓，这头被娇惯坏了的老母猪干脆带上它的孩子们爬上热炕头。泥水、屎尿洒满了炕席，翠先忙拾起一把扫帚，又抓过一块湿布，连扫带擦，心里一阵酸，眼睛又发热了。

岳安林赶狼回来，一进门便怔住了：“你怎么也来了？孩子呢？”翠先没有回头，她怕自己忍不住落下泪来，嗔怒地低声说：“你还记得家，记得孩子？你就和这老母猪过吧！”

安林一阵内疚，想对她说几句安慰的话，想说这几年实在让她吃苦了，但他知道翠先不爱听这些。他抓起一件棉袄，从后面给翠先披上，说：“别冻着，快回家吧，狼还能把我吃了！”

翠先把棉袄推掉，指指棍子：“这个留给你。”

安林笑了，指指炕边的火枪：“我有这个！”

翠先停了一下，低着头说：“我知道我来就是多余——那我走了。”她转身向门，腿却不肯往前迈步。

一会儿，安林才说了一句：“明天我回去过十五。”

“你到底没有忘记十五啊！”翠先心里一下子热乎乎的，“那你可要早一点。”她掏出手绢在眼边抹了一把，忙冲出门向黑暗里跑去。

安林倚门望着那束手电光在夜色中渐渐远去，在村边转弯处消失了，心里一阵难受。实在对不起翠先和孩子啊，但是为了事业，大家都先吃点苦吧。飞机的发明人、终身没有娶妻的莱特不是说过吗：“我没有时间既照顾我的飞机又照顾妻子。”

他转过身来，看看翠先为他铺好的炕，又去后墙角为猪换了一抱草，坐下来写今天的观察日记，记录许多书本上没有的第一手资料。他就是这样牺牲了家庭的舒适，承担着感情上的自责，在这种别人掩鼻而过、望而却步的地方，开始了自己的事业。这种环境，这种研究方法，教授专家们往往是很难办到的，而他办到了。他是以中国农民传统的坚忍不拔、吃苦耐劳的精神来从事科学事业的。

这些无知而自信的同志啊，你们的脑袋就像一块充满粗纤维的硬木头，是极需要一种微生物真菌，一种纤维素酶来软化一下的。

在我们生长的地球上，由于植物的光合作用，每年大约要形成4 000亿吨以上的有机物，其中有 1/4 是纤维素，如木材、稻草、秸秆、青草、树叶等，遍地都是。可是这些东西粗硬干涩，除能被牛羊等少数动物分解外，这些含有蛋白质、脂肪和糖类的好东西，却只被用来烧火、沤粪了。但是造化无穷，有一种可以使纤维转化的东西，这就是纤维素酶。岳安林在那间猪场小屋里攻读完《微生物学》以后，决心要为他的猪寻找这种神奇的酶。而要有这种酶，又得先有产生这种酶的菌。他从高粱茬在地里自然腐烂的现象中得到启发，秋后取了257 个土样，用无菌水化开，在培养皿里培养出许多无名的菌体。按照常规要装入试管，放入恒温箱扩大繁殖的。可怜的他，除了鼻子上的一副眼镜再无一件洋玩意了。他到卫生所找来一大堆小瓶子当试管，又让妻子在自己的棉袄里子上缝了 100 多个小口袋，将小瓶插入，这就是恒温箱。体表温 36 度，只要不感冒发烧是绝对恒温的。但是，这个培养过程要 40 天。他就穿着这一身玻璃铠甲喂猪、看书、下夜，还要穿街过巷去找干部，要东西，争取支持。40 天不能脱衣，不能睡觉，他困极了就斜靠在行李卷上打一会儿盹。因为不能洗澡，不能换衣，浑身的虱子多得滚成了团。

要实验，起码要有个量具。天平，当然不敢想，他买了一杆木秤到大队去报销。队长说：“喂猪还要秤称斗量？没听说过，咱们没那份开支!”他要个缸来发酵饲料，结果说破嘴皮，只领来一个厕所里挖出来的旧茅缸，把刷子磨秃也刷不干净。他要拨几口猪作试验，老场长却说："喂死了谁负责?"他忍无可忍地申辩了几句，当天晚上支部会上就讨论："这个岳安林．为什么总是和党员、干部过不去?"这些无知而又自信的同志啊，你们的脑袋就像一块充满粗纤维的硬木头，是极需要一种微生物真菌，一种纤维素酶来软化一下的。

一天一天过去了，这又是华北平原上一个普通的早晨。春天的阳光，不像冬天那样灰蒙蒙的，也不像夏天那样火辣辣的。她柔和，明媚，如同十五的月色一样使人感受着一种幸福和清新。现在从东边双乳山上升起的红日，正照着那片湛蓝色的湖，照着湖边刚发出嫩叶的柳枝和田野里刚遮住田垅的麦苗。这阳光也照进村西这个破烂的猪场，照进场东边那间矮小的土房。屋里土炕上一个人正歪着身子依在窗台上酣睡，他身穿一件臃肿的棉袄，虽然睡着了，一只手还护着胸前的袄襟，生怕碰着窗台上的砖沿。他太累了，窗外鸟噪枝头，人喊马嘶，他却鼾声沉沉。阳光穿过玻璃，从侧面投过来，扫过他的肩，他的背，照着那蓬松的乱发，那缠着一小块胶布的旧眼镜框，勾出了一个虚虚的轮廓。光圈 8.5，速度 1/100 秒，多么好的一幅逆光剪影。

这时，翠先一下子撞进门来，她手里提着一个饭盒，一个小包袱，进门就大喊："还没醒啊，快醒醒，快醒醒。"说着将东西放在炕沿上。

岳安林猛地一下惊醒："啊，天亮了!"

"今天，40 天了!"

"对，对，对。"安林一骨碌下了炕，"我正要回去呢。"

"不用你回，我来了，这是换的衣服，这是专门给你做的红面韭菜包子。"

翠先脸上一阵喜悦，一阵欣慰。她帮安林解下那件沉重的玻璃铠甲，先抽出一个小瓶，对着窗户一看，瓶里长出了细细的绒毛。啊，成功了！他俩的四只手紧紧握在一起，兴奋的目光交流着，真想孩子似的跳几跳。法国生物学家贝尔纳说："那些没有受过未知事物折磨的人，不知道什么是发现的快乐。"他们把小瓶一个一个抽出来，摆到桌子上，翻来覆去地看着，高兴得就像生了一个胖小子。第二天，岳安林将这些菌种接种在一个小纸箱里。这是他的希望，是他的命根，他所受的一切屈辱将因此而洗刷，他心灵上的一切创伤将因此而忘却。他将那纸箱盖好，慢慢挪到炕头上，又给轻轻盖了一块新床单。一天、两天，他想着那将要收获的果实激动得就想流泪。可是，老天爷还嫌他遭的难不够。这天上午，当他喂完猪正想回去看他那箱心爱的宝贝时，见一群在猪场边劳动的社员休息了，他们三三两两地到小屋里去抽烟、喝水。岳安林预感到不妙，赶快紧走几步，当他迈进屋门时，只见土炕上两个愣小子正在摔跤，他们头顶头像羊顶架一样各不相让，周围的人在喝彩加油。而纸箱早被翻在炕下，玻璃瓶的碎渣、白白的菌丝抛撒了一地。他倒吸了一口凉气，半天说不出话来，然后哇的一声坐在地上哭了起来。

这是他 40 天的心血和生命熔铸的珍品啊，却被这两个无知而粗莽的小伙子毁于一旦，他怎么能不痛惜、呐喊！

然而，连绵的灾难未能稍挫他的进击，意外事故岂能阻止他的刻意钻研！经过 7 500 多次的培养和筛选，“7523”“7531”等分解粗纤维能力很强的新菌种找到了。岳安林用它制成了“前进一号”曲种，这是继叶洪海发明中曲饲料后我国在猪饲料研究上的又一大发明。不久，地区农工部的一位副部长为准备全省小麦现场会来村里视察麦田。他路过猪场，奇怪地发现院里埋了许多大缸，便折身走进来仔细询问。只见这种新饲料喂的猪一个个滚瓜溜圆，特别是一头过去骨瘦如柴、三年没有下崽的母猪，现在身高体胖，已产下 7 只小猪。这位知识分子出身的老干部——他现已去世，让我们记下他的尊敬的名字：张权——连麦地也没有去，便反身驱车回县，第二天就将现场会的全班人马拉到大王猪场，开起了现场会。会后不久，这项新成果经国家有关部门鉴定，建议在全国推广，岳安林的论文也很快在中国科学院的刊物上得到发表。过了些日子，一位副省长专门到岳安林家里来看望他。那倒塌的院墙，窄小的柴门，使这个老同志进去时不得不侧转身子。他看着那拆卖剩余的半间小屋，看着屋里米缸面瓮上散堆的书本，看着他在家里喂的 5 头活蹦乱跳的试验小猪，又用手摸摸他满是补丁的旧布衫，回头问大队支书：“这么好的青年你们总斗他干什么!”支书尴尬地笑了笑说：“他的成分高，不斗他，斗谁?”

“多少人的失败，并不是因为他不能，而是因为他不敢。冲破这些世俗的保守，是要有实在的知识，但更要有足够的勇气。”

岳安林经过大量的书本知识和实践经验武装之后，变得更加坚定、更加勇敢。在一次会议上，这个小人物竟对我国一向宣传的养猪方针“一人一猪，一亩一猪”“猪多、肥多、粮多”提出异议。他认为养猪主要是产肉，而不是为了积肥，不顾猪是经济动物的起码知识，强调猪的存栏数而不重视出栏率，是我国国营、集体猪场长期赔钱的症结。因此一定要快速育肥，以减少饲料消耗，而这就要按最佳配方搞配合饲料。

研究饲料配方在我国还是个新课题，很少有参考资料。这下可用上了他对着大树、对着老母猪苦修了多年的外语。为了求出配方，又需要许多现代应用数学知识。这些，在那狗吠狼嗥的深夜，他也早已攻读完了。他现在开始用最现代化的数学知识和中国最古老的计算工具——算盘，算着上万个数据，成百个方案。在那盘小土炕上，纷乱的计算稿纸又淹没了他那卷寒酸的行李。

这天早饭后，当他系着围裙，端着食瓢，在猪圈里对刚计算出的方案进行验证筛选时，一个小伙子轻轻走进来。

“安林哥，我们拖拉机给你们猪场拉的豆饼该付运费了吧?”他红着脸，还有点不好意思讨账呢。

“什么豆饼?”

“就是县科委拨给的那一批豆饼啊。”

“啊！什么时间到的？我都等疯了!”

“前 10 天就到了，早就卸到大队库房里。”

安林摔掉食瓢，围裙也没有解，便向库房跑去。他一连推开几扇门，连个豆饼渣也没有。他喘着气找到支书，支书慢条斯理地说：

“你先不要急，听我说。我知道，这豆饼市场上根本买不到……这次好容易拨来一点……都是些熟人，转不开脸，我就分给他们了……”

岳安林还没有听完就气炸了：“这是专拨的科研饲料，你不知道吗?”

“我说你不要急嘛，反正已经分了，要不你把我这份拿去吧。”

“我不要，我只要你给我写个条子，证明拨给猪场的科研饲料被干部私分了。你敢吗?”

支书看到近视镜后面正闪着一双冒火的眼睛，这个曾经被巴掌打翻在地的人，现在站起来了，而且是这样地巍然不可侵犯。他不敢，他只好又一家一家地收回了豆饼。

新的试验终于开始了。这天他从外面回来，只见县里的一个干部正在试验圈前提着一头小猪与老场长说话。小猪吱吱地叫着，他比听见自己的孩子哭还心疼。上前一问，原来是来捉小猪的。他忙拦住：“不行，这是试验猪。”老场长马上插进来撅着胡子说：“我同意了，70 多头试验猪就差这一头?”

岳安林什么也不想说了。就反身向大队部跑去，一推门就是一句：“这猪场要求搞试验，就得我说了算。”

“那还了得，这个场究竟谁当家?”

“老场长过的桥比你走的路还多呢!”

正在开的队委会一下子炸了窝，你一句，我一句，乱哄哄的声音混着烟叶子味从窗户里直往外冒。

吵了一阵毫无结果。他又回到自己的小屋里，回到那个满是瓶瓶罐罐，满是书籍、饲料的小天地里，仰身躺在炕上。这科学和生活的陡峭山路啊，他走了一程又一程，怎么总是山重水复不见村呢？本来，这几年“四人帮”打倒了，三中全会开过了，家里的成分也得到改正，翠先与娘家也言归于好。小两口好劳力，他们又会喂猪，家里也有了一点积蓄，孩子也上了学。按常人的要求，是可以安安适适地过小日子了。但这一切都不是安林的目标和要求。猪场、猪场，实验、实验，这些以后怎么办呢？这时门开了，一个年轻的队委跟进来悄声说："安林，你刚才怎么那么说话，大家都在说你要夺权呢。"

"夺就夺！夺来权为人民办好事有什么不可？我早就想过了，多少人的失败，并不是因为他不能，而是因为他不敢。冲破这些世俗的保守，是要有实在的知识，但更要有足够的勇气。现在我什么也不怕了。"

人们持着各种议论，单等年底看结果。

1979 年 4 月 1 日，大桑树浓绿的新叶在早晨的阳光中闪闪发亮的时候，已经在农村自学、苦斗了整 20 年的岳安林从猪场回到自己的小院里。吃过早饭，他吩咐翠先给他找件整洁的衣服，又搓上肥皂洗了把脸，还用翠先的木梳把那头乱发稍稍顺了顺，换了衣服便出门了。

门前的小路绕过村边，穿过麦田，通向公社。他走着，这就是 20 年前他被北京退回来时走的路，那时的心情忧郁而失望；这也是 13 年前的那天在湖里泡了一夜后被人扶回家时走的路，那时的心情悲伤而绝望；这又是他每天早上从猪场下夜、读书后回家时走的路，那心情是在挣扎中抱着一线希望。而今天呢？他昂首挺胸，像运动员在作最后的冲刺，他对自己的未来抱有必胜的信念。

公社到了，他很有礼貌地敲敲办公室的门，要找王书记。秘书说："头头们正在开会。"

"那我就在这里等着。"说着他在凳子上坐下了。

"什么事啊？"王金龙同志听见有人找，从屋里走出来。

岳安林一把握住书记的手说："我请求当大队养猪场的场长，到年底保证上缴利润 3 700 元。我找大队，大队不同意，这才来请公社给我做主。"

王金龙知道大王猪场是有名的老大难单位，已连续亏损了 11 年，就说："安林，你就有这么大的把握?"

"赚出的钱全部交队里，赔下的钱全由我一人包。"岳安林说着掏出一个存折，啪的一声压在桌子上，"大不过是这么多，甘愿立下军令状!"

"我们的队干部要都像你这样的干劲，就什么都好办了！你干吧，如果真的完不成指标，公社替你担一半罚款。"公社书记真正被感动了，当天下午便来到大队，主持签订了合同。

岳安林上任了。头一天，他把负责育肉猪的饲养员叫来，给了他一张纸。只见上面写着："玉米粉 50 斤，豆饼 15 斤，鱼粉 3 斤，硫酸铜 0.5 斤……"原来是一张饲料配方。接着，他又把母猪饲养员叫来，给了另一张配方。又对化验、保管等一一作了吩咐。猪场原有 52 头母猪，其中有不少是 10 年以上的老猪，早已不能产仔了，每天要白白消耗许多精饲料。他过去早就提议淘汰，可是老场长说："这些猪生儿育女有功劳，走不动也要养着。"现在，他一朝权在手，便立即杀掉 24 头，很快又补进了一批精壮的小猪，它们活蹦乱跳，猪场顿时一派生机。

岳安林返乡以来没有一天不在梦想着用现代科学知识改造农业，改变人们的愚昧。这次破釜沉舟好容易争得一个机会，他真是使出了全身的解数。别的猪场，除了料房，就是猪圈。他这里却还有个化验室，有暖箱、天平、量杯、试管，有供水管道，有太阳能暖圈。别的猪圈常是满地粪土、柴草，他这里却打扫得干干净净，当院的墙上刷着一块大黑板，上面是密密麻麻的饲料配方公式和试题标准答案。场里职工和外省、外县来这里学习的学员，常在黑板前讨论问题，这里简直是一所养猪学校。

人们持着各种议论，单等年底看结果。结果呢？这年年底，他们 6 人共育成上市肥猪 104 头，最后一结算，全场盈余 11 860 元，按合同岳安林应得奖励工 1 000 多个。可是，他却只领了 530 个工，是全场工人中最低的。公社书记闻讯后找上门来责问他："你为什么不履行合同?”他笑了笑说：“这回可不用你管了，这是我场的内务。再说，作为一个场长也理应这样。”

第二年，他继任场长，全场8个人生产了猪肉25 000多斤，每个劳动日的产值达到14.5元。他们育一头200斤的肥猪只需半年时间(国内一般要一年，国外最快153天)；投料与产肉比为3.17∶1（国内平均为5∶1，国外先进水平为2.82∶1)。在主要指标上他已稳拿全国冠军并接近世界先进水平。过去赔钱的猪场现在一年就要向大队上缴利润15 000多元。仅此一笔使全村社员的每个劳动日分值提高了两角钱。

他最珍贵的时间就这样被人大把大把地抓去。他的目标还远远没有达到，他又在重新设计自己。

岳安林的事迹在报上登了一篇千字小文后，立即轰动全国，几个月内他收到1 000多封信。虽然没有人给他正式加冕，但这些不相识的读者都尊敬地称他为“专家”“老师”，有的干脆叫“师傅”。许多信开头一句就是：“请收下我这个函授徒弟吧。”他那改嫁在外的老母，这时才从报上知道儿子这些年所受的苦，老泪纵横地回来看他。10多年他每月一封平安家书，竟未向母亲诉过一个字的苦。他有信必回，光邮票就花了89元。参观学习的人络绎不绝，会议邀请书一份接着一份，一年倒有半年时间不能在猪场里。他忙得就是分身为二二为四也无法应付。时间、时间，他最珍贵的时间就这样被人大把大把地抓去。他的目标还远远没有达到，他又在重新设计自己。

一列火车刚从一个小站缓缓开出，车窗前一个长发披肩、宽裤腿拖地的小伙子正在摆弄着一架香港录音机。“好花不常开，好景不常在……”随着靡靡之声，那只跷着的尖皮鞋在一上一下地打着拍子。这时，车厢里走过来一个青年农民，他蓬乱的头发，黑瘦的脸庞，鼻子上还是那副缠着一点胶布的旧眼镜。他探身想看一下这个洋玩意，

那青年突然摘下太阳镜，厌恶地说了声："离远点!"青年农民并不回话，不自卑、不恼怒。他在对面拣了个座位，从提包里掏出一架日本东芝双声道四喇叭收录机来，正襟端坐，头微靠在座背上。收录机的声音调得不大不小，不至于影响别人。但清清楚楚，那是"灵格风"英语广播。那个长发青年又一次摘下太阳镜，眼睛睁得大大的，忙关了自己的收录机悄悄地走了。这样乘车住店学外语已是岳安林的新习惯。他已开始攻第五国外语，为此，专门花了 800 元买了大小两架录音机和几套磁带。他是在买珍贵的时间。

在某城市里，刚作完报告的岳安林匆匆走进外文书店。一下选了几十本原版书。售书员看着这个奇怪的农民，不愿出售。费了半天口舌，总算给结了账："200 元，开个发票吧?"

岳安林说："自己看的书，开什么发票。"那个同志手指停在算盘上，惊得半天合不拢嘴。

岳安林本来已有 1 000 册藏书，没有地方放，包着塑料布，苫着高粱秆，堆在院里，但他还在买。本来那个破烂的小院拆得还剩一半的小屋早该修了，他们也已准备了点钱，但是，他除了给翠先买了几件新衣外，却别无添置。他说："要先搞智力投资！"

在古城西安的一个大型太阳能利用展览会上，一个身着布衣、赤脚踏一双阔口鞋的农民，正在一架美国太阳能热水器前转来转去。一会儿他大方地走上前去和美方人员打招呼，然后用英语交谈着，详细了解热水器的构造、性能，足有半个小时。当他那身洗得发白的蓝布衣在白衣红裙的人流里渐渐消失时，那个美国人耸耸肩："奇怪，他是谁？"他是我们的岳安林，正在古今中外的领域内广泛地搜求知识。

早晨，阳光又照在村东的双乳湖上，照着堤上的柳树。有一个人在跑步。晨雾中，柔和的阳光把他那瘦瘦的身影打在绿柳银浪的背景上。微风轻轻拂着他那副旧眼镜上的乱发。岳安林现在已被正式录用为国家科技人员，被授予畜牧兽医师的技术职称，但他不愿意离开农村，就像神话里的安泰永不离开大地那样。他知道这是自己的力量所在。他每天都这样黎明即起，跑步，做冷水浴。他不但要抢时间，还要强身体。他知道，要达到心中的目标，还有一段遥远的距离。

（1981 年 5 月初稿于大王猪场，1981 年 9 月定稿于北京）

耳朵湖的探秘者

历史不应该忘记这块地方，和曾在这里发生的事情。

——题记

在这个小小的地球上，至今为人不知的地方大概不多了。连深深的海底，现代核潜艇都可以去自由游弋；连冷到零下 88℃的南极，一批批科学家都已经先后去那里定居。可是，就在我国的版图内，在我们的西北，却有这么一块神秘的地方。当世界地学界的专家学者们，已经把整个地球快要摸透，再无多少文章可做时，都眼睁睁地眺望着这里。一些大国的情报资源卫星，每次飞过她的上空都要拍一张神秘的片子。片子冲出来了，这个地区有一个奇怪的湖，像一只大耳朵，一圈圈的弧线叠套在一起，又像一堆扯不断、理还乱的问号。在美国的一个地学研究所里，办公室的墙上正挂着这么一张“大耳朵”卫星图。主人是一位大个子教授，他对来访的中国客人摊开手，耸耸肩：“这只耳朵湖，谁也说不清它到底是怎么一回事。”

一、西去列车上一声雷

是的，谁也说不清楚。这个谜存在于全世界地学界已经 100 多年，解开它的钥匙却在中国科学家的手里。

1980 年 6 月 24 日夜。北京开往乌鲁木齐的列车上，一位身着西装，中等身材，知识分子模样的人，正斜靠在铺位上闭目养神。他叫夏训诚，中国科学院新疆分院沙漠研究室的主任，刚刚从美国访问归来。时间还早，他不想就寝，外国人对耳朵湖的兴趣又勾起了他对这个课题的深思。耳朵湖，那就是我们的罗布泊啊。他的思绪又回到了那个奇怪的地方。

那还是去年，1979 年 11 月 5 日，他和彭加木教授，还有一群年轻人，来到罗布泊地区，这是新中国科学家第一次深入这个神秘的地方。这真是一个魔鬼的世界，大地上不是广阔的平原，不是起伏的沙丘，也不是陡峭的山峰，而满是一些世人没有见过的不可思议之物：那沙丘堆积成一个个的长条，高高的是一座百十米的小山，而长长的却都拖着一条几里长的尾巴，像一条巨龙。龙头昂起，一起向着一个方向，龙尾挣开，直直地伸延出去，龙身上一层层的云纹、鳞片。好大的一片哟，就如云南的石林，遍野都是这些怪物，互相交错着，拥挤着，像是从什么地方突然跑来，又一下子被突然钉住。人和车一走进这里就算进了迷魂阵，如同蚂蚁爬上了一个棋子散乱的棋盘。这便是古书上所说的“龙城”。而瑞典探险家斯文赫丁在 1895 年第一次来到这里时，则给这些龙起名“雅丹”。从此地学上有了一个专用名词“雅丹”，它像月球上的环形山一样令人不可思议。这是一个无生命的世界，更确切地说是一个已将生命灭绝了的世界，到处是死亡的痕迹。当年这里一定曾是雨量充沛、水草丰美的。你看那胡杨长得多高多粗，两人不能合抱。可是现在，干得炸开一指宽的长缝，在树身上歪歪斜斜地裂开来。细枝早已枯朽，主干是不会倒的，它越来越干越硬，空气中已没有一点湿度，树身上也早无一丝的水分。偶然有飞鸟从这里经过，飞着飞着，一个跟头跌下来，伸伸脖子，蹬蹬腿，在那热达 80℃的沙窝上，再也不动弹了。大概就是因为这个严酷的现实，所以再也无人敢前来问津，但是她确曾有过一个极灿烂的过去，所以人们对这里又总是不死心。

他们去年的那次造访，并不敢奢望一下就到罗布泊里去，重点是先去看看那坐落在湖西北岩的楼兰古城。1900 年 3 月，斯文赫丁带着一个维吾尔向导第二次来这里探险，宿营时发现丢失了砍土镘（锄头），便让他回去找。这个向导返回时却误进了一座古城。楼兰，这座从汉至唐一直繁荣，后又被历史逐渐遗忘了的古城，就这样偶然被发现了。斯文赫丁以此而著书立说，名声大振。靠着那些得来的文物，斯氏，甚至他的学生不断著书，据说现在摞起来都快一人高了。楼兰真是一页未被翻动的史书，那天他们在古城随手就拾到古币、玉斧、戒指、桃核、葡萄核等。他们登上了一个高墩，四望全城，彭加木感慨道："我们的历史，我们的文物，却任人家来写书，来作结论。最有发言权的该是我们啊。"沿着孔雀河，彭加木一路测着水样、泥沙样，发现含钾量越来越高，他断定，孔雀河汇流处的罗布泊一定是一个钾盐的大宝库。夏训诚说："彭老师，干脆我们明年来一次正式考察吧。""对，咱们一言为定！"他们站在已干涸的孔雀河边，顺着河道眺望着下游的远处，黄沙漫漫，风卷尘烟，那个神秘的地方到底还有些什么呢？

原定是今年5月1日进泊考察的，但是4月突然决定他出国访问。夏训诚靠在铺位上，他想，这会儿彭老师他们早该考察归来了吧。也许正在整理报告呢。可以想见，一见面，他就会滔滔不绝地讲起考察成果，那是个有着一颗童心的、可爱的老人，任何一点事业上的胜利，都会引起他的激动。

车厢扩音器里响起了《歌唱祖国》的乐曲声，中央台每日一次的《新闻联播》节目开始了。这时夏训诚由于旅途的劳顿已经睡意蒙眬，好像在美国，又好像来到罗布泊边。他的身子随着车身左右摇晃着。突然一个声音钻入他的耳朵："彭加木同志在罗布泊科学考察中不幸失踪。"他一下从铺位上弹了起来。他不敢相信这声音，睡意已飞到九霄云外，可是广播员那一字一顿的话铁钉一样地直往他心上钉："6月17日，彭加木一人离开考察队去找水……现在正在积极寻找中……"

像一声惊雷在他的面前炸响，他一下颓坐在铺位上，耳朵里嗡嗡不绝，像远处沙漠里起了一阵狂风。半天，他不知道自己正坐在什么地方，腮边上有两颗冰凉的泪珠慢慢地滚了下来。"彭老师，我们的事业才刚刚开始啊。"

二、茫茫大漠觅何处

1980年7月2日，大小36辆汽车，108个人，开进了滚烫的沙漠。夏训诚带着抢救队来寻找他的老师，寻找这位历史上第一个由南到北纵穿罗布泊的科学家。

谁也不愿相信这是真的，但是半个月前的事情却是这样一步步地发生。

6 月 16 日，考察队的车子在沙漠上行驶，按地图所指，前面应该有一口井，但是却找不见。30 年了，风吹日晒，这张地图上的东西，就是一座大山也可以给它搬个家了。找不见井，不敢再向前走，只好原地露营，向基地发报，请求空投油和水。

第二天，17 日，彭加木仍不甘心，决定再去找水，但大家不同意，车子已经没有油了。于是一伙青年人便爬到帐篷里去打扑克，有的在整理考察笔记，等着基地的回电。彭加木没有和大家一起到帐篷里去，他一人坐在小车的驾驶席上，透过玻璃窗，前面是一眼望不到头的沙丘，是一簇一簇的芨芨草和骆驼刺。这次还是探路性的考察，将来大队伍拉进来，总不能也靠空运水啊。井，原来地图上的那口水井，到底还有没有呢?

12 时，基地准时回电："先送水，后送油。"副队长拿着电报边跑边喊："彭队长，来电了。"可是拉开车门，空空无人。又过了两小时，司机回到了自己的驾驶席上，发现了一张纸条：

我向东去找水井。

彭加木

1980 年 6 月 17 日，上午 10 时 30 分。

他便这样走了，再没有回来。这个热心于自己的事业，热心得有点固执的老头。全队紧急出动，发现了他的脚印，追了 10 公里，过了一段硬盐壳子，又追了 4 公里。沙窝里有一个人坐过的印子，旁边有一张糖纸，青岛出的"鸭子糖"。没错，是他的。他在穿过罗布泊后到达一个居民点时，在一家商店买的，还分给大家吃过。可是，这却是他留给人们的最后一次联络信号。

罗布泊的 7 月是人们绝不应该进入的季节，滚滚的热浪像一团看不见的火焰，贴着地面扑过来，燎着人的手、脚、脸。他们浑身都被烤干了，干得没有一点汗水——还不等汗水在皮肤上停留，便就被无情地抢夺到空中去了。要知道这个魔鬼地方空气湿度竟是“0”，这个可怕的“干神”，贪婪地剥取着哪怕是一丝的水汽。他们每人每天接受空投分配的10公斤水，每公斤水的价值是20元。不能刷牙，不能洗脸，除了煮饭，只够润润喉咙。皮肤被“烤焦”了，又黑又硬，脸上过两天就往下落一层皮。衣服吸了汗水，干成一个硬铠甲，敲上去都有声响。皮鞋由于脱水，晚上脱下来，天亮时扭曲得伸不进脚去。夏训诚从卡车上拖下五条警犬，但是它们又很快反身跳回车上。他再把它们拉下来，这些狗却吐着长舌头用三条腿走路。原来沙子太烫了，它们总用一条腿来轮着休息。这里的地面温度快到80℃了啊。这支108人的队伍就这样在这个巨大的热锅上搜索着。时间一天天地过去，毫无踪影。这沙漠，只有晚上才肯给人一点喘息之机。只要太阳一落，热气就骤然退去。入夜帐篷外的沙丘上每天都要点起一堆篝火。茫茫天地之间除了星星便是火堆，红红的火苗在夜里一闪一闪，她在召唤着我们的科学家归来，中央人民广播电台每天播一次消息，全国人民都在等着这荒漠里的音讯。这时队员们都累得进入了梦乡。夏训诚独自一人坐在沙丘上，几步之外，便是看不到底的黑暗。他睁大眼睛，穿透夜幕，努力探寻，他总有一种侥幸，也许彭老师会突然从黑暗中出现，向篝火一步步走来。他几乎每晚都要在火边这么坐一会儿，他有一种无名的内疚，他总觉得彭加木的失踪是自己的责任。是他刚听到要派自己进罗布泊的消息后，便忍不住一口气跑到分院的大电镜室里，将这个喜讯告诉正在那里工作的彭加木。想不到，这个老头却固执地坚持要同他一起去。那时彭加木的工作关系还在上海，还没有正式调分院工作呢。又是他在那次成行之后和彭加木一起提议搞一次穿越罗布泊的科学考察，但到临时出发时他这个副队长未能参加。如果那次考察有他参加，也许会好一点，他了解彭加木，会照顾他，劝说他，他们这对一老一少，多年的朋友，该不会有今天的分离。

夏训诚看看这一片漆黑的沙漠，抬头望一望遥远的夜空。他想起书报上这几年正大谈特谈“魔鬼三角区”，难道这里又是一个魔鬼地区吗？这几天来，天上的直升飞机像是犁地一样地贴着地面一趟一趟地飞，地上撒开人马一处一处地寻，但是除了沙丘还是沙丘，不见半个人影。斯文赫丁的书里记载着他当年经过这片沙漠时的可怕情景：水喝光了，他们只好就地掘井。地下是挖不完的干沙，他们又把帐篷拉开，扯平，仰望天空，希望能够收集到一点雨水，但是只有烈日。他们杀了随身带的鸡，喝鸡血。其他随行人员渐渐死去，只剩下他一人，白天用沙子把身子埋起来，以减少水分蒸发，晚上就一点一点地往前爬。他扔掉了一切随身带的东西，包括枪支、食品和最珍贵的笔记。当他感到快要死去时，突然昏迷中手触到一丛柳枝，他一下有了生的勇气，他用木然的牙齿啃食着柳条，咽下一点苦涩的水汁，再爬啊爬，终于爬到了树林里，爬到水塘边，用靴子掬着水喝了一个饱。——彭老师，你现在正在何处，受着怎样的折磨，作着怎样的挣扎呢？大地之神啊，为了弄清你的真实面目，难道你真的要一个个的科学家用自己的身躯，用自己的灵魂来向你祭祀吗？

营救工作还在进行。彭加木的爱人和子女坚持要到现场参加寻找。可是他们这些在江南都市里生活惯了的人，一下子哪能受得了这种恶劣的环境。直到营救工作就要结束的最后一天，才允许彭加木同志的爱人乘直升机落到那个彭加木最后休息过一次，留有一块糖纸的地方。科学家的妻子迎着大漠的热风，洒下一把热泪，捧起了一掬沙土。这便是后来追悼会上，彭加木骨灰盒里的所装之物。

7 月 20 日，营救队回到中国科学院新疆分院。来欢迎的人们，一下子都认不出自己朝夕相处的亲人和同事。这一群面孔干黑，眼窝深陷，头发里沾满沙子，衣裳碱白、硬若盔甲的人，仿佛刚从外星球归来。夏训诚简单汇报完营救过程后，特别又说了一句：“我还要进去的。”

三、历史的打捞

夏训诚又率着队伍进来了。

就是在上次营救工作后的几个月，这年的 11 月 1 日，他们 10 个棉帐篷，60 个人，在敦煌以西，罗布泊以东的区域安营扎寨。他们将要步步为营向罗布泊搜索而去。这是一支有兵有民，有多学科专家的综合大队，担负着既要找人，又要考察的双重任务。

罗布泊东岸地区又是一种地貌。这里没有那些奇怪的“龙城”，是一片平缓的沙碱土地，上面满是红柳、骆驼刺，还有咸水泉。彭老师若是能从出事地点向西跋涉到这里，或许可以生存下来的。夏训诚将这 60 人，每 10 人分成一组，每组内有几名科学工作者和解放军战士。然后每人 50 米，每组以 500 米的幅宽，像梳子一样，开始一梳一梳地由东向西梳去。

一切安排好后，夏训诚自己也分了 50 米的距离，开始一步一步地来丈量这块神奇的土地。以他多年来出入沙漠的经验，他十分注意那些能避风的沙包和可能有水的灌木丛。这天，他远远看见一个沙包，便径直走了过去。人在沙漠里疲乏时，是最易找这种地方休息的。他由北绕到南边，用手拨开几枝红柳，突然，一堆白骨映入眼帘，他一下毛骨悚然，浑身不由地抖了一下。等到定了定神再看时，原来是一个完整的骆驼骨架。这只骆驼斜倚在沙堆上，四肢伸进红柳丛里，很平静，很安详，这是一种现在已列入世界一类保护动物红皮书的、稀有的野骆驼。他站在树丛中，等一身冷汗落去后，又想起了彭老师。出事那天的起因，却正是为了这野骆驼。16 日下午，考察队在沙漠时碰见一群野骆驼，这种东西实在太稀罕了，彭加木下令追。驼群发疯地跑，汽车怒吼着追，成绩是不小的，他们照了许多相，打死了一头大的，还活捉了一头小的。可以带回去一副骨架标本和一头实物了。彭加木非常高兴，当天晚上他还将死骆驼的肉剔下，整理了骨架。可是，正因为这一阵追，汽车耗尽了油，他们被迫在沙漠里抛锚了。彭老师，其实彭加木并没有教过夏训诚。他们俩正好相差 10 岁。从 50 年代开始，在上海工作的彭加木就每年都要到新疆支援工作几个月。那年，夏训诚刚从南京大学地理系毕业不久，便志愿来到新疆，到一个沙漠深处的治沙站去工作。彭加木听说有这样一个有志于研究沙漠的大学生，激动不已。那时还不到 40 岁的彭加木，开着车由乌鲁木齐到莎车治沙站。柴木泥房被淹没在一片黄色的沙丘间。一个青年女子，正在沙上种草，不远的沙堆上，一个刚会走路的小女孩正爬上爬下地“滚滑梯”。这就是夏训诚的小家庭、世外沙园。夏训诚忘不了，那年彭加木坐在他的小炕上，连声称赞：“有志气，有魄力，举家搬来治沙站，有出息。”这是他们交往的开始，他尊他为老师。

可是，彭老师啊你在哪里？从 6 月到 11 月，夏、秋、冬，你在这大沙漠里已经过了三个季节，炎炎的夏阳，浸骨的秋霜，初冬的寒风，你那在上海生活惯了的身子骨怎能经得起这般磨难？你本来是搞化学的，这几年又专搞电子显微镜分析，是穿上白大褂，换上拖鞋，在无尘、无声、恒温的实验室里工作的，而现在你却一下子扑进了这个大的实验场。这里本不该是你来的地方啊，该我们这些在沙窝里爬惯了的中年人，还有青年人来，你在家等着看样品，看资料就是了，可是你一定要来。夏训诚又后悔起来，那天真不该告诉他自己决定进罗布泊的消息。

搜索与考察工作在按计划一天天地进行。这是个南北 10 公里宽、东西 100 公里长的狭长地带，历史上所谓丝绸之路的咽喉地带正在这里。他们每天一排人从南到北走完 10 公里后再返回来，来回拉着大网。队员们怀着“万一”的心理，在打捞着已在沙海里失踪了 4 个月的战友、老师，但是没有打捞到他的任何消息，却捞到了许多古老的、丰富的历史信息。每天都有大量的文物汇集到队部来，开元通宝、康熙通宝、乾隆通宝，珠玉的头饰，铁制的刀、枪、剑，马掌、马鞍，陶器……在世界史上，从公元前 2 世纪到公元 15 世纪，有一条十分活跃的，全长 7 000 公里的运输线，从中国的长安，经过中亚一直到达西方的欧洲。在这条路上，整日交换着中国的丝绸、瓷器与佛教艺术品、核桃、大蒜。德国人李希霍芬专门研究了这一段历史，他首先提出，这是一条“丝绸之路”，他写了三大卷的《中国》。到 15 世纪后，海路交通发达，这里便日渐寥落，以至于慢慢交通阻塞，外面的人又很难进来，于是便逐渐成了一个神秘的区域。但这神秘正好做了许多探险家的课题。德人李希霍芬之后还有英人斯坦因，他两次从西往东越过罗布泊到达敦煌，沿途绘了一张53万分之一的地图。他到敦煌又编了84卷经书，以东方艺术宝库的发现者而闻名世界。俄国人普热瓦尔斯基，这个普通陆军军官以其在中国的探险“功绩”还被选为皇家地理学会会员，当然还有那个写了两大本《我的探险生涯》的瑞典人斯文赫丁。不知有多少人：来探险的，来偷来抢的，来搞研究的，地学方面的，考古方面的，都从这块荒凉与神秘的土地上起家，跻身于世界史册。他们一共才得到多少东西呢？不过是九牛一毛。但是个个著书立说，“留芳百世”。俄国人还将普热瓦尔斯基死的地方定名为普热斯克。而这次，他们这支60人的队伍从东到西，整整搜索了地球上的两个经度线，他们的收获物，赛过了所有外国人收得的总和。夏训诚看着他们打捞上来的这一大堆历史的物证，看着采集来的土壤、地质、动植物标本，拍来的地貌照片，他又想起来第一次进罗布泊考察时，彭加木说的那句话：“我们的文物，却任人家来写书，来作结论，最有发言权的该是我们啊。”

他们这次要发言了。他们整理了7个学科的专题报告。特别是在这个丝绸之路的咽喉地带，他们第一次将南、北、中三条商路确切地标在地图上。可惜，彭老师再也不能来欣赏这些成果，再也不能和他们一块来研究报告，制作幻灯和举行报告会了。

四、要把这湖底钻穿

如果说以前的工作还是在湖的东西两岸打外围，那么这次他们真要向耳朵湖心进攻了。

那次大搜索式的考察后的第二年，1981年5月5日。夏训诚又带了一支队伍第四次向罗布泊开来。9辆汽车，30个人，钻机，三脚架，各种测量仪器。这是一次实打实的考察，要打钻，要取样，要测绘，要和这个神秘的耳朵湖来一次硬碰硬的较量。

和东西两岸不同，湖心又是另一种景色。水，这里已经一滴也没有，只剩下了一望无际的盐壳。这钾盐的结晶，像不锈钢那样又光又硬，一镐下去，震得虎口发麻；这平滑的湖底，像镜子一样，又平又亮，人站在镜面上，眼睛被晃得只敢睁开一条细缝。但是你再到近处看看，镜子却又并不那样光滑，它龟裂成一条条的口子，鼓起一个个的大包，这时那湖面上便如散撒了千万把锋利的刀剑，纵横交错。过去骆驼走到此处时，都要先用毛毡将蹄子裹起来，就这样四蹄还常被割得血肉模糊呢。

他们此行的主要任务是钻湖取样。因为缺水，不能带大钻机进来，只能用土钻机，靠人力一圈一圈地推。但是那钻头钻在盐壳上就像滑冰运动员的鞋尖旋转在冰面上，半天，除了旋起一堆白沫，进不了半寸。按分工，每天四个钻工打钻，其他人员在一个半径范围内外出考察，每 20 到 30 公里一个钻孔，两天换一个营地。但是三天过去了，一个洞还未打成。湖心之地，净无撮土，干无滴水，持炊无柴，实在不可久留。这支部队现在已经进入卫星图片上显示的那个大耳朵的最中心耳道，陷在了一个热气锅的锅底沸点处，唯一的办法是加快速度，爬出锅沿去。“兵置死地而后生”，现在除 4 名钻工外，11 个司机、两个报务员、1 个炊事员，一起加入了打钻的行列。钻头进不去是压力不够，他们这伙年轻人便躺在钻机上，轮流着睡这种“转床”。身下是一张洁白无垠的褥子，仰面是一块笼罩环宇的蓝色棚幔。钻机被伙伴们推着，飞快地旋转。一会儿，天和地便什么也分不清了，觉得只剩下一蓝一白的两张大薄片，而自己这时正主宰着天地，拨动着天地旋转。他们一边干着，一边大叫、大笑，有生以来还没有来过这样空旷的地方，没有见过这个只有白、蓝两色的世界，没有玩过这种开心的游戏。这些在十年浩劫的凄风苦雨中度过童年的青年人好像又找到了自己真正的童年，他们要追回自己的天真。突然，“卡噔”一声，钻机不转了，钻头落入一个空间，一个盐层已被钻穿！好，你坐够了，该我上去了。就这样转啊，钻啊，说啊，笑啊，他们决心要把这湖底钻穿！要把这湖下的水、土、泥、沙、石样统统取上来，把它的肠肠肚肚都查个遍。

本来，夏天的沙漠热得就像一个大烤箱，而这些盐湖则是烤箱的烤盘。无论是去夏在湖西的干涸，还是去冬在湖东的风沙，和今天在湖心的这面大镜子上的燥热相比，都已自动成了小巫。上午 10 时刚过，一种无形的魔力便开始在这湖里发挥作用。先是不知哪里突然传来一响清脆的枪声，“啪”的一下炸碎了湖区的宁静，枪声传得很远很远，在这个大耳朵的一圈圈的耳轮里回响着。不知不觉中湖面上什么时候已经裂开一条大缝，接着一声，两声，四下里不时有了接应的枪击，渐渐由疏而密，由远而近，俄而即如鞭炮炒豆一般，耳朵湖里起了一场激烈的枪战。但是四下里却不见一个人影。一会儿，那平光的湖面就被炸得这里鼓一包，那里开一线，一只无形的大手正将这面镜子摔打着，抖动着，耳朵湖变得满目疮痍。湖面渐渐蒸腾起夹着盐味的热气，和着这接地连天的响声，混成一团莫名的气息，钻进人们的鼻腔、耳膜、毛孔，使你烦恼，使你坐卧不安。人在这间奇大无比的热牢里看见什么也不顺眼，地上的脸盆，不由想上去踢它一脚，这帐篷帘子真想一把扯下来，撕个粉碎。帐篷中心的小桌上昨夜没有点完的两支蜡烛受不了这热魔无声的作弄，慢慢瘫软了，再也不能自己支持细高的身子，渐渐弯下腰来，最后在小桌上瘫融成一堆蜡山。外面湖面上的温度已达 80℃。好像有一个无形的力把人们从帐篷里往外驱赶，大家都钻到了大卡车的肚皮底下，只有这里才可以稍微避一会儿灾难。卡车很厚，太阳晒不透。这沙漠和盐湖就是怪，一切都给人一种隔世之感。前面说过的那些“雅丹”土堆像月球上的环形山一样不可思议；而这里的温度，日光下和阴影里也立见差异。正如月球上受太阳光的地方明如白昼，山石后的影子便漆黑如夜。人一钻到车下，便骤然觉得凉爽了许多，情绪也安静了许多。

夏训诚取出一台录音机，按下电键，放在湖里，让这隔世之音留在磁带上，好带回人间。然后他和一伙青年人躺在卡车肚子底下闲聊起来。他看看那些俊秀的小伙子，进湖才几天，就一个个嘴唇裂缝，脸上卷皮，眼圈发黑，便问大家：“苦不苦?”还用问，不但苦，都苦得稀罕了。过去你就是想尝尝这份苦还不可能呢。一个小青年说：“我敢保证，地球上此时此刻，再没有第二批像我们这样被枪声、热浪撵得无家可归，来钻卡车肚子的人。”大家轰地笑了，但是笑声是这样的沙哑。有的人为减少声带无润滑摩擦，只是轻轻地咧咧嘴就算笑了。远处还是噼噼啪啪的鞭炮声，这里却是一场热烈的讨论。大家让夏队长发表高见，他仰面朝天，鼻子顶着汽车大梁说："我们现在是苦，但也有乐。我们每天都能拾到几枚古钱，取到新的水样、土样，测到新的数据。我想此时此刻，地球上很少有第二批人能享受我们这种乐。苦是暂时的，咬咬牙就可以挺过去，而我们的考察成果将要写成论文，载入史册，服务于生产，那个乐才是永久永久的。"下午6点时，沙漠里的气温急剧下降，他们这才从卡车下钻出来，扛起三脚架，背上相机，提上地质锤，各自向自己的岗位跑去，那几个年轻人又爬上钻机，叫着、笑着，钻头飞快地转着，又"滋滋"地伸向湖心。

夏天的夜是短暂的，沙漠里在一整天的酷热之后，那一小会儿的凉爽更是稍纵即逝。夏训诚一觉醒来，凭多年的野外工作习惯，知道是天亮了。可是怎么眼前还是漆黑一团，手往外一伸，伸不出去，像有什么东西压着，又像浑身被人捆着，他转转头，脸上蒙着一层厚布，硬硬的，直擦鼻脸。他不觉心里一惊，心想不知又是遇上了什么魔鬼，猛一翻身伸出拳头，用力往外一顶，一丝亮光射进来，再努力往外一爬。啊，原来是昨晚风太大，把帐篷都吹倒了，压在帐篷下睡了一夜却全然不知。这时才想起昨晚那场飞沙走石的大风，他们揭不开锅，连晚饭也没有开成，为怕风将帐篷掀走，大家只好抱着帐柱坐地打盹，后半夜风小了，才勉强小睡一会儿。

他沿湖边轻轻地走着，那塌倒的帐篷下不时传来呼呼的鼾声。这也是一件罕事，此时此刻地球上，恐怕也很难再有一批正盖着帐篷睡觉的队伍了。真是"昨夜风急沙猛，浓睡不消乏困"。太阳一竿子高了，给银湖镀上了一层玫瑰色，从湖心到湖岸，那一圈圈的"耳轮"，因高低不同投下了一条条黑影，描成一个又粗又大的问号。他望着湖心沉思：耳朵湖啊，你这些圈圈里面，到底还有多少奥秘？当30年代中国学者来这里考察时，还可以在孔雀河里泛舟旅行；当50年代新中国的地学工作者来到湖边时，这里还碧波荡漾，芦苇丛生。而现在，怎么就突然变成这么一个钢打铁铸的大锅了呢？多么可怕的生态变化啊。他沿湖走着，想着，身后是战友们均匀的鼾声。连日来的紧张、劳累、烦躁，使他突然十分喜爱这一刻的宁静。他想，让大家多睡一会儿吧，这会儿他们已经梦回到机关大院，正在洗热水澡，吃哈密瓜呢。他熟悉这支队伍，他带着他们下过海拔以下的吐鲁番盆地，登过雪线以上的冰雪达坂，钻过冰缝，涉过雪水，吃尽了各种苦。就拿这次进泊地来说吧，连雇来的骆驼都吃不得这份苦，半路上偷跑了 3 只。这沙漠地的大风又常常是“狂吹车如纸”，“风摇屋似船”。一天，他们在沙漠里行车，沙暴骤起，天昏地暗，一会儿就伸手不见五指。他立即命令停车，大家在车里饿着肚子到天黑，又坐到天亮，才避免了车毁人亡。至于迷路、露宿已是家常便饭。在没有战争的和平时期，大概数他们这种工作最苦了吧。啊，忙里偷闲，让大家再睡一会儿吧，再多睡一会儿吧。他沿湖岸轻轻地走着，想着，眼睛习惯地扫过那一圈圈的耳轮线，扫过那黑影所描成的问号。他突然意识到他这个队长的职责。用不了几个小时，这里又要枪声四起，又要燥热难熬了。他毅然回过头来，扯开嗓子大声喊道：“起床了——”这声音冲向湖心，又返回湖岸，在那一圈圈的耳轮中回荡。

五、沙漠里有这样一座碑

就在这次钻湖考察的年底，也就是彭加木同志失事后的一年半后，1981 年 12 月 30 日。这天上午，在罗布泊的东岸地区，当年彭加木离开我们最后一憩的那个地方，驶来一辆汽车，几个人从车上跳下来，抬着一面石碑，碑上刻着：

1980 年彭加木同志在此考察不幸遇难。

中国科学院新疆分院罗布泊考察队立

碑高 2.3 米，宽 0.4 米。他们掘了一个 0.8 米深的坑，将下半截碑埋入沙内，踩实。碑立好后，有一个人怀着无限惆怅之情，他叫大家先收拾东西上车，自己却在碑前来回走着。他便是夏训诚。他想采一束野花，表达一下对这位先驱者的缅怀之情，但是四处茫茫唯有黄沙。他弯下腰来，从沙子里拔出一束骆驼刺，双手捧在碑前。让这沙漠里最顽强的生命来陪伴为开发祖国的沙漠而牺牲的烈士吧。当他的双手从碑前收回时，脑海里突然闪过一丝幻想：鲁滨孙在大海里曾漂泊多少年，最后又奇迹般地生还。那么，彭老师离开我们才一年半，也许他正在沙海深处飘零呢？这一带东部地区，有咸水，有灌木，有小动物，他身上还带着一把刀。这一带沙漠没有虎、没有狼、没有什么野狗会来伤害他。也许有一天他真的摸到这里，看见这面碑，他会怎样想呢？立碑之意本在缅怀故人，鞭策后人。他会高兴地看到后来者没有忘了他的事业。他会根据这块碑的指引，再继续往东，那里就是闻名世界的敦煌，就是帝国主义分子多次垂涎劫掠的那座世界艺术的宝库。他会先到那里，享受一下这使全世界艺术家们神魂颠倒的东方石窟艺术，使疲劳的身心在民族艺术的光芒中得到一会儿安慰。然后，他再回到科学院，回到自己的战友中间来。那将会是怎样的情景呢？全院会怎样地欢腾雀跃啊！

夏训诚转过身来，极目望去，天边沙丘连着沙丘。他熟悉这里的每一丛红杨、骆驼刺，每一个咸水泉，这里现在还留着他们挖下的水井；他熟悉那西岩的“雅丹”群，那里有他们搭过帐篷的营地；他更熟悉那如冰如玉的湖区，湖面上有他留下的钻孔。两年内，他已经五进罗布泊了，五次出入这块全世界注目的神秘地区。他是世界上进出这里最多的一位科学家。俄国人普热瓦尔斯基当年曾将这个湖的方位搞错，为此曾和德人李希霍芬打过笔墨官司；李希霍芬首先提出了丝绸之路一说，但是他并没有更多的物证，只有从他的学生瑞典人斯文赫丁那里得到的一点在这一地区拾到的古物；斯氏首先命名了雅丹地形，但是他又说不准它的成因。到了现代，日本人也插手对这里的研究，还出了专著，美国人也积累了这里的资料。这块神秘的土地，这块我们祖国的内陆腹地，多少年来就这样在外国人的手里掂来掂去，争高争低。物归他人考，题由别人做，这正是彭加木同志生前最痛心疾首的。现在好了，虽然不能说这里的奥秘已全部搞清，但是几入虎穴，已得虎子。那个多年争论的罗布泊的淤移不定说已经可以否定。那卫星图上的一道道耳轮线，原来是不同时期干涸的盐壳湖岸线。13个专业的专题考察报告、论文，4 000张彩色照片，一整套幻灯片，一大本画册，都已整理就绪。不久即将举行一个国际讨论会——一个由中国人做东道主，讨论一个中国地学问题的会议。如果那时彭老师真的能回来，他会是怎样的激动啊。

在这块熟悉的土地上，夏训诚怀念老师，不觉又联想到自己的这半生风沙生涯。他这个在江苏水乡长大的孩子，1957年，他26岁时从南京大学地理系毕业，本来是留在南京的，但是江苏这块从六朝以来就熙熙攘攘，人迹杂陈的土地，那里的山水地貌早让人摸得滚瓜烂熟，没有新大陆便没有哥伦布，没有钋和镭便没有居里夫妇。他这个地学专业的毕业生期待着发现，憧憬着牺牲。他不安于燕雀小志，他来到了新疆，他一来就参加了野外综合考察队。少年多壮志，幼犊不畏虎。他北登阿尔泰山，提出将那几条流出国境的大河调回头来，解救那干渴的古尔班通古特大沙漠。他南下塔里木盆地，骑着毛驴访问维吾尔族老乡，写成了治沙方面的著作。从南到北走遍了这块相当于40多个法国大的土地，从冰川到沙漠，他吃够了一切搞地学的人都吃过的苦，也享受到了那些留在大城市里的人永远享受不到的乐趣。现在他已经48岁了，头上已不知不觉钻出几根银丝。他多次发表学术论文，几次被评模范，当先进，出席全国科学大会。他走过了一段光辉的路程，像一个将军，多年战场上血与火的锤炼，已使他更趋成熟。新的重担又在等着他去挑。

沙漠里冬日的太阳不像夏天那样狠毒，一片暖融融的薄光照着大地，照着这片洪荒的土地。地上投下两个影子，一个是彭加木烈士的纪念碑——一位科学事业的先驱者的纪念；另一个是一位中年地学工作者，我们现在事业的中坚，他正在沉思，正在计划着一场新的战役。

（1983年秋写于新疆，1985年夏改于太原）

老兵行

据说，从人造卫星上拍摄地球，可以看清北京王府井大街上的行人，甚至可以分辨出边境哨兵下巴上的胡须。那么这些神奇的科学装置是否也注意到了这么一个人呢?

在雄伟的亚洲高原上横亘着两条山脉：阿尔泰山与天山。两山终年不化的雪峰间夹着一小块绿洲。洲上有一个小城，名叫石河子。石河子的街上有一位老人，他经常不停地行走着。从这条街走过来，又走到那条街上；从这栋楼走出来，又走进那一片平房。老人个子不高，却很敦实，虽已过花甲之年，腰板却还那么挺直，一副军人的身骨。他叫刘丙正，是现任新疆生产建设兵团农八师的政委，石河子市委书记。

人上了年纪，总爱回忆过去。人生，犹如一条长长的磁带，它录下了许多永不磨灭的信息。刘丙正二十几岁就从吕梁深山的西兴县出来当兵，在黄河两岸和日本侵略者交手，后来又率领一个连在延安周围同胡宗南部队鏖战。敌人，就像一堵墙，他呢，只有一个信念：推倒它！1949 年，他随部队进疆，带着一个团来到这里。这里，到处是沙窝、芦苇、碱滩和遍地乱窜的野猪。除此以外，便只有一条乱石滚滚的干河，以后的“石河子”地名也许就是由此得来。面对这满目荒凉，他呢，只有一个信念：开发它！他至今还清楚地记得当时一位战友写的那首《老兵歌》:

江水空半壁，何忍国土荒。
君有万夫勇，莫负好时光。

是的，时光已经流去了 34 年。他老了，头发白了，石河子也变了。他举首望天。当年他曾躺在沙堆上，也是这样仰望着蓝天，天地在很远的地方相交，苍茫、寥廓。而现在呢，空间变窄了，这是因为街上的树木已经长得又高又密。这种新疆毛白杨，只要一出土就一个劲地往天上钻，躯干银白，溜光，水桶一般粗，树叶绿得发黑，气势非常雄伟，把蓝天给挤走了。他转身看街。街上花园的鲜花开得正旺，美人蕉的花瓣像一束火红欲燃的软绸，楼房隐现在绿树之后，西瓜、甜瓜、蔬菜在笔直的大道边堆积如山，商店里摆满了小城自产的毛线、白糖，还有那远销海内外、曾获国家银质奖的“2201”华达呢。……30年时光，大变了，一切都大变了。他这个当年和大家一样住地窝子、抡砍土镘的老兵，也许算得是功成名就了。可为什么他还是皱着眉头，似乎并不满足？

他的心，时时刻刻都在被一个问题所牵挂，那就是人。

在所有的社会财富中，人是最可宝贵的。而知识分子，这些劳动者中间的英华，将直接决定科学和生产力发展的前途。他们是开发大西北的主力军。石河子新城已经聚集了1万多名知识分子，他们来自全国的各个角落。30多年了，他们为建设这块绿洲作出了巨大的贡献。但是他们的价值在不短的一段历史时期中却得不到应有的尊重和爱护。诗人艾青，曾流放此地，还有许多学有专长的技术人员，在下面放羊、割草、修路、和泥……一切当然已经过去了，危险的是，我们某些同志还没有从这种历史的惩罚中清醒过来。还有一些人才未被发掘，他们还没有得到应有的待遇和工作条件，落实知识分子政策还有许多工作要做。而他，一个党的老兵，能够就这样在大时代的潮流里安度晚年么？

不。

于是，他决心抓住每一寸光阴，而石河子的大街上便天天都出现了他那不倦的身影……

1983年农历正月初三这天，石河子市的街头分外热闹，两旁的新楼上飘着彩旗，路上挤满穿着新衣来往拜年的人群，雪地上四散着响过的鞭炮皮和空烟火壳。这时，一辆小车穿过拥挤的闹市，向城北的良种繁育站驶去。郊外白雪披野，一片安静。车里坐的正是刘丙正。

他正靠在椅背上，陷入沉思。前些日子，他收到一封信，是良种繁育站的一位农艺师写来的。这封信向市委大声疾呼，必须重视大豆生产，因为人体自身不能合成的 12 种氨基酸要从这里汲取，而现在食品中蛋白质缺乏的情况亟须改变。随信还寄来一份有关大豆的资料。写信人叫罗赓彤。他是一个 50 年代就从河南来支边的农技人员，因为出身不好，没有资格搞小麦、棉花等主要作物的研究（连分配农业研究课题还要看出身，历史的荒谬有时真叫人啼笑皆非），他便去钻研油料葵花。结果，他取得非凡的成绩，仅这一项就解决了全新疆的吃油问题。现在，他又搞大豆研究，并提出了一些独到的见解。刘丙正在一次座谈会上见过他。这是个朴实得像老农民，一说到他的科研就喋喋不休的人。但有人不屑理睬他那些“婆婆妈妈”的建议，说他是有名的“罗神经”。前一阵，他听说罗赓彤因工作难以展开，已提出要调走。在这新春佳节的日子里，刘丙正想起了他，想给他去拜个年，顺便当面听听他的意见。

小汽车穿过林荫大道，拐了一个弯，在一片低矮的土房子前停了下来。刘丙正挤进一条窄巷，按号数推开一户柴门，这是一个小得转不开自行车的院子。再推开屋门，四壁干打垒的土墙，头上细铁丝网着的一层旧黄纸就算是顶棚。几床旧被窝，一个旧炕桌，还有几个小板凳。三个孩子正趴在桌上玩。老刘问：“你们爸爸呢?”孩子说：“还在办公室写东西。”他心里不由一颤，涌出一股说不出的滋味。这两天他给很多科技人员拜了年，但从来还没有见过这样差的住房，这样贫寒的家庭，和正月初三还在办公室里加班的人。孩子们上来拉着他的手说：“刘爷爷坐!”他没有听见，只是忿忿不平地环视着这间小屋。如果是在兵团创业之初，这并不算啥，可现在是 80 年代啊！革命为的是什么？建设为的是什么？我们的科技人员，他们在知识上最富有，在生活上难道就应该受穷么？望着孩子们穿的补丁衣裳，他鼻子有点发酸，问那个大一点的女孩：“你家过年割了几斤肉?”“4 斤。”5 口人，4 斤肉，在新疆这也算过年吗？老罗发疯一样地研究怎样为群众增加蛋白质，而他和他的孩子却得不到起码的营养。他这个书记早该来看看这个“大豆神经”了！他感到惭愧，一把拉住孩子，痛心地说：“我对不起你们的爸爸！”……

市委书记的来访给这个家庭带来了极大的温暖。晚饭后，全家围在小圆桌旁，突然有人敲门。一阵寒风卷进一个人来，怀里抱着一个大纸包，说：“我是刘书记的司机，他让我给你们送东西来。”打开一看，是儿童书画、笔记本、花炮、糖果。糖果上还有一封书写得工工整整的短信：

小朋友：

你们的爸爸一心扑在四化上，任劳任怨，为科研作出了贡献，是你们全家的光荣。送你们一点节日礼物。望你们好好学习，天天向上，健康成长。

刘爷爷

从这以后，罗赓彤再没有提要走的事。尽管研究条件还没有多少改善，但他说：“自从刘书记来过后，我觉得党在随时看着我工作。”在刘丙正的支持下，他在北纬 44 度进行麦豆复播的研究终于获得成功，并大面积推广开了。他的组织问题在老刘不下 10 次的干预下，也终于得到了解决。

每当罗赓彤提起老刘，这个不轻易动感情的中原汉子，常常热泪盈眶……

刘丙正关心知识分子不是一人一事，一时一地。1957 年他任农八师的副政委时，正值开展“反右”斗争，他和政委鱼正东等同志积极保护知识分子，在那场风暴中全师机关竟没有打一个“右派”。相反，许多从北京、上海来的被错划为“右派”的同志在这里却得到很好的保护。石河子垦区，这块戈壁滩上的千古荒滩，所以能开辟建设成现在的绿洲，与这里聚集了许多才智过人的知识分子有很大关系。全垦区共有 56 万人口，有 11 000 多知识分子，其中科技人员达 6 000 多人。刘丙正怀着一颗拳拳之心，无微不至地关心他们。他常常感慨地说："我们这样的人好找，知识分子难得。"

他以一个老军人的战略眼光，看出了科学是生产的尖兵，而教育，则是造就一代建设者的根本大业。

有一次，他来到一所师范学校。这是一个被外单位占用收回不久的破摊子。满地碎石烂砖，杂草丛生，正准备新盖一座教学大楼。刘丙正问校长："教师的住房条件怎样？"校长摇摇头："没有。"刘丙正严肃地说："这怎么行！过去总是讲'先治坡，后治窝'，可是 30 多年了，我们还没给大家治起个好窝。要'后'到什么时候呢？先盖宿舍，要盖大一点。盖好后先给教师住，你们带'长'字的，一个也不能上！"楼房设计好了，标准是当时全城最高的，里面设有教授级的住房。城建部门有点不理解，说，现在还没有教授呢，就盖这么好的房？老刘哈哈一笑道："没有梧桐树，哪得凤凰来？我们就是要创造条件，吸引高级知识分子到边疆来工作。不信，你们等着瞧吧！"他又特别嘱咐："教师常常夜间备课，要给他们设计工作间。"房子盖好后，他又亲自过问分配方案。在街上只要碰见学校的老师就要问："这次给你分房没有？"

刘丙正爱惜英才，善于稳定军心。师范学校有一名骨干教师，因爱人的工作问题长期得不到解决，准备调往他处。他知道后，找来学校负责人："此人一定要留住。家属问题，你们写报告，我来批。"事情很快得到解决。他常对学校的人说："师范学校是工作母机，是提高石河子教育水平的根本。你多多物色人，只要看准了，咱们就调。"这里很快聚集了一批强有力的师资。全校 58 名教师中，有 37 名大学本科毕业生，全为清一色的中年骨干。老刘还主动出击，到处"挖人"，吸引各地人才来石河子工作。上海来这里支边的一名教师在两年合同期满后，深深地爱上了这块美丽的绿洲，自愿落户，并且动员他在内地上大学的儿子也来这里工作。值得一提的是，石河子的教育普及率和高考升学率，已经超过了自治区首府那样的大城市，成为全疆第一，不少乌鲁木齐的干部还将子弟送往这里"留学深造"呢。

呵，石河子的年轻人，当你们有朝一日成为祖国知识大军里的栋梁之材时，还会记得一位像父亲那样爱过你们的白发苍苍的老兵吗？

8 月的安徽铜陵，酷热难当。市话剧团导演周文洁在自己的小屋里烦闷地走来走去。他是一年前由石河子调来这里的。一年来，工作不顺，人事不熟，气候又溽热，每每使他想起石河子那丽日晴空，那钻天白杨，那几十斤一个的大甜瓜，还有那田野上洁白的棉海和一阵阵吹来的带着稻香的风。那里是他生活的根基，他创作的土壤。更使他怀念的是那里的战友，还有那位慈父一般关心过他的老领导——刘丙正。一离开新疆他就发现，他这个南方人实际早已变成新疆人，变成石河子人了。回到南方，反倒产生了一种飘零之感。

他们夫妇两人从小就随着解放大军进疆，一直从事戏剧工作。他在“文化大革命”前就曾拍过电影，但在动乱中被分配到南疆沙漠里的一个劳改农场。人们渐渐忘记了他。直到 1972 年在兵团的一次领导干部会议上，一位负责同志说：“有位老演员，正在连队劳动，哪个师要他？”这时，刚刚恢复工作不久的刘丙正霍地站起来说：“我们八师要了！”于是他们夫妇便来到石河子，重新登上舞台。然而，过了几年，他爱人动了思乡之念，定要回南方，刘丙正再三挽留，终未能留住。临别的情景还历历在目。老刘披着大衣站在路边，举起手，那张让大漠风沙刻下深深皱纹的脸上不无惋惜，却依然挂着慈祥的笑容。他留下了这样几句嘱咐：“还是石河子好啊，你们走了就会想念这里的。在那边遇到难处就来信，住着不好就再回来吧。”

想不到这句话真叫他说准了。周文洁已经给老刘去了信，像游子盼归一样，希望石河子能再将他们调回去。信是发走了，他的心里却很不安。自己出尔反尔，人家老刘会怎样看呢？这几天，气候闷，他的心更烦。他想，石河子也许根本不会回信，就算回了，会不会是一通挖苦，一番拒绝呢？国家干部哪有想走就走，想来就来的！

他正在左思右想，突然门开了，爱人激动地跑进来，手里高高举着一封信。他一把夺过信，是石河子市委组织部的正式回函：“同意你们调回。现我市话剧团正在北京演出，请直接赴京参加演出工作。”周文洁一下愣了，这是真的吗，一个月内便有正式回函，而且不等办手续就先工作……

周文洁夫妇很快回到了石河子，这里水亲土亲，他们尝到了一种失而复得的快慰。他们去看望市委书记老刘，一见面，刘丙正就乐呵呵地开玩笑道："你们还有脸回来?"他们低下了头。坐了一会儿，又难以启齿地说："刘书记，我们人回来了，可房子没有了。"刘丙正说："这个放心，让你们回来，就有你们住的地方。"很快他们就搬进市委宿舍中的一套宽敞的房子里。看着这雪白的粉墙，光洁的地面，这两位老演员脸上挂满了激动的泪珠……

人人都会思念故乡，思念故乡的亲人。石河子，她又是谁的故乡呢？原先这里是杳无人烟，是红柳、芦苇与黄沙的故乡。自从刘丙正这批老兵挥镐挖下第一个地窝子，这里从无到有，逐渐聚集了全国 30 个省、市，32 个民族的劳动者。他们在这里扎根，在这里繁衍，如今，石河子已经诞生了自己的第三代主人。而这绿洲新城就变成了他们可爱的家乡。人们把刘丙正当做自己的亲人。只因他爱才、惜才、敢于用才。他说过："一个科学，一个文化，这是我们绿洲的两只翅膀，有了它们，石河子才能飞起来。"的确，他为人才创造了极好的条件，而人才则如江河归大海，从四面八方向这里奔汇而来。全兵团系统在新疆文联的会员共 22 人，这里就占 18 人。这样一座小城，全国作协会员就有 4 位。1982 年全国农业科技奖，新疆共评上 9 项，石河子就有 5 项。这个当年的沙窝子已变成知识的故乡，新技术的故乡，变成了"诗窝子""歌窝子"，成了西北大地上的一颗宝石。离开这里的人，很少有不动感情的。诗人艾青回到北京后常常来信问候老刘，还特意将出版的新诗集寄回这块他曾留下人生足迹的绿洲。诗人也把这里看成是他的故乡，思念故乡的热土，思念故乡的亲人——刘丙正。

春日晴好，鸟语花香。刘丙正独自在城西的公路上走着。田野已经苏醒，地里正在春耕，拖拉机驶过来，翻起一条条冒着油花的黑土。

他沿着林荫道向西走着，走着，他要去拜谒一座不寻常的纪念碑。

1965 年，一位伟人曾来这里视察，鼓励军垦战士要为开发边疆贡献终生，他就是我们敬爱的周总理。战士们怀念总理，当他逝世以后，就在当年接见的地方树了一块石碑。这或许至今还是在我们这片国土上为他老人家立下的唯一的石碑。“每念祖国春光好，热泪落地静无声。”刘丙正，这位军垦老兵，心里珍藏着对总理的怀念。一个真正的共产党员，就应当像总理那样不要名，不要利，鞠躬尽瘁，死而后已。他，已经老了，这是不可抗拒的人生规律。然而，只要他一息尚存，他就要为石河子的明天，为大西北的开发，再奉献出一分光和热！

前些日子，地区的文艺刊物开辟了一个专栏，介绍那些沙漠绿洲的开发者，第一篇写的就是他。作者将写好的稿子送他审阅，他回了一封诚恳的信：

> 我一贯坚持不宣传自己，“文化大革命”以前就是如此。现在《准则》公布后，更要谨慎从事……本来不值得写。但你费了这么大的心血，收集材料，提炼加工，精神是可嘉的。给你泼冷水，却又于心不忍。为今之计，初步考虑，两种处理办法：一是委屈你一点，就不要发稿了。二是如果认为发表还有一定意义，特别是文艺界的同志认为第一种方法不妥，那我也退一步，退到不直接用我的名字，用某领导同志或别的什么名，让“事存名隐”好了。

然而，越是谦虚的人，人们越是尊敬他。“桃李不言，下自成蹊。”那茫茫的田野里，那青青的树林间，以及每个石河子人的心中，时时都闪现着他敦实挺直的身影。他不要求在这个世界上留下什么，但多情的历史却不愿意湮没他的名字。

老兵在大道上行走着。绿洲上，印下了他深深的足迹。

（1983 年 10 月草于石河子）

独白 30

报告文学的边缘性

近来，关于报告文学的议论很多。有的强调“报告”，有的强调“文学”；有的说一枝一节都必须绝对真实，有的说应允许有一定的加工。各有所本，众说难一。我认为，要解决这些具体问题，先要研究一下报告文学的边缘性。必须看到，报告文学是一种介乎新闻与文学之间的边缘性文体。

素材的边缘性选择

报告文学中的人和事要求真实，这一点不能怀疑。但是，并不是日常生活中千千万万的真人真事都可以拿来为文。就是说，要选择那些十分典型、有个性和代表性的人物，选择那些情节生动、意义重大的事件。这些人和事，往往既有必然性，又有偶然性。这既符合新闻的真实性原则，又符合“无巧不成书”和“典型环境中的典型人物”等文学创作原则。这种真人真事，常常会奇特得令人难以置信，你如果当面讲出，听者马上会说：这简直是一篇小说，但是，它确是实实在在的真事。所不同的是，小说中的人物事件是作者虚构的，而报告文学中的人物事件则是“天生”的。这些素材，已经到了“真”的边缘，简直类似虚构了。人们为什么不满足于只读小说，还要看报告文学呢？这就像人工园林里，常有许多巧夺天工的假山假水，栩栩如生的石塑人物、鸟兽，但是，人们还是要到桂林去看山水，到云南石林去看阿诗玛，去看石虎、石雕。他们不满足于虚构加工，而在追求浑然天成的真实。

我们知道，一篇好的小说，常有一个较理想的生活原型。外国名著《茶花女》，我们国内的现代小说如《青春之歌》《林海雪原》，都有真实的人物依据。可以说，作者不是在成堆石头中进行挑选，然后再来组合、雕塑，而是到石林内找来了一个天然的半成品，再稍事加工一下而成的。近见报载，原来解放初的名作《刘巧儿》，也真有其人。她叫刘艺琴，甘肃人，现年 59 岁。虚构的小说，无时不在寻找真实的生活原型。而真实的报告文学却常常在寻找小说里的人物。笔者从未写过小说，一次在新闻采访中，碰到这样一个青年农民，因出身不好，备受极左路线的迫害，两次考上大学而被拒之门外。他流落农村，却自学了 4 门外语，立志研究养猪，竟达到世界先进水平。更有他的妻子与他濡沫相依，十分曲折动人。我将这写成一篇报告文学习作，作家西戎同志说，这读来就是小说。可见报告文学与小说的区别之一，就在于其素材是“天生”的，还是人造的。而能否挖掘到这种天生的边缘性素材，则是报告文学写作的首要条件。这正是它最难之处，也是它相对于其他文体的最大优势。

素材边缘性的一方面是文学性，另一方面是新闻性。所以报告文学又是属于新闻范畴的。这些人和事，不但必须是真实的，而且通常还是新近发生的。如果是早已发生或存在的，用行话说，也应该是有“新闻由头”的。而不能像小说一样，古今中外，天南地北，想写什么就写什么。报告文学的内容要新，要快，要有针对性，徐迟的《哥德巴赫猜想》是在知识分子受尽“四人帮”的百般凌辱之后，有针对性地选了陈景润这样一个典型，所以不同凡响。这种文章不但是文学，也是新闻。

创作中的边缘手法

如果把小说比作绘画，那么报告文学便是摄影，它应该如实地反映生活。但是如实反映并不是原型照搬。一个人固有的本质和现象，并不是随便哪一张照片都能体现出来的。

第二次世界大战胜利时的丘吉尔傲慢得不可一世。一位人像摄影师想给他拍一张照片。在一次外事活动中，丘吉尔嘴上叼着烟斗正走过来，这位摄影师上去，一把拔下他的烟斗。丘一脸怒容，正要发作，咔嚓一声，他已入了镜头。这张像真正反映了丘那个时期的气质、神态和内心世界，成了世界名作，并被印作邮票发行。事后丘本人也很满意。相片上无疑是真人，但是它用了夸张手法，捕捉的不是人物的现象、常态，而是他的本质，最表现个性的一刹那。这样的摄影作品，近似漫画。报告文学也是这样，要运用剪裁取舍的功夫，最大限度地使人物、事件的本质突出到再不能突出的边缘。

报刊上发表过一幅彭德怀同志的石雕头像，在一块大石头中随便雕出彭总的头面，上下的石块并不省去。彭总那坚毅的神情、微皱的眉头，和粗糙坚硬的石质协调一致。整个构图效果，彭总像是头顶巨石在顽强抗争，暗示着他坎坷不平的一生。人们一看便知是忧国忧民、坚持真理的彭总。彭总并没有被夹在石缝里，但是人们允许这样创作（当然，只限于石雕的特点，如绘画便又当别论）。报告文学也是这样，要能巧妙地利用背景，调动人物、事件的外在因素来创造效果。这种利用和调动的幅度越大，效果就越强烈，但是绝不可超过真实的边缘。不作艺术加工的报道，那是新闻通讯；逾越了真实的创作，那是小说；恰如其分才是报告文学。报告文学就是要善于抓住本是新闻的素材，重新进行文学的排列与组合，生发与升华，在新闻与文学的边缘，创造出一种两者兼而有之的效果。

承认边缘性，发挥边缘优势

现代科学发展的特点之一，就是模糊概念和边缘学科的出现。文艺也是如此（如报告文学、电影小说、电视剧、科学诗等）。

这里先讲一个科学史上的故事。物理学家卢瑟夫在20世纪初研究放射性时，却发现了物质由这种元素到另一种元素的化学变化。他因此而意外地获得1908年的诺贝尔化学奖金。他在受奖时说，他一生研究了许多变化，但想不到这次从物理学家变成了化学家。无独有偶，穆青同志的《为了周总理的嘱托……》，在写作和发表时，都是通讯，可是后来却被评为优秀报告文学。这恐怕也是作者没有想到的。世界上的事物，本来你中有我，我中有你，并没有什么绝对的界线。比如光，是波还是粒子，科学史上争论了100多年，最后只好承认它的“二象性”——既是波，又是粒子。这好像不是个结论，但它最能正确地解释光的本质。

报告文学是什么？它既是新闻，又是文学，但又都不是，它就是它自己，是一个独立的“边缘学科”，是一个有“二象性”的文体。报告文学的繁荣，正是文学与新闻发展到新阶段的一种新突破，新的排列组合。我们不能站在新闻的角度指责它太虚，也不能站在文学的立场上，嫌它太实。相反，应充分承认它的边缘性，各取所长，兼收并蓄，尽量发挥它的优势。从报告文学作家身上也可以看出，他们没有统一的“血统”：徐迟长期搞新闻，黄宗英从事电影艺术，柯岩写诗……他们都从不同领域来向这个边缘地带汇拢。

当然，报告文学的边缘性也伴随着另一种危险性。就是作者在检寻材料时，常恨其不能尽善尽美，不由想人为地再去加一点工。但是，往往就这一点，便超出了真实的边缘，而到了虚构的王国。报告文学发表后常常会引来不少官司，大都因此。任何一个作家一定要忠于自己的作品，既以身许之报告文学，便不得三心二意，嫌其不如小说自由。正如端着照相机照相，便不得嫌镜头里的人丑，而索性画个美人来拍片子。

我们研究报告文学的边缘性，就是要承认它的独立性、综合性，看到它的优势，在文学与新闻相邻的边缘地带，独树一帜，建立起一块巩固的根据地。

（《太原文艺》1983 年第 6 期）

第六编

怎样当记者

读写无定时 见缝就插针

新闻记者的工作，就是不断地跑，不断地写，不断地发稿。这是一种极紧张的、日新月异的工作。但是一个人仅有的知识总是会被消耗掉的。所以当记者必须学会不断地自我补充，这主要靠读书。另一方面，把自己平时在社会和知识大海中的所见、所感不断地整理出来，奉献给社会，也是记者义不容辞的责任。这些都需要时间。

记者连吃饭睡觉都无定时，要想有整块时间坐下来读书、写作，几乎是不可能的。空军作战时，为了给飞机补充燃料，但又不能让战斗机撤出战场，于是便“空中加油”。记者的主要学习方式，只能是这种空中加油式。在记者生活中，大概有这几种情况最浪费时间：等车、坐车、谈话应酬、开会。这些时间如果不利用起来，记者的生命就将被白白扔掉一半。我每次出差时，包里都要装一本书。如果是长途车，从早到晚在火车上，总可以看五六万字。有人觉得一个人出差寂寞，我出门却尽量不结伴，特别不要人陪。这主要为避免应酬而浪费掉途中和住在招待所后的许多时间。特别是一些热情的地方领导，从下车便陪你，直到送你离开本地。说是礼貌，实是紧箍。所以每到一地，我立即申明，只要有个人领路、介绍情况就行，千万不要领导人陪，这样太耽误你们的正常工作（实际上更怕耽误我的时间）。至于会议，与采访无关的应酬会，尽量不参加。一些大会，就带上材料，边听会，边阅读，边编稿。前不久，举行全国首届林业好新闻评奖，我写的一条消息《解进保自荐任林科所负责人取得显著成绩》获一等奖。当时我去参加山西省科技发奖大会，发奖仪式是老套子，不必看，不必记，也不会登报的。我在发奖的锣鼓声中，浏览得奖人的材料，又根据会议期间的采访，在会场拟好这条消息，一散会便去抢发。

长时间的工作中，我逐渐发现，记者采访中有两个时间空白段可以利用。一是早晨起床到早饭前。这时无论是陪同的人还是被采访的人都不会上门，绝对安静。我在这个时间一般是背书。记者的基本功中，文字功是极重要的，应该像艺人“曲不离口”一样，经常背诵和熟读一些范文。有一段时间，我出门都随身带着《历代文选》，就利用早晨的时间，将过去学过的一些范文，重新习背。第二个时间空白段，是刚到一地，还未接触采访对象，没有正式开始工作时。一方面可以抓紧采访前的准备工作，主要是看当地的县志、剪报资料等，另一方面可以抓紧搞点“副业”。一次我在雁北采访，看了阳高县的杏树栽培基地，很有感触，随手作了一点笔记。紧接着我又赶到晋南，当晚无事，即在招待所里整理出一篇散文。这就是后来在《汾水》上发表的《酸甜酸甜的杏子》。这种出门带副业的办法，很像女同志无论走到哪里总要带一点毛线活一样，有空就抽出来打几针。假以时日，一件件漂亮的毛衣也就织成了。这几年我发表的散文大都是这样写的。

除了抓紧时间读和写外，便是点点滴滴地不断积累。记者的头脑应该永是一张敞开的网，随时都在捕捞可用之物。一次，我在图书馆看报，有一篇小杂文讲到向人求学要谦虚，说郑板桥曾刻了一方印，内容是“徐青藤门下走狗郑燮”。齐白石也有一首自题诗：“青藤雪个远凡胎，老缶衰年别有才。我欲九原为走狗，三家门下轮转来。”这青藤、雪个、老缶是谁？怎么能引起他们这般崇敬？我将这段资料随手抄在采访本上，回家后又撕下来，贴在资料本里。后来有一次到一个小县城图书馆采访，架上有一本《中国古代画家介绍》，我立即抽出。一查：“徐渭，号青藤，明朝晚期大写意花卉画派代表人物……”回去后，我又打开资料本，将这一段批注在上次贴的那张纸旁。不久，又看到《人民日报》有一篇文章介绍英国生物学家赫胥黎，为捍卫达尔文的学说愿做一条斗犬。鲁迅说，赫是一条有功于人世的狗。我立即将这篇文章剪下，和上次的纸片贴在一起。这样，我将这三个愿给人做“狗”的名人事迹一整理，便理成一篇怎样谦虚诚恳做学问的文章，发表后很受欢迎。我有几个大本子，分门别类，贴着许多五花八门的资料，使用起来十分方便。这个方法，邓拓同志有一个生动的比喻。他说，积累知识好比拾粪，要养成习惯，每天拾，见了就拾。也不要分什么羊粪、牛粪，先拾回来再说，它都会化作养分，滋养禾苗的。

这几年我写的一些科普创作和有关学习方法的文章，大都是依赖这种“拾粪法”得来的。

时间，只要肯见缝插针地利用，总还是有的。其实，这篇文章的题目也可叫做：打毛衣和拾粪。这两样活都是不必拿出什么专门时间来干的。

（《新闻战士》1983年第3期）

手中一管墨　胸中墨一桶

1983 年 8 月，《光明日报》在香山卧佛寺安排了一次记者会。卧佛寺外不远有梁启超的墓。一天晚饭后散步，一位老同志同我谈起梁启超来，说他的文章实在美，并随口背了几句：“老年人如埃及沙漠之金字塔，少年人如西伯利亚之铁路；老年人如秋后之柳，少年人如春前之草。”我心里一怔，这的确是好文章。是议论却在借用生动的形象，正是韩愈文论中所说的“奇”。后来我查见原文，这一段关于老年人和少年人的分析，连用了 8 对比喻、16 个形象，令人叫绝。那位老同志还谈到梁启超这个老报人主办《时务报》等报刊，反封建顽固，介绍西方文化，犀利生动的文字着实厉害。他的文章为什么能打动人、说服人呢？就是因为他不只就事论事。他讲一个老年和少年的问题，却从 8 个方面来比，叫你听得服服帖帖，把你的疑虑打消得干干净净。他手中一管墨，胸中墨一桶，左右逢源，用之不尽。

为报纸写了不少稿子的冰心也是一个这样的人物。她从小苦读。老记者白夜在记她的一篇文章中说：“在从中剪子巷到贝满女中上学的路上，她就读着《西厢记》《三国演义》《红楼梦》《唐诗三百首》。她的父亲参加过甲午海战，当时任海军部次长，家里藏书很多。冰心左图右史，采英撷华。等到她立马文场之际，笔下已有雄兵十万，可供驱遣了。”记者，总得有可供驱遣的更多的文字兵马，才能挥洒自如地写作。就在白夜记冰心的文章中，也不难看出他驱遣文字的功夫。他写到丁玲和爱人陈明在“文革”中被隔离劳改，常常偷偷地靠近过来，互相望一下，“然而，每次都有董超薛霸之流，来打破这个场面”。作者不说什么，只用董超薛霸四字就叫你有无穷的想象。他借来一部《水浒》做援军。

记者的工作不外乎“采”“写”两个方面。这两方面都离不开知识。

先说采。采访首先是一种与人的交往，而且还不纯是一种平等的交往。你是有求于人的，要问人家要东西，要人家给你谈，这首先要建立信任。采访一开始，对方也在研究你，看值得不值得对你谈。这是一次有趣的交谈呢，还是一次受审似的问答？如果你知识贫瘠，像一摊浅水，说出话来一石见底，对方便觉得对牛弹琴，索然无味。如果你学博如海，自然有吸引对方的魅力，他也愿将真话说给你听，就能谈得长，谈得深。还说那个梁启超，他很年轻时由老师康有为推荐去拜谒湖广总督张之洞。张当时住在长江边的江夏（武昌），一见这个文弱书生，便先小看他三分，出了一个上联请他来对："四水江第一，四时夏第二，老夫居江夏，谁是第一？谁是第二？"江河淮汉四水，长江第一；春夏秋冬，夏第二；张之洞朝廷大臣，居江夏。此联极巧，也极难对。但自古有儒佛道三教，天地人三才。不想梁启超这个小书生立即对道："三教儒在前，三才人在后，小子本儒人，岂敢在前，岂敢在后！"张之洞大吃一惊。他从心里佩服这个年轻人。刚见面时那种上下悬殊的地位很快变成相互平等的身份，开始了友好的谈话。记者出门不会有什么专门介绍信来写明你的等级身份的。你的学识、谈吐就是你随身的介绍信。坐下来开口三分钟，你的身份自明，采访能否成功也已见一半。还说前面提到的白夜，他在采访美学老人朱光潜时，朱老谈到他读了梁启超《饮冰室合集》大受感动。白夜就接着问："你读过桐城派的文章吧？"这样，在采访中就开始了对中国文化的探讨。而记者在探讨中再来发现和研究被采访者的思想。但是如果记者自己没有读过桐城派的文章，他绝不敢提这个问题，他的采访本上将会记不到这方面的东西，被采访者因此将再无兴趣谈与之有关的东西，将造成更大的然而是无形的的损失。

再说写。记者看到的、采访到的是现实的东西，但要写成文章，只靠这一点是不够的。读者还想了解这事、这人的背景、历史及与之有关的其他东西。而这些在采访现场常常没有，要靠书，要读大量的书。采访只能给你直接的、现实的素材，书本能补充间接的、历史的素材。只有这两者的结合，才能成为一篇有血有肉的文章。范长江的成名之作《中国的西北角》，里面记了许多他看到的、听到的材料，但同时也引了许多历史典籍、古诗词。他在写嘉峪关时就引了林则徐当年被发配西北时写的诗："天山巉峭摩肩立，瀚海苍茫入望迷。谁道崤函千古险，回看只见一丸泥。"这西北展现在读者面前的就不只是风光，还有历史，有情、有神了。这就要知识，要深厚的知识。我 1983 年秋也曾到西北采访过一次，一到兰州便开始买书，参观博物馆，搜集有关麦积山、敦煌、吐鲁番地方和左宗棠、林则徐、斯坦因、斯文赫丁等中外历史人物的资料。后来在写消息、通讯和创作散文时，这些都用上了。文学创作中是很讲究用典的，新闻也是一样。对历史材料的引用与研究是新闻写作中决不可少的。新闻是将来的历史，那么我们现在写作时就有必要了解一下它过去的历史。这样，从纵的来说，才能使你的作品有历史的厚度，才不至于游离于历史之外。就是说它将不太"易碎"，而有一点历史价值。从横的来说，与文章内容有关的外围知识将使文章本身有一个坚实的基础，更使人爱读。就写作技巧来说，那些历史资料和有关知识，将是你的消息、通讯里的预制件和集成电路板，不需要占多少文字便可使读者得到更多的信息。而当你掌握了足够的知识后再来写一篇千字消息或通讯时，便如用勺子在海里舀水一样轻松自如了。所以无论是从采访还是写作的角度，你只要想当一名记者便首先应打好知识的基础，并且时时要不断地去加固这个基础。要永远保持手中一管墨，胸中墨一桶。

（《天津日报通讯》1985 年第 1 期）

独白 31

托起太阳，你才会有月亮的光芒

我当记者十多年，写了多少人物已经无法统计。但其中较著名者还记得清楚。1985 年 3 月我在中央党校进修，时值全国人民代表大会。四位山西省的代表到学校看我，每人胸前都有一张鲜红的代表证。每年人代会期间戴这种证的人走在北京是处处受到尊敬的。党校的人见这个四人代表分队也很奇怪。他们找到我后十分兴奋，指着胸前的红牌牌说："这代表证，有我的一半，也有你的一半。"我们握手，相抱，大笑。这四个人，当初我采访时都是沉在最基层、默默无闻的普通知识分子。一个大学毕业后在农村种了十四年菜，一个种了十多年树，两个在工厂搞实验。他们中有人还受过很多冤屈，都是在见报之后才被重用，最高的成为全国人大常务委员会委员。其实，因宣传而得到提拔的还远不止这几个，如岳安林便由农民破格转为干部，并任地区科委副主任、省政协委员。相比之下记者自己，除年龄徒长了几岁，一切照旧。

我不仅想起刚参加工作当记者时一位老同志的话。他历数了自己报道过的人物，和这些人的升迁图，有的地位已很显赫。而现在他自己只有两鬓苍苍一支笔。说完他叹一声："不该给你们年轻人说这些话。"当时我只有 25 岁，正一身闯荡江湖的豪气。岁月如流，想不到一转脸，就轮到我来作这般体味。但是我想通了。天下事就是新旧交替，而且老的总是为新的铺垫、牺牲，退出舞台。养成子女，老了父母；育成学生，老了教师；成名他人，老了记者。世间有的职业是很容易成名发光的，如歌星、球星、科学家等。有的就不易发光，如教师、服务业等，总在默默奉献。相比之下，记者这个行业还好。记者能发光，但不是太阳的光，而是月亮的光，就是说他必须借助他人才能发出反射光。一个记者只有写出好稿，宣传出一批成名的人物或事情之后，他才可能随之成名，他的成就，就是先承认别人的成就，然后才可能得到一点回报。这是职业特点，用不着羡慕甚至忌妒自己所写的人物。靠山吃山，记者的出息还正是靠他们呢。写到这里不禁想起很早以前读过的诗人鲁黎的一首诗《泥土》：

老是把自己当作珍珠
就时时有怕被埋没的痛苦

把自己当作泥土吧
让众人把你踩成一条路

仿其格戏成一首《月亮》与当记者的同行共勉：

总是想做一个太阳
就时时忌妒别人的光芒

把自己当作月亮吧
要发光　先用双手托起一个太阳

独白 32

出门跌一跤　也抓一把土

记者就是报社的采购员，“出门跌一跤，也抓一把土”。出门去就是要能拿回东西来。战士要有每战必胜的信念，记者要有“每采必得”的思想。采访是一种很苦的事，一个记者如没有这种顽强的意志和贪婪的信念，便会平庸终生，一无所获。

1983年9月，我接受任务到新疆去采访。报社的意图原是想为开发西北造一些舆论，歌颂一下这块地方。但是想不到人家并不稀罕你的歌颂。自新中国成立以来，我们就在唱“新疆是个好地方”，就在讲支援边疆。当地机关部门一些人有一种盲目的“老大”感。这里景色奇特，旅游开放，外宾很多，中央领导来的也多，和我们同时到的就有30个部级以上的大干部，一个小记者当然排不上接待。吃、住、用车都无人管，有一种被冷淡的悲凉之感。我想这里既然不欢迎，何必讨嫌，不如返身回去。但又立即想到空手而归亦是另一种耻辱。在招待所白住了10多天，我发现这样下去不行，便扎到科学分院，找到一位叫夏训诚的同志，他是我国进罗布泊次数最多的科学家，参加过营救彭加木的活动，参加过新中国成立以来多次沙漠、冰川等野外考察。我如获至宝。尽管他很忙，我还是紧追不舍，一连谈了三个半天，又借到一些书籍、地图资料，终于写成一篇通讯。接着我们又通过私人联系前往石河子地区，一直深入到通古特大沙漠的边缘。军垦业绩鼓舞着我，同时我心里也好像在和谁赌着一口气：“看我到底能不能采访到东西。”要把在乌鲁木齐耽误的时间补回来。国庆节那几天，招待所里除我和另外一个同志外，再没有一个外地客人。但只要采访到东西就是最大的满足。利用这安静的环境，我加紧赶写着稿子。后来从乌鲁木齐返京过兰州，等车票要5天时间，我抓住这几天又到地质研究所采访一个先进集体，稿子是在从兰州到北京的列车上写完的。这样西北之行50天，一共完成了1篇评论、3篇消息、4篇通讯、4篇散文、2篇报告文学。这50天的采访记录，后来订在一起，命名为《西北之行》。这次采访最深的体会是一个记者既出了门，就要准备面对不顺利，但就是跌一跤也要抓一把土回来。只要有这种精神，一般来说是不会扑空的，即使当时不能写出稿子，记录的资料以后也会有用。

是记者就应是学者

我的记者生涯几乎同时伴随着治学生活。

记者是一门专业，但是它这个专业和其他专业学科、技术不同，是专门管“杂”事的，工农商学无事不问，东西南北无处不跑，既然接触的面多，就要求知道的东西多，这是记者职业的特点之一。特点之二，是记者职业的不稳定性，或曰十字路口性。虽然我们强调记者安心本职，但总有一大批人在记者岗位上锻炼几年之后，由于接触到某一方面工作，遇到某种契机，发现自己的另一种潜在才能而改行他业。就是说记者工作可以有许多的好处，当随着年龄的增长，跑不动时，他可以去从政，可以去经营企业，可以去当作家，可以当某方面的研究人员。这许多的外延（这是说将来）和他现时就接触到的众多的领域，需要他有一个丰富的内涵——这就是当一个学者。

我的治学内容大体有两部分，一是科学史，二是散文理论。

我在任《光明日报》记者后经常接触科学界人士，又经常往学校跑。我发现现在的中学教育还一如20年前我读中学时，教师硬灌，学生苦读，由于提不起学习兴趣，学习变成一件很苦恼的事，只是为了将来升学才不得不为之。但是科学史明明有许多生动的事例，每一个公式、定理背后都有一场极感人的斗争和故事。为什么无人将此整理出来呢？原来科学家只管规律本身的发现，学校只管现成知识的传授，而发现这些规律的人却被忽略了——这是文学家的事，文学是人学。但一般的文学家又缺少科学史知识，所以也很少写这个题材。我觉得这是科学、教育与文学的三角地带，就从这里入手正好治学。

治学的第一步是选题，选人之不为，选学术空白，选读者之未见，选新的角度。当然这选题还要能结合记者职业的特点，有工作、业务之便，这样就成功了一半。一般学生学数、理、化之所以缺乏兴趣，是因为这是一种逻辑思维，较枯燥，而文学之所以易感染人，是因为它是一种形象思维。现在能不能在这两种思维之间架起一座桥梁呢？我想到用中国传统的文学形式——章回小说来写科学史，来表述中学课本里的数理化内容，便产生了一个题目《数理化通俗演义》。这种新颖的知识小说先在一家刊物上连载，刚登出几回便引起强烈反响。

题目选好之后就要持之以恒地干到底。治学最大的痛苦莫过于题初做而不终，果未熟而落地——夭折。开始我是试着写，边搜集材料边写。发表到20多回后，出版社又找上门来，要3个月内出书，一步紧一步。但作为业余治学，学问本来就是被逼出来的、挤出来的。这样有6年的积累，一套共三册、40万字的书出版了。由于书很合中学生的胃口，又是以文学形式普及科学，读者面很广，上市即销售一空，有的单位已决定改编拍摄成电视剧。这本书始终是在一种被逼、被迫、有压力的情况下完成的。记者在自己的本职工作本来就杂乱、流动性大的情况下还要做学问，我体会最要紧的是先要"入轨"。就是说选好题，进入轨道。像列车一样一旦进入轨道就能靠惯性运行。像发射人造卫星一样，从地面发射时要给一个很大的力，一旦送到大气层外，进入轨道，它就再不需要燃料，而能自己运行。这本书在刚开始时构思结构、主题，确定模型，查找资料是很吃力的，但是一开了头，按期交稿，就形成一种惯性，平时的新闻采访写稿照常进行，只是到刊物快催稿了，再续上一回，假以时日，逐渐成书。我认为只要有心，记者工作虽然忙、乱、杂，但还是可以偷空做学问的。

我另一方面的研究是散文。散文是一切文体的基础。要做一名好记者必须有坚实的语言基础，而要打好这个基础必须认真地学散文和写散文。这里面没有如小说的情节、诗歌的音韵等来遮语言之丑。它是质朴的，甚至是赤裸的，就是要语言本身的艺术。而新闻的特点之一就是要语言干净，这个基本功只有通过散文去训练，犹如球类运动员的速度、弹跳只有通过田径训练取得一样。

我对散文的学习分三部分，一是背，二是写，三是理论探讨。

任何学问都有其继承性，特别是文章作为一种艺术，它总是吸收了前人的成果之后再创新、演变，犹如建筑艺术总是唐、宋、明代代相因相变一样。因此学文章的第一步是背文章，是先继承、吸收，然后再创造。我在每次外出采访时总要带一本古代散文选，早晨起床的第一件事，就是背那些名篇。这些经过千年筛选、淘汰而保留下来的佳作，犹如颜真卿、欧阳询的书法一样，在最简洁之中蕴藏了无穷的变化。而这种微妙只有在熟背之后才可心领意悟。这不是小学生背书，而是一种更高层次的学问。

背之外，是写。平时在采访新闻中见到可感可叹之事、可敬可悲之人及雄伟秀丽之景都随手记录下来。一般是先记在采访本里，再整理在日记本上，这已是半成品。再修改在稿纸上。这个过程有时很长，一篇千字短文常酝酿、修改一年多才能出手。这样日积月累十年后，我精选了 23 篇出版了第一本散文集《夏感与秋思》，其中有两篇已被选入中学语文课本。这样苦修的结果是感到自己的语言功力明显提高，写新闻稿时较轻松自如。

当然，只创作还谈不上治学，我在创作的同时对古典散文理论和现当代散文家的作品进行了研究，总结出自己的创作理论。以这个理论来评判前人的作品，来指导自己的创作。特别是对新中国成立以来影响最大的散文家杨朔提出自己的批评意见，独树自己的一帜，以抵抗那种虚假的创作观点和手法。这样日积月累发表了多篇研究论文。

做学问是一件很苦的事，记者工作本就够繁忙的，何必自寻苦吃呢？从我自己的体会看，在完成了科学史和散文方面的这些研究，出了这两本书之后，如同换了一个人，好像自己由孩子长成了大人。觉得内心充实了许多，手中的笔力也增加了许多。采访时因为科学中的各学科都曾大略涉猎过，所以再不像原来那样无知、自信和轻飘，而很易和采访对象知识上相通，感情上契合。记者就不是向对象可怜地讨一点什么或是在社会与报纸间传递一点什么，他的地位提高了，他和对象能平等地交流，他对这些材料敢大胆地取舍指评和运用。人们再不把你当客人、当外人。这是从你与对象的关系方面来说。

另一方面，与读者的关系也在变。过去我的读者只是新闻读者，这样人家也只是把你看成一个记者、一个传播消息的。现在拥有了文学、科学方面的和一般社会读者，人家觉得你是个研究问题的。随着自己掌握的知识的深度增加，读者对自己信赖的程度也在增加。这样记者就不只是简单地告诉读者什么事，而是在自己知识的背景上准确地显示什么，揭示出事情的本质。同是一篇消息、通讯，不管是科学、教育还是社会新闻，它在读者面前展示的层次、深度就有明显的不同。读者如果能以对学者的信赖来对待记者，采访时便有许多方便了。我后来在学校和其他地方采访时，一些教师和学生因为课文里有我的文章或读过我的书，大家觉得特别亲切。

记者是一个很能锻炼人的职业。一个有文化基础的青年人，如果他是聪明的、勤奋的，干三年记者一定可以锻炼成一个有分析判断力、有独立工作能力、有机动决策处置问题能力和有灵活自如的表达能力的人。因为记者每时每日都在不停地深入基层，调查思考。但是也有一些记者十几年甚至几十年就只会写一个本报消息，甚至连通讯也不会写或写不好。就是因为他只满足于传递消息而不研究问题。而要能研究通一些问题，必须有一定的知识深度和广度，要有学问做后盾。当他只能是一名“记者”时，他也就只能是一名“传令兵”，当他满腹韬略时，他就不只是传达别人的，而是一个有自己的决策的将军。不想当将军的士兵不是好士兵，不想当学者的记者至少不是一个有志气、有抱负的记者。记者这个岗位最锻炼人，这也带来了另一个可能，就是青年记者在得到锻炼，翅膀硬了之后可能飞到别处。人不可能一生第一次就选择中一个最适合自己干的工作，我倒不认为一当记者就定终身。但是当你有可能去转行他业时，你要起飞，这时知识便是飞行的空气。没有一定的学识基础你将不可能有更多的外延。中年之后不可能有更多的选择。现实生活中许多老记者常有这样的悲叹。所以无论从记者素质的培养，还是从工作能力的需要和为将来计，治学都应该是记者生活中不可少的一部分。

老牛食草　先吃后嚼

——谈谈背书

语文学习的方法固然很多，但我以为最基本的也是最简便的办法之一就是背书。

一切知识都是以记忆为基础的。语文学习更是如此。要达到一般的阅读、书写水平，你总得记住几千个汉字；要进一步使文字自然、流畅、华丽、优美，你就得记住许多精词妙句；如要再进一步使文章严谨、生动、清晰、新奇，你就得记住许多体式、结构。正像跳舞要掌握基本舞步一样，只有肚子里滚瓜烂熟地装上几十篇范文，才能循规为圆，依矩成方，进而方圆自如，为己所用。至于文章内容的深浅、风格的高下，那是其他方面的修养，又当别论。

当然，只有理解了的东西才便于记忆，所以教师指导学生学习时要尽量讲清字、词、文章的含义。但遗憾的是人脑的生理规律正好相反，年轻时长于记忆，稍长时长于理解，如果一切等理解之后再记便会“失之东隅”。因此有必要少时先背诵记忆一些优秀诗文，以后再慢慢加深理解。我国古代的幼儿语文教学多用此法，现在国外教育也很注意这点。苏联在小学低年级教材中就加进普希金的诗歌，让学生背诵。这种知识的积累方法，好比先贮存上许多干柴，以后一有火种，自然会着。前不久，我在娘子关看瀑布，那飞泉后的半壁山上长满青苔葛藤，密密麻麻，随风摆动。我观察良久，总难对眼前景物加以描绘。猛然想起柳宗元《小石潭记》里“蒙络摇缀，参差披拂”的描写，何其传神！当初对柳文只是记住了，理解得并不深，现在通过对生活的观察、印证，便立即融会贯通。这有点像老牛吃草，先吃后嚼，慢慢吸收。但是假如牛事先不吃进草去，它闲时卧在树下，就是把自己的胃囊全翻出来，也是不会反刍出新养分的。

俗话说：“巧妇难为无米炊”。这文章之“炊”，就是由字、词、句之“米”组成的。要使自己的语言准确、生动，便要有足够的后备词句来供选择，这就要记要背。比如那鸟的动作吧，小时作文只需一个“飞”字，就全部解决。后来背的诗多了，脑子里记下许多：燕剪春风、鹰击长空、雁横烟渚、莺穿柳浪等，以后再遇到写鸟时，就很少以一“飞”字搪塞了。可现在也常遇到这种情况，那笔握在手里，却晃来晃去，半晌落不下去，好像笔干得流不出墨一样，其实是脑子里干得想不出恰当的词。这时就更恨当初记得少。

强调背和记，绝不是限制创造，文学是继承性很强的，只有记住了前人的东西，才可能进一步创新。古代诗文中有许多名句都是青出于蓝而胜于蓝之作。宋词人秦观的“斜阳外，寒鸦万点，流水绕孤村”，就是由那个暴君隋炀帝杨广“寒鸦千万点，流水绕孤村”的诗句化来；王勃的“落霞与孤鹜齐飞，秋水共长天一色”，则脱于庾信的“落花与芝盖同飞，杨柳共春旗一色”。就是毛主席诗词中的“天若有情天亦老”等句，也是取自古人的句子。试想王勃肚子里如果没有装前人的那么多佳词丽句，绝不可能即席挥就那篇《滕王阁序》。高明的文章家在熟读前人文章的基础上，不但能向前人借词、借句，还能借气、借势，翻出新意。文章相因，从司马迁到韩愈、柳宗元，再而欧阳修、苏轼，总是在不断地学习、创造，再学习、再创造。你看，人们现在不是多记住了秦、王等后人的名篇佳句，倒忘了杨、庾等前人的旧作吗？这正说明文学在继承中前进。我们应该多记多背些最新最美的诗文，好去提高语文水平，到时也会压倒秦观、王勃的。

（《山西教育》1983 年第 7 期）

独白 33

作品就是你的身份证

本书《抓住典型　深深开掘》一文是应《新闻战线》之约，回答读者的提问。有趣的是，编辑将我的这篇稿放在《与青年记者谈经验》的栏目里。大概他猜想我是一个老头，其实我才 37 岁，这在刚打倒“四人帮”，干部青黄不接时，算是很年轻的。以后又有一次，我的一个同学翻他儿子的中学课本，指着书上我的名字说：“我们是同学。”他儿子瞪大眼说：“不可能，这人早死了吧。”反正，看作品我常被人误认为老头或已作古。也许是作品里思考的东西太多，或者语言受古文的影响。

这又使我思考一个老问题：文如其人。读者见到作品后总要为作者画一个像，打一个分。我天生的是一个形象，实际又用作品为自己创造了另一个形象。梁实秋谈到妇女的浓妆艳抹时说：“我不喜欢上帝给她一张脸，自己又再假造一张脸。”搞写作的人，确实是上帝给了一个形象，自己又在重塑另一个形象。比如李清照，虽然没有见过她，但我觉得她一定很美丽，而且美得庄重，美得深沉。假如真的有一天发现了李清照的画像，并不美，我还是宁肯相信我的感觉。作品对于作者的打扮比之脂粉对于脸面的打扮要重要得多。它是你刻在读者心上的脸谱。

后来我到新闻管理部门工作，看到不少通讯员、新毕业的学生拼命要弄到一张记者证。我想一个好记者是不用记者证的。他的作品就是他的证件，而且最准确地说明着他的身份。一个名记者，应该是还未与采访对象交谈，对方就通过作品深深了解了你，一开始交谈，他就愿将心里的话都倒给你。要是人家先得辨验一下你的证件，再拘拘束束地接待你，这说明你还没有做到用作品为自己开路，还没有在读者心中预先塑造一个很熟识的你。

独白 34

亦文亦理　且研且习

这本是一位朋友评论我的创作时用的一个小标题。本意是说一边写散文，一边又写科学史；一边搞写作，一边又研究写作理论。我现在借来说明我从事新闻工作的态度，就是边写边探究其中的道理，探究出其中的道理后就去实践。

我观察弄文字而有成就的人可分为两种。一是极聪明又很胆大。他并不需要多少理论上的准备，就挥笔上阵，勇敢地写，多多地写，就写出了好作品，写出了名气，虽然他可能有失败，但因为胆大敢碰，又因为聪明，大多就总能碰着什么机关，天助其力，成了气候。这种人少年得志，往往是先有成就再回头补理论，先有其然，再回头找其所以然（有的人干脆就不找那个劳什子理论）。还有一种人长于理论思维，又是慢性子，严密谨慎，他要做什么事必先弄通这个事的理，然后循着规律去办，先有其所以然，再有其然，成功率很高，这种人往往大器晚成。我也研究自己，是一个既胆怯又笨的人，但又不甘寂寞，总想弄出个名堂。于是我想出一条自己的路，这就是：摸着石头过河。我不敢不顾三七二十一，先拼命去写，写出来再说。因为起步晚，时间不允许，勇气也不足。我也不敢先把道理弄透，弄熟文章规矩再动笔。因为理论准备不足，又处在采访第一线，也不许你静心研讨。于是我养成一个边干边想的习惯。每写一篇东西，想想自己过去可曾写过类似的东西，可曾看到过别人写的类似的东西，务必不要和自己重复，不要和别人重复，力求写出一点新意。写完之后再回头总结，这里面有什么创造。如果有，又是什么道理，并把它巩固下来，运用于第二篇、第三篇的写作。往前迈一步，垫一块石头，再踏着石头迈一步。这石头就是作品，踏着自己的作品摸出条过河的路，就这样战战兢兢地走过来了。所以我写了大量的消息、通讯，同时也产生了一些新闻理论方面的文章，写了不少散文，同时也产生了一些研究散文理论的文章，进行双栖式的工作。本书收录的几篇新闻理论的文章，清一色都是从自己的实际体验中得出的。我原想编两个集子，一个叫《新闻研习集》，收录我的新闻作品和研究作品，但研究计划未能如愿进行，只好如现在这样成一本散论。另一个叫《散文研习集》，由于出版社的意见，出版时还是以作品为主了，只收了部分作品的写作体会。但不管怎样，都还多少体现了一点我的初衷。

亦文亦理，且研且习，这是一条笨路子，但只要坚持走下去，就有收获。

独白 35

顺境与逆境

《没有新闻的角落》出版后，不少读者羡慕地说：你的生活真顺利。我感谢历史的机遇，使我有这一段生活，写这些作品。但这段时间也不是一帆风顺。为给青年人纠正这种错觉，借再版之机补写几句。

生命就是创造。凡想有创造的人都会碰到阻力，因为他要破旧出新。一生绝对顺利的人，也就等于没有在世上生活一回。因为除了享受，随波逐流，他没有给这个世界贡献什么，留下什么。人总有理想，无论大小，理想的实现是奋斗的结果。奋斗就是克服逆境，什么都天遂人意，还奋斗什么？我上中学时喜欢文学，大学却考入档案系，这算第一次不顺。几年专业思想教育，已塌下心攻档案，成绩还好，又赶上“文化大革命”。毕业时被发配到边疆去先当农民，工作都无着落，更不用说专业对口，这算第二次不顺。以后由写稿而逐步到大报当记者，由边疆农村又回到北京，我就像被人推到枯井里，靠着信念理想这根细绳，又一把一把地爬上来。

但是真正的不顺还是第三次，成名之后。我作为《光明日报》记者驻山西 9 年，由于报道和后期搞人才公司的改革举动，省里就向报社要我，在地方任职。报社接信后怕人被挖走，立即调我回京任职。当时全国搞省、部级干部三梯队名单，我在其列，中央党校为这批人专开了两期两年制研究生班。报社领导说：“你先上任还是先上学?”我说：“当然先上学。”在我心里学问比官重要。当时正有几本腹稿，就是没有整块时间，难以成书。我们一入学才感到是被放在火上烤。因为人们都指着这批人说，两年后某某出来要当大官。还有两年，当然有充足的时间让人做靶子，且无还手之力。我的同学中有许多被人告状，毕业后提拔的反没有几个。我当记者多年，写批评稿，自然树了几个敌，以书生而进“梯队”，且已传出职务，更遭人嫉，也有一封匿名信。当时一张邮票只八分钱，所以有顺口溜：“八分钱，查半年。”

而且还未查，上面已批示撤销“三梯队”名单。当时我正全身心地想出去怎样工作，星期天带着十几页的工作设想去看望社领导，却遇此消息。我立即热泪横流。我说：“难道真的要报国无门了？我被确定为接班人选，是组织多年考绩，又天南海北外调，难道这八分钱的匿名信就能推翻那些正规的考察？”总编默默不语，一会儿说：“你要经得起，我在‘文化大革命’中还被剃阴阳头呢！”部主任曾被错划右派，说：“受点锻炼好，与我们当几十年右派比比吧！”我去上访，答曰：“问题是没有，这一拨是把你误了。”大约人生中必有挫折、逆境这一课，我是非补这一课不可了。我的老主任安慰我：“小梁，谁能夺掉你手中的笔？”一位老总编写信给我说：“纸墨之寿，永于金石。”

回到学校的斗室中，我倒平静下来，在墙上挂了一个小条幅，上书“不想”二字。这种烦恼有这二字足可以击败它。夜半难眠，我翻身对灯孤坐，草成半阕《渔家傲》：

孤灯秋风夜半时，
心潮忽翻情不已。
写得新诗空满纸，
无人知，
举头月明星正稀。

看来我得调整一下自己的生活了，就像船遇礁石要转向。仕途可遇不可求，学问随时由人做。陈景润说他们搞数学的人最方便，一支铅笔一张纸，随时可以研究，所以开会住宾馆，他在卫生间都能演算。搞写作的人也是这样，一支笔、一张纸足矣。一个人主要是为某种精神、理想而生活，因为物质方面还是容易满足的。写作、读书都是精神追求。但也有时会连写作权也没有，这也是常有的，古今中外的例子很多。这时只有思考、咀嚼人生。那期间我写了这样一首小诗以自勉：

无题

能工作时就工作，
不能工作时就写作，
二者皆不能，
就读书、积累、思索。

人的精神寄托不可丢失，精神追求不可停止。这方面如果失败，主要是败与自我，因为三军可以夺帅，匹夫不可以夺志。即使置身囹圄，思考总是你的自由。文天祥不是在狱中留下了《正气歌》吗？我向来认为，在命运这架大算盘上，个人只是一颗算珠，冥冥中有一只大手在拨动你；但是在自己这架小算盘上，你就是手指，时间、工作、书本、课题等，都是算珠，应该由你来安排。我决定调整生活，拟了这样两句座右铭："报国之心不可无有，治学之志不可稍怠。"反正时间不能空过。

背后的调查时断时续，整整两年。这两年我潜心著书，写成了40万字的章回体科学史小说《数理化通俗演义》，编完了我的散文集《夏感与秋思》，编了一套"学文必背丛书"，专选了一些应背会的诗文，加以点评，是帮助学文的人过语言关的。这些书都很快出版。这两年是我人生挫折最大、最低潮的两年，但也是我著述最集中的两年。到毕业时，报社说行李是否可暂时留下，因为问题就快有个结果了。我坚决表示："回去！"回到生我长我的基层，回到生活的土壤中，当记者，当作家。又带着行李，还有那个总跟着我的、半人高的卡片箱，回到了那个"没有新闻的角落"。但半年后我又奉调进京了。

我是信奉"天生我才必有用"的，不用此处用彼处。所谓逆境，是你原来想走的路偏偏不通，不是天下的路都已绝尽，这时就靠主观努力。历史人物中我很佩服词人柳永。他本有雄心壮志，进京赶考，自信"定然魁甲登高第"，不想连考不第，竟在民间流落了17年。他隐入歌馆妓馆，这算是从天上跌到了地下，但他都没有屈服，在这种最易消磨意志的地方也没有浪费掉自己的才华，而将中国词的创作推到一个崭新的阶段，他没有辜负手中的笔。社会主义时期的文人当比封建时代的文人更要有出息些。要紧的是永不妥协，自重自强。录小诗两首以明志。

其一：

自勉

宠而不惊，弃而不伤。
丈夫立世，独对八荒。
天生我才，才当发光。
不附不屈，慨当以慷。

其二：

游武夷山，见陆游、辛弃疾、戚继光诸名人遗迹有悟

文章为重官为轻，
世事纷纷过眼空。
只求真知露一滴，
润我崖畔百丈松。

（1992年8月17日）

独白 36

关于“其他”

我主张记者除写新闻稿外再干点“其他”的事，或者说再有一点外延。记者的采访对象、新闻稿的内容都不可能单打一，所以记者应是杂家。好比一棵树，地上只一根躯干，地下却要旁支出许多根，才能保持住它的稳固。记者干一点其他方面的事，可以增广知识，锻炼笔力。我除新闻以外的写作主要有两个方面：一是因为在《光明日报》供职，和科学界、教育界接触多，所以写了一本科学史章回小说；二是因为原来就有文学爱好，加上记者接近生活之便，写了一些散文，并顺便研究一点散文理论。这两方面的创作都对记者工作有极大的好处，前者是知识上的积累，后者是笔力上的锻炼。

为了说明这“其他”对我的影响，和我在记者任上写新闻的同时又于其他方面间接为本报尽力，我选取了这几篇文章。两本书的序，大致体现了我对这项工作的看法。散文《晋祠》是为《光明日报》副刊撰写的稿件，发表于 1982 年，当年选入中学课本一直使用至今，算是我的散文作品中最受宠的了。另还有一篇谈《晋祠》写作的文章，是应《语文学习》杂志之约为教学需要而写。《当前散文创作的几个问题》是为《光明日报》理论专版而写的论文，是全国最早对杨朔散文模式提出批评的文字。《年感》可以说明我的时间观念，这几年就是这样走过来的。关于相声的一篇文章是为了说明记者的“杂”。这些东西大致勾勒出了我在当记者之余另外还写了些什么。

（1992 年 8 月）

散文——文学中的“醉拳”

（《夏感与秋思》序）

一般文学创作不易，散文创作就更难。

我常想，小说有扣人心弦的情节，诗词有优美的韵律，这都是它们赢取读者的特殊之处。而散文呢，它最大的特点便是“散”，散得让你无法适从。好比体操，规定动作好办，自由体操难；好比武术，固定套路好办，散打难。后者要求既有一般的基本功，又要有独到的编排、创造与绝招。当我们写一首诗时，只要定下是什么韵脚，形式上就至少有了一条路，可以一直写下去。而准备写一篇散文时，就像面对一片茫茫的大海，那条新的航路真不知从何开辟。给了你自由，却又最使你为难。连欧阳修那样的大家，一个《醉翁亭记》的开头也那样伤脑筋，最后将几十个字改为一句“环滁皆山也”，文章才得起步。这大概也是为什么现在专攻散文的作家比诗人、小说家少的一个原因。

但是，散文的“散”又带来了另一方面的好处，它虽无定则，却可自由移用其他文体的原则。如对偶是诗中常见的，在散文中偶出一句，便倍觉新鲜。音韵节奏是诗的要求，在散文中若能予以适当的注意，便可使全文顺畅如流，其他如小说中的悬念、戏剧中的冲突、政论文中的议论，都可以随时挪来，熔于一炉。它虽没有什么固定的模式，但这“杂”与“散”正是它的个性。正如采百花而后得蜜，汇江河而成海洋，它于散中暗收百家之长。

散文既然这样怪，学习掌握它也就比较难。难在没有一套固定的格律、程式可供你去照抄、照搬，唯一的方法就是长期进行艰苦的积累与锻炼。我觉得大概有这么四个方面：一要有对生活剔透的观察与最大限度的提炼；二要有对哲理，包括马克思主义哲学与文艺理论的深入研究；三要有语言文字的基本功，就是说手中得有使得很顺手的工具；四要有对其他文学形式、文艺形式的了解，以便能随手借鉴，如果说诗人、小说家是专门之才的话，散文家便是艺术上的通才。科学家钱学森同志最近在一次讨论思维科学的会议上说：人的潜意识与显意识的沟通便是灵感。人的潜意识是指人的一些天然自发的功能，这是在长期劳动中训练进化而成的。散文创作正是这样，作者经过长期的多方面的积累，形成了一种潜在的“文学功能”，一旦有什么外来的接触便会发而为文。没有上述那四方面艰苦的积累是断不会有什么创作灵感的。作者只要有了这种积累便可厚积而薄发，左右逢源。朱自清写《荷塘月色》诗样的意境、赋样的华丽，《背影》却又谈心诉怨般的朴实。苏轼写《赤壁赋》长卷巨制般的挥洒，《承天寺夜游》却又短诗小令般的精巧。他自评其文：“吾文如万斛泉源，不择地皆可出，在平地滔滔汩汩，虽一日千里无难；及其与山石曲折，随物赋形，而不可知也。”（苏轼《自评文》）

散文，便是这样一种深湛而美妙的艺术。它是文学形式中的“醉拳”，看似醉散，却路数不乱，绝招暗藏；看似容易，但学来却要一步步地去做踏实的功夫。

（1989 年 9 月）

独白 37

种一片新闻与文学的混交林

在基层采访中林业工作者教我，单一品种的树林并不一定好。不同树种长在一起的混交林有很多好处，由于所需营养不同和生活环境的互补，可以合理利用土壤养分，减少病虫害，长得更茂盛。我一直记着这句话。

一个人好比一片土，这上面不应该只长一棵树，新闻记者在写新闻之余，应该写一点与新闻相近的文体。我长期任记者，同时创作诗歌、散文、报告文学、小说和研究文学理论。在新闻与文学的混交生长中，双方相得益彰，到现在检点存稿，也分不清孰多孰少，孰高孰低。记者有这个条件，他应该利用这个混交生长优势，在互补中多一些收获。

新闻对文学的补充主要是观察采访的方法和在记者生活中顺便积累的素材。记者的功夫主要在采，作家的功夫主要在写。因为记者求真信息，要挖得深，抓得快；作家求艺术美，要编得巧，写得美。所以好记者常在似无新闻处挖出新闻，这就是观察、采访之功。在新闻实践中练就的这般功夫用于文学创作则立见奇效。另外，记者腿长，只要留心，所过之地、所见之物、所遇之人，特别是对人物山川的所思所感，都可成文章。我的许多散文可以说都是借记者的眼和腿发现和得到素材，然后用作家的手写成的。

文学对新闻的补充主要是语言和构思。新闻天生枯燥，文学语言的艺术美可以补其短。另外，文学作品的构思讲究形象、典型，总之以征服读者的心为目标。这就比新闻只要读者知道一件事高一筹。参照文学的笔法、立意去写新闻，总会得到一些超出新闻的新意。记者在写新闻之余写一点文学作品倒不一定想成作家、名作家（能成当然好），主要是掌握文学手法，好用它来改进自己的新闻笔法。就像梅兰芳练剑是为了把它吸收到自己的舞台艺术中去。因为语言这门艺术只有通过实践才能掌握。

一个记者当他有相当的采访阅历，又掌握了语言艺术，这时就可以左右逢源，因材成文，当新闻时写新闻，当文学时写文学。只会写几百字的“本报讯”，是初级记者；除消息之外，通讯、评论、述评、来信、内参、调查报告等新闻的十八般武艺都会，是中级记者；于新闻之外还能写点与新闻相近的文体或搞一点研究，这才算是高级记者。因为到这时，他的根才扎得深广，新闻之树也才茂盛。

只是一层薄薄的糖衣

（《数理化通俗演义》序）

人为了治病总要吃药，而药常常是苦的。

人为了医治自己天生的无知之病，总得学习，而学习也是一种艰苦的事。

怎样既达目的又少吃苦呢？这在制药方面早有发现，那就是加一层糖衣。在学习方面，我以为最好的办法是唤起兴趣。当你被浓厚的学习兴趣所驱使时，一本书可以彻夜捧读却不知累，一个问题可钻研数月而不觉苦。

我在中学时期对数理化是极无兴趣的。那枯燥的公式定理，算不完的习题，一想起就头疼，所以数理化也学得不好。到后来懂得自觉去学，也就是说有了兴趣时，读书的最佳年龄也已过去，真是后悔莫及。我又留心一下，为什么文学能引起一般人的兴趣。一个人一生不做理化实验，不演算高深的习题，大有人在；一生不读一篇小说或散文的人实在不多。中国的老农民即使是文盲，他也知道刘备、张飞、宋江、李逵。这些并不必到课堂上去学，都可通过戏剧、评书、年画，现在还有电影、电视，耳濡目染，自然而得。他们也没有感到一种求学的艰苦。而数理化却是不入课堂便不易学得的。就是说，社会没有给这些科目提供更多的培养人们兴趣的机会。这是其一。其二，数理化是逻辑思维，与文学的形象思维不同。它没有曲折的故事和生动的形象，自然也就枯燥些。倘若没有专门的目的和压力，人们很难去亲近它。能不能以文学之力培养数理化兴趣，变苦为乐，变被动为主动呢？于是我就想到用我们传统的民族的形式——章回小说，去将那些数理方面的知识写出来。其实，每一个公式、每一条定理后面都常常隐藏着一段血与火与汗的历史，这里有慷慨的悲歌，有胜利的喜悦。要论人物形象、故事情节，一部科学史绝不比一部阶级斗争史逊色。

当循着那些科学家的足迹再走一遍时，我们就会发现，那些公式定理是多么珍贵，多么可爱，这时再学习它，不但有了兴趣，而且有了感情。

我岂不知自己这点知识是驾驭不了这种题材的！但是，我的工作使我接触到科学、教育，我一看到现在青年人的苦读，便又想起学生时代自己的苦恼，于是在朋友们的鼓励下先试着写了一两回。感谢《科学之友》编辑部的同志们抓住不放，边写边发，一下连载了 4 年。更要感谢出版社的同志逼我在一两个月内汇集成册，出版问世。不然，诸事繁杂，这件工作早就半途而废了。我知道这是一种新的尝试，而且自己实在才疏学浅，书中定会有不少缺点错误，现在大胆印出来也是为了向更多的专家、读者求教。但愿这些文字如苦药片上一层薄薄的糖衣，能为苦读苦学的青少年们增加一点乐趣。但愿这本书能为别的高手们以后进行新的创作，做一点材料上的准备。这我就感到无限欣慰了。

（1985 年 4 月 9 日）

论科学文学

——兼谈《数理化通俗演义》的创作

“科学小说研究会”发起在全国第一次讨论科学小说，应该说这是我国文学界的一件大事。

新中国成立以前，很长的历史时期重文史轻自然科学，这是民族发展史上的大欠缺，也是传统文化中的一件憾事。自1978年全国科学大会后，随着全国人民的思想大解放，科学事业也开始大发展，并开始了科学的大普及，科学文学也出现了一定的发展势头。但可惜这种势头持续不长，只停留在科普宣传的层次，未出现特别有影响的作品，并且这几年又渐趋沉寂。这其中一些理论问题很值得探讨。我在长期任记者，接触科学界、教育界的过程中，业余创作了《数理化通俗演义》，有幸在这次评奖会上得奖。现在我结合自己的创作体会，谈谈这方面的看法。

一、科学与文学的互补

我们研究科学文学，首先要弄清它存在的可能性和必要性。即：

科学需要不需要文学？文学需要不需要科学？它们之间有无必要结合？尽管我国的科学文化并不十分繁荣，但可以肯定地说，科学需要文学。这可以从两方面来理解，一是科学本身的使命，二是对从事科学工作的人的塑造。

科学的任务是提示大自然的规律，这些规律尽管是非常普通、常见常用须臾不可离开的，但要去理解它却很难。我们每天日出而作、日落而息地工作，谁去管天上行星的开普勒定律呢？早晨荷叶上滚动着晶莹的露珠，谁还去探究这是水的表面张力呢？如果每天见一就要探出一的理，那就生活得太累了。坐车的人不一定会开车，开车的人不一定会造车。吃饭的人不一定都会烧菜，会烧菜的人不一定都会种菜。虽然我们不必人人去究这些自然道理，但总得有一部分人去分工研究它，这样我们在大自然中才能取得更多的自由。而且科学家们已专门弄清的道理还应该在社会上尽量普及，这样社会文明程度才会提高。但无奈科学道理是这样的抽象枯燥，它像一个内慈外严的师长，像一个一片忠心却又一脸冰霜的仆人，总不被人理解，不怎么讨人喜欢。但科学的普及又是关乎民族存亡与进步的大事，因此怎样普及科学知识，强化科学意识，并让民众自觉接受，就是一个必须解决的问题。于是科学想到了文学。文学艺术的魅力足可补科学道理的艰涩枯燥之憾。

我们再从科学工作者的角度来说。文学是人学，生死与爱情是文学中永恒的主题。而科学家因为工作的枯燥，便常被误解为感情贫乏。一般来讲，实验室不是流血的战场，所以生死的考验、壮烈的牺牲也不多见，因此科学家的生活就更为人鲜知。我们长期以来习惯于接受阶级斗争推动历史的观念，而忽略了生产力的标准，忽略了科学技术对历史的推动作用，因此科学人物的地位总是不如政治人物高，科学家总是不如勇士、才子能引起人的关注。这种观念的偏颇，必然会影响到文化结构的畸形，我们历史上已吃了重文轻理的亏。因此对科学人物，包括他们的事业和生活的反映，是科学宣传的一个重要侧面，这又需要文学来帮忙了。世上不管什么业绩都是人创造的，欲立其业，必得其人。树起科学家的形象，塑造好他们的典型，吸引千千万万的读者，这是对从事科学的人的最好奖赏，同时科学文学的熏陶也会产生出许多新的科学家。而事实上，科学家的生活也决不像一般人理解的那样枯燥贫乏，缺少起伏波澜。布鲁诺被烧死在鲜花广场，其壮烈不亚于邱少云在烈火中献身。伽利略的冤狱达 300 多年，教会对科学的压迫之烈，不亚于任何政治派别间的压迫。诺贝尔的爱情悲剧可以使琼瑶小说大为失色。而曾获诺贝尔物理学奖的科学家斯塔克，投靠希特勒，他对爱因斯坦的疯狂迫害，简直是秦桧对岳飞迫害的重演。只是因为科学真理的光辉常常掩盖了发现它的人物，那些简洁的原理一旦被世人确认，伴其发现过程的人和事就常被舍去。这些被舍弃的人和事应该让文学去拾回来。尽管这对发现本身已无用，但对研究、宣传、塑造从事科学事业的人，对科学事业以后的发展却极有用。

从文学的角度说，文学每日每时都在寻找着真善美的东西，寻找着永恒的主题。过去我们对真的理解多是感情的真挚和人生真理的追求，而科学真理常被忽略。文学作品第一怕假，一假，哪怕你有再高的艺术性也没有生命力。而作品为追求自身的生命力，总是先寻找永恒的主题，寻找历史上里程碑式的事件和航标灯似的人物，写那些历史上已下结论的人和事。这样作品的艺术之毛就有了可附之皮。这就是为什么一些大的战争，事件、历史人物总是百写不厌。而科学真理的永恒及科学事件的影响不亚于这些科学原理及历史事件。虽然岁月已过去千百年，但我们还在伽利略、牛顿所揭示的物理世界里，达尔文所揭示的生物世界里生活。这才是一个被忽略的永恒的题材。这是再好的作家靠编故事也无法取得的永恒。只是历史观的褊狭和这些题材难于驾驭使一般作家不愿去涉猎，才造成科学文学的歉收。克服了这层障碍，恰如其分地利用这些人人都关心、都知道的学科知识、事件、原理，将自己的作品附在这棵科学真理的大树上，那么文学之藤就会蒙络摇缀，长青不枯的。许多成功的文学作品，如凡尔纳的科学小说就是例证。

我自己创作《数理化通俗演义》最初的动机就是想用文学的形象、趣味来补科学的抽象、单调。我曾长期当记者，跑教育，发现学生读书还像我小时候一样的苦，教学方法几乎没有变，于是就想写一本中国传统章回小说式的科学读物。这本书出版后一印再印很受欢迎，大概正是这种互补的结果。科学领域中的人物、事件及其真理与文学创作中所追求的人物、事件、主题有相似之处。按照相似原理，两事物间的相似点就意味着一种新事物的生长点，由此而杂交产生的新事物有极强的生命力，这在科学上常表现为边缘学科，如生物化学、放射医学等。在文学和科学这两大学科间的广阔地带上诞生的科学文学必然因表现出杂交互补的优势而有强大的生命力。

二、科学文学的特点

科学文学是科学内容与文学形式的结合。就内容而言，它不出科学原理、科学人物、科学事件，也可称为科学文学三要素。就形式而言，它可以是散文、报告文学、小说、诗歌、剧本等一切文学形式。科学文学属于文学的范畴而不属于科学的范畴。发展繁荣科学文学是文学家要解决的课题，而不是科学研究的任务。其特点主要有以下三个方面：

（一）科学性

科学文学无论用何种形式，也无论是实写人物事件还是幻想虚构，总要围绕基本的科学道理，不能胡编滥造，也不能借科幻之名任意杜撰。作家在创作之初一定要有一个明确的科学原理来作创作的依据，这可以是对已知原理的阐述，也可以是对未知原理的推测。南宋词人辛弃疾写过许多壮怀激烈的爱国诗篇，许多咏叹山水的佳作，但很少有人注意他还有一首科学词："可怜今夕月，向何处，去悠悠？是别有人间，那边才见，光影东头？是天外，空汗漫，但长风浩浩送中秋？飞镜无根谁系，姮娥不嫁谁留？"（《木兰花慢》）"无根谁系"，现在我们知道是万有引力系着月亮飞不去。"那边才见光影东头"，现在知道地球是圆的。诗人当初只是推测，但有道理，经受了实践检验，所以我们现在说它是科学诗、科学文学。国外有一个电视剧，讲为了给一病人清除脑血栓，就将一医疗小组缩小在一滴药里，从血管中注射进去，这几个人就如在河网上航行一样经过大小血管到达病灶点完成了任务。这是以人体生理结构作依据的，构思新颖但并不荒诞。凡尔纳在他的小说中所预言的许多科学探险，如环球、登月等，现在都成了现实。科幻是这样，围绕已发现的科学原理和过去的科学事件写的作品更要紧扣科学性这个特点。科学性是科学文学的灵魂，是生命线，科学文学作品没有科学性或依据的是错误的道理，这作品就是一叶无根的浮萍或一具冰凉的僵尸。

（二）通俗性

科学文学作品要做到通俗性，一是确立正确的读者观。有两种读者观。一种是写东西就不准备给更多的人看，不准备让更多的人看懂，像李商隐那样的无题诗，追求一种独白式的自赏自慰和曲高和寡式的共鸣。另一种是唯恐读者太少，如白居易那样，写完诗就给老妪念，把艰深的词改掉。这是追求大合唱式的共鸣。第一种大多偏重于提炼、研究，在小范围内传播，追求积累和结晶。第二种大多偏重于阐述、昭示，在大范围内传播，追求宣传普及的效果。两者目的不同。显然科学文学是担负着科学知识宣传普及任务的。科学内容本身是可以有在小范围内的提炼、研究、积累的，正如文学也有许多高深的精品那样，但那是科学家和实验室的事，用不着科学文学来承担。科学文学的性质决定了它要通俗，要到众多的读者中去扎根。它的生命之源不是靠一根很深的主根，而是靠无数的浅而广的须根来维持的。

二是要明确通俗化的本质是一种转换。前面提到的白居易写诗力求妇孺皆知，这是一种作家创作心理向读者接受心理的转换，也是文学内部由深到浅的转换。要将科学道理转换为文学作品，则是一种远距离的大迁徙，是逻辑思维与形象思维的大转换，难度自然是很大的。这大概也是科学文学作品少的原因之一。但这正是其价值所在，这最难的事办到了，它既兼科学内容，又兼文学魅力，就有了个性，有了独立于文学之林的生的权利。要树立一个信心，我们搞科学文学创作的就要以这种转换为己任。

三是在技巧上注意掌握用模糊叙述法和相似过渡法。我在创作《数理化通俗演义》（以下简称《演义》）时作了这种尝试。模糊法也是基于黑箱原理，就是对科学道理只说个大概轮廓就够了，要掌握好这个“度”。读者对某个问题有一个浅近的认识就行了，不要强迫人家来上专业课。比如相对论是很难懂的，在《演义》里就只讲一下轮廓：牛顿说时间、空间是绝对的。爱因斯坦说时间、空间是相对的，可变的，在高速运动状态下，尺子会缩，钟会慢，物体重量会增加。物质的质量与能量会转化，所以只要用一点铀，原子弹就能放出巨大的能。

这就够了。有这样一个基本原理和爱因斯坦发现这个基本原理的事实作骨干，就可以为文学提供铺垫发挥的余地了。相似的过渡法，就是由浅入深的过渡，要谈一个艰深的原理，先从读者知道的相似事物上找过河石。根据相似学原理，人们总是从自己已知的事物上伸出触角去作相似思维，逐步认识未知事物，先认识加、减，再认识乘、除，再认识乘方、开方，这是一个个的相似叠加。质量和能量之间怎么会有联系呢？$E=MC^2$，好像不可能吧。但科学的发展使许多看似不可能的事物都变成现实。所以可回过头举出法拉第发现的电与磁的联系，麦克斯韦发现的电场与磁场的联系，那么爱因斯坦的质与能的联系就好理解了。其具体内容可能不好懂，但不要紧。因为我们对电磁关系早已司空见惯，这种转换使我们一下步入现代文明，质能转换的意义就可想而知了。相似过渡的叙述类似比喻，不过我们平常的比喻是形象手法，如刚才提到的，辛弃疾的词，用绳子来比引力，而在科学文学中则是以浅道理来比深道理。

（三）趣味性

我们还要注意科学文学的趣味性，以克服人们对科学的畏惧情绪和厌读心理。如我们把科学比作一个鸡蛋，那就一定要在这个鸡蛋里找出趣味性的骨头来，鲁迅先生在赞扬某些外国科普作品注意趣味性后，批评说："中国的有些译本，却将这些删去，单留下艰难的讲学语，使他复近于教科书。这正如折花者，除尽枝叶，单留花朵，折花固然是折花，然而花枝的活气却灭尽了。"（《华盖集·忽然想到》）

科学文学中的趣味效果有三种，即情趣、事趣、理趣。我在创作《演义》时努力追求这三趣，我想这是使作品通俗，拉近生活与科学、凡人与作家之间距离的主要手段。

情趣是围绕人物来挖掘和展开的，就是要写出科学家的感情、情绪、性格，把科学家还原为人。除了写科学家对事业的痴心、钟情，还要写他的人之常情。科学家也是人，凡人存在的地方都有情趣，只是由于科学的严肃性，使人误以为科学家常板着面孔。其实不然，只要我们注意发掘这种情趣，它便如小溪流水、野花映田般到处都是，足可以冲淡科学旷野上的寂寞。爱因斯坦给人讲相对论时总先在黑板上画一条线，上面挂满表，表示宇宙各处的不同时。但他一会儿就要问问听课的人几点了，然后抱歉地说："我在宇宙间挂满表，但忘了自己先带一块。"科学家的幽默跃然纸上。玻尔获物理学诺贝尔奖后仍如常人一样，他喜欢看电影，看完后就和学生们争论为什么电影里总是好人先打死坏人，争论不下，他就到玩具店买了两把玩具手枪，当场比试，正是这种好奇心使他永葆发明的青春。科学发明史上有许多是歪打正着的。被马克思称为引起工业革命的发明之一——"珍妮纺纱机"的发明，是木匠哈格里斯在与妻子吵架时，一脚踢翻旧式纺车，纺锭倒立，得到启发而发明的。达尔文在自传里写到他年轻时采集标本，左右手各捏了一只虫，发现树上又有一只未见过的虫，一急，将手中一只扔到嘴里，伸手去捉树上那只，结果嘴里的虫放出一种辣液，一惊，三只虫都跑了。他晚年闭门写作，孩子们都难得见他。一天小儿子从门缝里伸进手来，托着六个便士，要求能与爸爸玩一会儿。他一下抱起儿子，爱与愧的泪夺眶而出。(《演义》第四十七回：《五年环球先从自然探得实际，六个便士只向爸爸买点时间》) 这些情趣并不直接涉及某项发现发明，但都有人情，而且是科学家特有的人情、人性。这在科学史上比比皆是，但过去人们只作为闲谈而很少把它作为文学素材。

事趣，是指科学发现、发明本身的奇、巧、险、绝、笑，因而产生的趣事，是围绕科学事件来挖掘和展开的。阿基米德在洗澡盆里悟到浮力定律，门捷列夫在梦中悟到元素周期表。惰性气体的发现简直是一场捉迷藏游戏。1868 年人们用光谱法发现太阳上有氦，地球上有没有呢？大家纷纷来找。英国物理学家瑞利 1894 年先找到一种未知气体，认为一定是氦了，结果是新元素，命为"氩"，他既高兴又不服，又找到一种，还不是氦，命为"氪"，又找，发现了"氖"，最后才找到氦，而之前导致一系列新发现。《演义》记述此事时说："真是种瓜收豆，种豆收麦，跌跤拾宝，阴差阳错。"17 世纪中叶，英国化学家波义耳在实验室里无意将一束紫罗兰花沾上盐酸雾，结果紫花变红。他顺藤摸瓜，发现了酸碱可使颜色变化的道理，特别是发明了现在中学实验室还在用的颜色试剂、试纸。这种趣事科学史上很多很多。它与情趣不同，是和某项发现发明直接有关的。挖掘这种材料可使作品引人入胜，也可减少科学神秘感，便于读者对科学原理的理解。

理趣是围绕科学道理来挖掘和展开的。它的角度不在阐述原理本身，而是以通俗的叙述画龙点睛，使人对科学原理恍然大悟，茅塞顿开，追求捅破窗纸和灵犀点通的效果。

气功是许多人所向往的，于是就有人故弄玄虚。有人将手插入飞转的电扇，电扇立止而手指不伤。有人在气球上垫一块木板，踩上去，气球不破，说是气功。实际是力学原理的运用。如果将手指由电扇后插入立断无疑，没有木板，气球必破。100 年前，运动员起跑都是站立式，有一个叫林希尔的，发现袋鼠奔跑前总要将身子弯下贴近地面，他不怕讥笑，也弯下身子，果然战胜所有对手。到 20 世纪初，生理学家、物理学家才弄懂，原来人将身子压弯，就成了一个贮满能的弹簧，爆发力很强。一间屋子里拉满横竖的铁丝，蝙蝠却能自由地穿飞，因为它能发出超声波导航。一条响尾蛇，不靠眼睛就能捕到食物，它是靠红外线定位。这些都被科学家相似放大发明了雷达、导弹。可以说，我们平常看似纷繁复杂，甚至不相关的生活现象，在冥冥中都有各种各样的道理管着。这各事物内部联系与外部现象的貌似无关甚至相反，常使人大吃一惊。这种由表及里的认识、由果及因的探寻，是科学文学特有的理趣。与事趣不同，在写作上理趣是从理出发，为阐述而找事的；事趣则是从事出发来引出理的。

由情、事、理三个角度引发的趣味是在读者与科学间架起的三座桥梁。通过这三座桥，本来望而生畏的，可望不可即的科学就变得亲切了，可近可即了，再加通俗的写作，读者就可登堂入室，理解科学，欣赏科学之谜了。

三、科学文学的美学追求

1. 人情美：让科学重归人的怀抱

法国物理学家郎之万向学生讲双氧水（过氧化氢）一课时，想去参考一下100年前狄那尔是怎样发明双氧水的，他惊叹道："我发现其中许多特别重要的部分，尤其是关于狄那尔如何获得发明的途径……在以后陆续出版的介绍这类知识的一般书籍中都被仔细地删除了。"正如鲁迅所说，一束花被剪去了所有的叶。科学是人创立的，人们发现了原理，对发现的过程，对为发现作出贡献的人就不大注意了。正如秋天收获了粮食就将秸秆扔掉。但是我们不能只收获一次粮食，明年、后年还要再种再收，因此对禾苗的研究，对禾苗怎样艰难辛勤地从土壤中汲取营养水分然后舍一生去孕育那一穗果实的过程的观察研究又是十分必要的。

人类为生存进行着阶级斗争、生产斗争和科学实验三大实践，不过因各人的分工不同各有侧重。而在这三大实践中都要处理人与人之间的关系，都会遇到生死爱憎，都有七情六欲，都会有昂扬的进取、意外的胜利或无奈的失落、残酷的失败。无论他进行哪方面的实践，在感情上都是相通的。正是这种相通的情感决定了文学的审美价值。文学是通过社会实践这个窗口去探视人的心灵的，在一个具体的社会实践的舞台上，人很渺小；但在人类浩瀚的思想感情世界中，某种实践只不过是这个大"人"的小小的注脚。科学特别是它的结论单独存在时，是客观规律的表现，当它还原为人与人的结合过程时，便是人们的心迹。一个公式定理的确立是无数科学家血与汗的奉献，青春与生命的牺牲。"无理数"现在这个普遍的数学概念，初中生就知道。但当初希腊数学家帕索斯对朋友们在小船上提出这个概念时，被朋友们认为是大逆不道，背叛师长，将他投到海里淹死了。（《演义》）第二回：《聪明人喜谈发现，蛮狠者无理杀人》）胜利的喜悦可以使人发狂，阿基米德在澡盆里发现浮力原理，便赤身冲上街道高喊："发现了！发现了！"开普勒推算出天体规律后奋笔疾书："大事已告成，书已写出，可能当代就有人读它，也可能后世才有人读它，甚至要等一个世纪才有一个读者，这我就管不着了。”不被理解的屈辱比挨打还难受，普朗克的量子理论当初不被人理解，他一人在荒郊野外对天长叹：我的发现要么荒诞无稽，要么就是牛顿。但天地无声，松风掠过湖面一片凄凉。他脚一软颓然坐地。(《演义》第 57 回：《悄然无声　张原子变成李原子，喜报忽至　化学奖却送物理人》)

人的灵魂、思想和感情只有在客观实践的撞击、扭曲、迸裂中才可发出最大的闪光，我们在这时才能窥见它的美丽。这些精神和感情都是不同民族、不同时代、从事不同社会实践的人一致相通的。科学文学就是要通过科学进程中的各种撞击捕捉感情的火花，通过这扇窗户去探寻人的灵魂，写出人情的美、人性的美。

2. 哲理美：从科学中悟出哲理的思索

我一直认为文学作品的美有三个层次：第一是描写的美，如素描画，写出客观的景物或人的活动；第二是感情的美，如写意画，写出人的内心世界；第三是哲理美，能将人的活动、思想上升到哲理，使读者猛然有悟，铭记不忘，并能指导自己以后的行动。而这三个层次，则是无论何种题材都可达到的，科学文学也不例外。

科学家经过千辛万苦总结出客观世界的规律、公式、定理，但这些规律、公式、定理还不是哲理。哲学是从人们大量的社会活动、思维方式、实验方法及内心世界的活动中提炼出哲理的思考，让读者在享受到描述的美、感情的美之后又得到一种哲理的美。这是最高的享受。这种美我们在其他题材的作品中也可得到。范仲淹说：“先天下之忧而忧，后天下之乐而乐。”李清照说：“生当作人杰，死亦为鬼雄。”托尔斯泰说：“幸福的家庭都是相似的，不幸的家庭各有各的不幸。”他们各以自己作品中的人物景物的发展而得出哲理的结论，而这些哲理都带有政治斗争和人情世故的色彩。科学文学应该寻找科学色彩的哲理思索，让读者通过科学这个梯子登上哲理的台阶。丹麦天文学家第谷一生精于观察，发誓要观察记录够一千颗星，但只到 750 颗便离开人世，临终嘱咐他的学生一定要继续完成。开普勒却不听他的话，专门研究一颗——火星，不求广而求深，终于在 8 分的微小差距上找到了突破口，推翻了行星作圆周运动的旧说。这是一个点与面、深与广的方法问题，也是一个孤立与联系、静止与运动的哲学问题。第谷是个富翁，但他不懂得怎样来使用这些财富。“认真”是辩证唯物观的体现。作为政治家的毛泽东有句名言：世界上怕就怕认真二字，共产党人最讲认真。在科学实验这个侧面也同样能说明这个哲理。不过它却是科学的例证、科学的色彩。《演义》在讲了生物学家巴甫洛夫的故事后有这样一段概括性的话：“各位读者，科学就是要求得世界的真面目。由于自然现象的纷繁复杂，由于我们的知识和观察手段受一定的限制，我们对世界本来面目的认识总有一定的误差。科学的任务就是不断克服这种误差，弄清真相，逼近真理。为此达尔文才甘冒风浪之险环球五年，去觅物种起源的根据；为此居里夫人才不避烟火，炼镭八年，去寻放射性的踪迹；为此赫歇尔才不惮其苦地观察记录了 10 万多颗恒星，终于弄清了银河系的结构；为此卢瑟夫才不厌其烦地分析了 25 000 张基本粒子照片，终于从 6 张照片中找出了元素人工转变的根据。人们为对付自然假象的蒙蔽，克服主观与客观的误差，最有效的武器莫过于‘认真’二字。所以在知识学习和科学研究中最不能原谅的就是‘马虎’一词。正是：‘自然本是一座城，街巷门牌甚分明。细心辨认都是路，马马虎虎行不通。’哲理给人的是高远、深刻、隽永的美，而这种美在永恒的科学事业中是处处闪现的。”

美是让人感觉、欣赏和陶醉的，科学是让人理解、认识和实用的。正像一辆小汽车，它完好的性能和优美的外表是两回事，但又可以实现有机的结合。科学文学就是要让人在认识和使用科学的同时享受到它特有的美。

（《中国市容报》1990 年 11 月）

独白 38

三边地区打天下

我没有想到自己在记者任上写出一部科学史题材的长篇小说。我任《光明日报》记者常采访科学、教育界，看到学生读书太苦、太死，又接触到科学史上许多生动的事例，就想何不写一部以科学为内容，以学生为对象，用中国人喜闻乐见的章回体来表现的小说？这本书就叫《数理化通俗演义》。这事在新闻采访之余，积几年之功，居然干成了。

凡干一件事，总是先易后难，在最薄弱处突破。毛主席总结红色政权为什么能存在，就是因为选择了统治者最薄弱的三不管地区。土地革命时建立了湘赣闽边区，抗日战争时建立了陕甘宁边区，遂成大业。搞科学研究的人都知道边缘学科最易出成绩。我知道我选的这个题目，科学家不愿意干，他们手头有更专、更大的课题；教育家不会干，他们有自己一套灌输知识的思路；文学家瞧不起，要写更热闹的题材。于是就空出了这块三边地带，正好让我们这些记者出身，不专不深，但不迂不僵，旁门左道式的作家来打天下。善于发现三不管地区，这是记者职业的优势，重要的是下决心干，在自己的时间、精力中拨出一支“部队”去占领这块阵地。相信总会有成绩的。我想，当小说家我追不上王蒙，搞科学我也成不了钱学森，教书我不如任何一位数理化教师。但这本书是我自己的，他们谁也写不出，或者根本就没有想去写。这本书出版后，一次在书店签名售书，老作家汪曾祺坐在我的旁边，他高兴地翻翻书，在扉页上题了一行字：“数理化写演义，堪称一绝。”后来书又再版，科普老前辈叶至善为之写了再版序。

记者工作比较杂，这就决定了他可以比其他人更易发现自己潜在的舞台。应该说每一个有正常智力和学识的记者，他的周围都会有一块属于他，该由他来开垦的三边地区。为什么大部分人都让这块土地荒芜了？一是他从来就没有想到去发现它，即没有想到寻求新的第二创造；二是虽有一闪念，但随即因征途的艰难而作罢。因为干这件事，连喝茶的时间也要被挤掉了。

晋　祠

出太原西南行 50 里，有一座山名悬瓮。山上原有巨石，如瓮倒悬。山脚有泉水涌出，就是有名的晋水。在这山下水旁，参天古木中林立着百余座殿、堂、楼、阁、亭、台、桥、榭。绿水碧波绕回廊而鸣奏，红墙黄瓦随树影而闪烁，悠久的历史文物与优美的自然风景，浑然一体，这就是古晋名胜晋祠。

西周时，年幼的成王姬诵即位，一日与其弟姬虞在院中玩耍，随手拾起一片落地的桐叶，剪成玉圭形，说："把这个圭给你，封你为唐国诸侯。"天子无戏言。于是其弟长大后便来到当时的唐国，即现在的山西做了诸侯。《史记》称此为"剪桐封弟"。姬虞后来兴修水利，唐国人民安居乐业，后其子即位，因境内有晋水，便改唐国为晋国。人们缅怀姬虞的功绩，便在这悬瓮山下修一所祠堂来祀奉他，后人称为晋祠。

晋祠之美，在山美、树美、水美。

这里的山，巍巍的如一道屏障，长长的又如伸开的两臂，将远处秀丽的古迹拥在怀中。春日黄花满山，径幽而香远；秋来草木郁郁，天高而水清，无论何时拾级登山，探古洞，访亭阁，都情悦神爽。古祠设在这绵绵的苍山中恰如淑女半遮琵琶，娇羞迷人。

这里的树，以古老苍劲见长。有两棵老树，一曰周柏，一曰唐槐。那周柏，树干劲直，树皮皴裂，冠顶挑着几根青青的疏枝，偃卧于石阶旁，宛如老者说古；那唐槐，腰粗三围，苍枝屈虬，老干上却发出一簇簇柔条，绿叶如盖，微风拂动，一派鹤发童颜的仙人风度。人游其间，总有一种缅古思昔的肃然之情。也有造型奇特的，如圣母殿前的左扭柏，拔地而起，直冲云霄，它的树皮却一齐向左边拧去，一圈一圈，丝纹不乱，像地下旋起了一股烟，又似天上垂下了一根绳。其余有的偃如老妪负水，有的挺如壮士托天，不一而足。祠在古木的荫护下，显得分外幽静、典雅。

这里的水，多、清、静、柔。在园内信步，那里一泓深潭，这里一条小渠。桥下有河，亭中有井，路边有溪。石间有细流脉脉，如线如缕；林中有碧波闪闪，如锦如锻，这么多的水，又不知是从哪里冒出的，叮叮咚咚，只闻佩环齐鸣，却找不到一处泉眼，原来不是藏在殿下，就是隐于亭后。更可爱的是水清得让人叫绝。无论多深的渠、潭、井，只要光线好，游鱼、碎石，丝纹可见。而水势又不大，清清的波，将长长的草蔓拉成一缕缕的丝，铺在河底，挂在岸边，合着那些金鱼、青苔、玉栏倒影，织成了一条条的大飘带，穿亭绕榭，冉冉不绝。当年李白至此，曾赞叹道："晋祠流水如碧玉，百尺清潭泻翠娥。"你沿着水去赏那亭台楼阁，时常会发出这样的自问：怕这几百间建筑都是水上漂着的吧！

然而，最美的还是祖先留给我们的古代文化。这里保存着我国古建筑的"三绝"。

一是圣母殿。这是全祠的主殿，是为虞侯的母亲邑姜所修的。建于宋天圣年间，重修于宋崇宁元年（1102），距今已有 880 年。殿外有一周围廊，是我国古建筑中现在能找到的最早实例。殿内宽 7 间、深 6 间，极宽敞，却无一根柱子。原来屋架全靠墙外回廊上的木柱支撑。廊柱略向内倾，四角高挑，形成飞檐。屋顶黄绿琉璃瓦相扣，远看飞阁流丹，气势雄伟。殿堂内宋代泥塑有圣母及 42 尊侍女，是我国现存宋塑中的珍品。她们或梳妆、洒扫，或奏乐、歌舞，形态各异。人物形体丰满俊俏，面貌清秀圆润，眼神专注，衣纹流畅，匠心之巧，绝非一般。

二是殿前柱上的木雕盘龙。这是我国现存最早的盘龙殿柱，雕于宋元祐二年（1087）。8 条龙各抱定一根大柱，怒目利爪，周身风从云生，一派生气。距今虽近千年，仍鳞片层层，须髯根根，不能不叫人叹服木质之好与工艺之精。

三是殿前的鱼沼飞梁。这是一个方形的荷花鱼沼，却在沼上架了一个十字形的飞梁，下由 34 根八角形的石柱支撑，桥面东西宽阔，南北翼如。桥边栏杆、望柱都形制奇特，人行桥上，随意左右，如泛舟水面，再加上鱼跃清波，荷红映日，真乐而忘归。这种突破一字桥形的十字飞梁，在我国现存的古建筑中是仅有的一例。

以圣母殿为主的建筑群还包括献殿、牌坊、钟鼓楼、金人台、水镜台等，都造型古朴优美，用工精巧。全祠除这组建筑之外，还有朝阳洞、三台阁、关帝庙、文昌宫、胜瀛楼、景清门等，都依山傍水，因势起屋，或架于碧波之上，或藏于浓荫之中，糅造化与人工一体。就是园中的许多小品，也极具匠心。比如这假山上本有一挂细泉垂下，而山下却立了一个汉白玉的石雕小和尚，光光的脑门，笑眯眯的眼神，双手齐肩，托着一个石碗，那水正注在碗中，又溅到脚下的潭里，却总不能满碗。和尚就这样，一天一天，傻呵呵地站着。还有清清的小溪旁，突然跑来一只石雕大虎，两只前爪抓着水边的石块，引颈探腰，嘴唇刚好埋入水面，那气势好像要一吸百川。你顺着山脚，傍着水滨去寻吧。真让你访不胜访，虽几游而不能尽兴。历代文人墨客都看中了这个好地方，至今山径石壁，廊前石碑上，还留着不少名人题咏。有些词工句丽，书法精湛，更为湖光山色平添了许多风韵。

这晋祠从周唐叔虞到任立国后自然又演过许多典故。当年李世民就从这里起兵反隋，得了天下。宋太宗赵光义，曾于太平兴国四年（979）在这里消灭了北汉政权，从而结束了中国历史上五代十国的分裂局面。1959 年陈毅同志游晋祠时兴叹道：“周柏唐槐宋献殿，金元明清题咏遍。世民立碑颂统一，光义于此灭北汉。”

晋祠就是这样，以她优美的身躯来护着这些珍贵的历史文化。她，真不愧为我国锦绣河山中一颗璀璨的明珠。

（《光明日报》1982 年 4 月 14 日）

我写 《晋祠》

——兼谈山水文章怎样发现美、表现美

偶为报纸写了一篇介绍山西名胜晋祠的文章，想不到竟被收入中学教材。我写文章本不懂格式，看课文后面的练习题，才知这叫说明文。《语文学习》的同志要求就这个说明文写一点说明，现就一些随想随感如实写出，也只能是仅供参考。

一、关于美的发现

文学的价值就在于揭示生活中的美。美的内容一般分成三类：社会美、自然美、艺术美。山水说明文的主要任务则是通过艺术手法来表现自然风物之美。山水之美是一种客观的存在，它有独立性、长久性、多样性。在文艺作品中，人物形象给人的主要是理想、信念、道德、哲理方面的启示，而自然风物给人的主要是美的陶冶、感染与享受。

大自然中不是每一处山水都美，有的是穷山恶水；也不是同一处山水，人人都一样地赞美，人们尽可从不同的角度去发现和欣赏它的美。晋祠，从现在还保存着的宋代建筑算起也已近 1 000 年，其山水景物的形成当更久远，其间来游历和歌咏的人亦甚多。但我看晋祠，它的美与一般的山水却有不同，是一种既有自然的又有社会和艺术的综合之美。这个发现是逐渐的。我童年时便常来晋祠游玩，它的自然之美对我熏陶极深，清清的水，郁郁的树，还有那座秀丽的山。当时山上的野花比现在多，每年五一节假日，城里的人骑车来玩，傍晚归去时车上都有一束从山上采来的黄花，一条花的车流甚是壮观。我很爱在这个季节爬山，在花丛中嬉戏。那景象是难忘的。“春日黄花满山，径幽而香远；秋来草木郁郁，天高而水清，无论何时拾级登山，探古洞，访亭阁，都情悦神爽”，便是这山给我的美好的印象。还有那

苍劲的老树，和古老的祠浑然合成一种古朴的美；那水“多、清、静、柔”，是一种秀丽的流动的美。它们合在一起组成一种特别的自然风光。这是晋祠的迷人之处，也是首先不可不告诉读者的。

但是，晋祠毕竟不同于单纯的天然野境，不是小石潭，不是桂林，也不是三峡。这是一个文化名胜所在，人们在这里已经营了 1 000 年，除大自然留下的景物外，更重要的还有祖先留下的文物，有很深很浓的社会美和艺术美。特别是古建三绝：圣母殿、木雕盘龙、鱼沼飞梁。这几样东西是美的，它们不同于山、水、树，已超出自然，而是一种艺术美、社会美（本来有人主张只有两类，艺术美其实也是一种社会美）。这些美的雕塑，美的建筑，还有与此有关的一些生动的历史故事等（选教材时将这部分删去了），都体现了古代人的智慧，揭示了当时的社会形态，有自然之外的社会内容。这种包含社会和艺术内容的美的发现，只靠一般观赏是不行的，它还要靠读书、看画、听歌，要有文史知识和艺术修养方面的积累。所以对我来说，那自然之美是在幼时在自然的熏陶下所接受，而这社会艺术之美是以后随着阅历的增加才逐渐感知的。这时我对晋祠不但看见了它，而且还理解了它（当然到现在也不敢说已完全理解）。如果山水风物是它的外美，那么这些文化就是它的内秀。这是要告诉读者的第二个方面，是更深一层。

古人道：“名胜所在贵乎心得。”要写好一处山水，就先得对它的美进行一番认真的研究发现。这大概就是中学写作教学中常说的观察。其实还应该加上研究。

二、关于美的表现

发现了事物的美，怎样去表现呢？找最有个性的特征，作一细微深入的刻画。古诗文中写美人，常忘不了一双明眸或一泓秋波。画人，最关键的是画眼睛。山水也是有“眼”的。只需着意点染这一点，其美自见。如文中写树，着意春秋二景，写那棵奇怪的左扭柏，便突出一个“扭”字：“它的树皮却一齐向左拧去，一圈一圈，丝纹不乱，像地下旋起了一股烟，又似天上垂下了一根绳。”写水，则细摹其清：“无论多深的渠、潭、井，只要光线好，游鱼、碎石，丝纹可见。而水势又不大，清清的波，将长长的草蔓拉成一缕缕的丝，铺在河底，挂在岸边，合着那些金鱼、青苔、玉栏倒影，织成了一条条的大飘带，穿亭绕榭，冉冉不绝。”这些关键地方多费一些笔墨正是为了在别的地方多省一些笔墨。既发现了它的美，便将它最美的地方，写透、写够。

再者，山水名胜，多是静物，静则无势，无势则不能动人。因此要尽量让静物动起来，去摇荡人的情怀，让读者与作者产生美的共鸣。这在古典诗文中是有许多传统写法的。元好问写过这样一首《山中杂诗》：

瘦竹藤斜挂，丛花草乱生。
树高风有态，苔滑水无声。

它妙在能将看不见的“风”，通过动态的树写出来，却又将流动的水用苔滑无声来表现。花、草、竹、藤等一起跃然纸上，成了一幅大自然的生态图，有动势感，而且是各种微妙的动态。凡美的东西都是活灵的，能唤起人生命活力的，使人有思有感，可赞可叹的。刘勰在《文心雕龙》中说，人登高而见到大自然的美景不由得“目既往还，心亦吐纳”，便是自然景物激起了人生命、思维、感情的活力。要表现山水草木之美，我想尽量取动势，虽是从山水落墨，却是从人处着眼，将主客观之间沟通。山水是自然存在，将美传达于读者却是文章的功能。文章写到泥塑仕女的形态，写木龙抱定大柱，怒目利爪，周身风从云生，写十字飞梁石桥，又从桥引申到“人行桥上，随意左右”，写石雕的小和尚笑眯眯、傻呵呵地接水，石虎前爪抓岸，引颈探腰，要一吸百川等，都是尝试着以动写静，突破自然美，而去追求艺术美。或者说，力图用语文艺术的美去挖掘自然风物之美。人们常说：“看景不如听景。”看到的是自然原型，听到的却是经过提炼、艺术化的景物，自然更多了一层美。

第三，还有一点体会就是借鉴前人。正如历史不可割断一样，艺术的发展和人们的审美观也有其固定系列。学美术，先从临摹入手，进而吸收百家之长，自成风格。一个画家、书法家，总能在他的身上找出对前人借鉴、吸收的来踪。科学的发展也是如此，按牛顿的说法，就是踩着巨人的肩膀去攀登。我每在提笔写作时，脑子里就不由自主地闪过许多文学巨人的影子，自觉不自觉地向他们借词、借字、借意、借境，然后再汇拢到一起，从自已的笔管里流了出来。我中学读书时，语文教师讲过一件文坛轶事，说韩愈每为文时，先要将司马迁的文章痛读一遍，以借其气。当时听得朦朦胧胧，现在却真感到其言不谬。这篇小文也是这样。比如欧阳修《醉翁亭记》写山，朱自清《松堂游记》写树，柳宗元《小石潭记》写潭，这些在本文的山、水、树各节中都能找到影子。另外还有，《史记》写人状物之笔力刚劲，我在写木龙、石虎时，虽数字，却实赖太史公之气；徐志摩写康桥风光时色调艳丽，我在写山水绿荫时，实向他借过颜料。这些只是心得而已，真要细指却又难说。本来，文章贵乎意与气。不知以上这些文章在中学教材中是否有选。细细对比便可知我这篇小文实没有多少新创。在字、词和句式上，如“石间有细流脉脉，如线如缕，林中有碧波闪闪，如锦如锻”，“绿水碧波绕回廊而鸣奏，红墙黄瓦随树影而闪烁”，是明显地来自古文。“清清的波，将长长的草蔓拉成一缕缕的丝”，“合着那些金鱼、青苔”，“长长的又如伸开的两臂”这种慢节奏的用词效果，是取法于 30 年代的散文。其余还可再研究，总之，我想说明，这实实在在是一篇习作，学习前人之作。

最后，还有一点就是结构。教师论文，最喜向学生讲结构，因为结构一般好讲，学生也好懂。我在中学读书时对此印象很深。我认为散文应先重气、重意，次再锤炼文字。结构，只要自然便好。本来结构比之于以上其他方面是好理解的，过分分析结构，学生不作基本功培养，写出的文章便会底气贫虚，架子大散，成了新八股文。正像书法，不先作笔画训练，便讲间架结构，终难成功。如果是要作说明文，首先还是要去深刻地理解说明的对象，挖掘独特的发现，然后为文，顺其自然。本文的结构也实在一般，先自然山水，后建筑艺术，仍觉言之不尽，叙一段园中的小品，最后，总之以“晋祠就是这样，以她优美的身躯来护着这些珍贵历史文化”。如此而已。

(1983 年 8 月)

当前散文创作的几个问题

散文本是对韵文而言的，后来随着小说、报告文学、杂文等的独立，它便成了以抒情为主的一种文体。但近年来随之也产生了一种倾向，即创作的路子越来越窄。文艺形式上更细的分工，本应带来形式更独立更健全的发展，而不应使其有丝毫的削弱。在这方面有关散文创作的几个问题是值得研究的。

关于内容。不知从什么时候开始，散文这种文体好像主要是分工“言好事”的。通篇写好人、好事、好景。这与我们过去政治生活中“左”的倾向有关。在以往的几年中，我们有困难，有挫折，有斗争，有胜利。但在散文中（和小说、戏剧等比），则多是洋溢着对生活的满足和陶醉，向困难斗争的英雄气不多，对太平的粉饰味较浓。有人说散文与其他文体不同，它“以吟味的态度来体现生活”。但生活五颜六色、酸甜苦辣。蒋子龙在他的小说中批判了生活中一种单色的人——只有红色，我们现在的散文中却有不少单味的文——只有甜味。丰富广阔的社会生活，哪能以一色一味总之？巴金同志在近年来写的《随想录》中就诚恳地说：“我校阅自己 30 年的散文选集，感想实在不少。我当初的确认为‘歌德’可以鼓舞人们前进，多讲成绩可以振奋人心，却没有想到，好听的话越讲越多，一旦成了习惯就上了瘾，不说空话，反而日子难过。”在散文创作上是有一种专说好话，甚至空话的倾向。好像形成了一种不成文的规约：重大深刻的题材写成小说，轻松抒情的题材写成散文。于是散文便只剩下了山水游记、故旧回忆、随感随想、琐记漫笔之类，成了文坛上的一杯清茶。即使写自然风物，也是红叶、鲜花、明山、秀水，好像连群山也尽是“蔚然深秀”的琅琊山，而没有“入之愈深，其进愈奇”的褒禅山。

散文能不能反映重大题材，能不能直接塑造人物（不是必须借物比喻），深刻地反映社会问题？文学史上早有先例。司马迁笔下的李将军、韩愈笔下的张中丞、柳宗元笔下的段太尉，无不栩栩如生。清代方苞的《狱中杂记》对监狱黑暗的揭露，文学之外更有史料价值。现代散文中，鲁迅先生的《为了忘却的记念》，魏巍同志的《谁是最可爱的人》，简直是一个时代和一个历史时期的缩影，打倒“四人帮”后，小说、戏剧、电影都急起革新，冲破了许多禁区和虚套子，出现了许多令人耳目一新的作品，散文却还未见大的突破。

关于意境。有一种理论，认为散文必须创造出一个美好的意境才算好散文。许多文章大谈意境，许多作者刻意追求意境。我却觉得这可能是画地为牢，人为地束缚散文的手脚。现代小说都有推理、问题、人物、心理、情节等各方面的探求，散文为什么只能以意境为唯一的内涵呢？柳宗元的《小石潭记》，竹树环合，潭鱼空游，是美的意境。但他的《捕蛇者说》又是什么意境？王安石的《答司马谏议书》、张溥的《五人墓碑记》又怎样来确指它们的意境？清代宋起凤的《核工记》层次分明地记述了一枚桃核上刻了 7 个人、9 件物、7 个景，它的效果不是什么意境而是一种情趣。方纪的《挥手之间》是记录了一件大事，陶铸的《松树的风格》是讲了一种哲理，魏巍的《依依惜别的深情》是抒发了一种感情，如果把这些都用意境来套，恐怕是套不熨帖的。事实上那些刻意追求的意境也常常因其虚假而讨嫌。朱自清并没有让他的父亲过铁道时弯腰拣花，而是佝偻着肥胖的身子，先放下手里的橘子，再爬上爬下。(《背影》) 这个意境大概不美，但却催人泪下。作者自己论此文时也说：“我这篇文章只写实，说不到意境上去。”(《朱自清先生年谱》) 宋人写词格律极严，有人写“窗更深”句，不合律，又换成“窗更幽”，最后换成“窗更明”才算合律，但意思已经全反了。现在散文创作也有一种不顾内容硬求意境的倾向，像写词诗求合律上了瘾一样。诗歌的解放早已破了戒律，而以“散”见长的散文却被套上枷锁，这样路子哪能不窄?!

关于结构。为了意境的完美，必然去追求结构的精巧。为了意境，先来造景。现在许多散文的结构常是先写一件物（景），再喻一个人，最后点明理，抒几句情。“物—人—理”的三段式结构几乎成了一种新八股。有一篇散文写作者在山区寻找一种药物木兰花，他正好被蛇咬了，又正好有一个女医生救他，女医生院里又正好有一树木兰花，问起身世，她原来是从大城市毕业后来这里的。作者便慨叹：啊，你不就是一株木兰花吗？又有一篇，写一座河上坏了的石桥不知怎么修好了，原来是市里的人民代表建议修的。啊，你就是人民和政府之间的桥！这类写法，偶一为之，未始不可，但如果比比皆是，那就成了新框子。在这个框子里，一方面山水风物的自然美得不到充分表现，它只是人物思想品质的注脚（如那木兰花、那石桥）；另一方面人物又得不到深细的刻画，他只能靠景物去暗示（如那位姑娘、那位代表）。这种精巧得像假山似的结构本是一种弊病，但却被视为一种长处，并归到一种创作理论上去，说“散是放得开，但又不散，收归到他所要求的主题思想上来”，“写美丽的风光，但又归到人物的精神面貌”。其实都要这么来归，那还有什么“散”？散文早就被归到一条独木桥上去了。你看，作者不能单独去放歌山水，去彩绘人物，去针砭时弊，去淋漓抒情，只能这样且景且情地唱小调，画小品，造意境，未免太小里小气了。

散文的创作和理论方面还有许多问题值得探讨。如体裁、语言、抒情、写人、写景等。但当前应提起注意的是怎样赶快使散文的路子更宽一些。一种文艺形式在前进中自然难免有瑕疵，不完善，必须时时检讨，才能不断发展、完善。我国历史上，就有过反对六朝绮靡文风的古文运动，和反文言文的五四新文学运动。这些改革都带来了散文的繁荣，留下了许多历史名篇。现在散文创作中的问题虽不能说已经达到多么严重的程度，但是也值得引起注意。

（《光明日报》1982 年 12 月 23 日）

年　感

钟声一响，已入不惑之年；爆竹声中，青春已成昨天。是谁发明了“年”这个怪东西，它像一把刀，直把我们的生命，就这样寸寸地剁去。可是人们好像还欢迎这种切剁，还张灯结彩地相庆，还美酒盈杯地相贺。我却暗暗地诅咒：“你这个教我无可奈何的家伙！”

你在我生命的直尺上留下怎样的印记呢？

有许多地方是浅浅的一痕，甚至今天想来都忆不起怎样划下的。当小学生时苦等着下课的铃声，盼着星期六的到来，盼着一个学年快快地逝去。当大学生时，正赶上“文革”的年代，整日乱哄哄地集会，莫名其妙地激动，慷慨激昂地斗争。最后又都将这些一把抹去。赶到发配边疆，白日冷对大漠的孤烟，夜里遥望西天的寒星。——这许多岁月就这样在我的心中被烦恼地推开，被急切切地赶走了。年，是年年过的，可是除却划了浅浅的表示时间的一痕，便再没有什么。

但在有的地方，却是重重的一笔，一道深深的印记。当我学会用笔和墨工作，知道向知识的长河里吸取乳汁时，也就懂得了把时间紧紧地攥在手里。静静的阅览室里，突然下班的铃声响了，我无可奈何地合上书，抬头瞪一眼管理员。本是被拦蓄了一上午的时间，就让她这么轻轻一点，闸门大开，时间的绿波便洞然泻去，而我立时也成了一条被困在干滩上的鱼。当我和挚友灯下畅谈时，司马迁的文，陶渊明的诗，还有伽利略的实验，一起被桌上“的答”的钟声搅拌成一首优美的旋律，我们陶醉，我们盼夜长，最好长得没有底。而当我一个人伏案疾书时，就用锋利的笔尖，将一日、几时撕成分秒，再将这分分秒秒点瓜种豆般地填到稿纸格里。我拖着时间之车的轮，求它慢一点，不要这样急。但是年，还是要过的。记得我第一本书出版时，正赶上一个年头的岁末。我怅然对着墙上的日历，久久地像望着山路上远去的情人，望着她那飘逝的裙裾。但她没有负我，留下了手中这本还散着墨香的厚礼。这个年就这样难舍难分地送去了。生命直尺上用汗水和墨重重地划下了一笔。

想来孔夫子把 40 作为“不惑”之年也真有他的道理。人生到此，正如行路爬上了山巅，登高一望，回首过去，我顿然明白，原来狡猾的自然是悄悄地用一个个的年来换我们一程程的生命的。有那聪明的哲人，会做这个买卖，牛顿用他生命的第 23 个年头换了一个“万有引力”，而哥白尼已垂危床头，还挣扎着用生命的最后一年换了一个崭新的日心说体系。时间不可留，但能换得做成一件事，明白一个理，却永不会失去。而我过去多傻，做了多少赔钱的，不，赔了生命的交易啊。假若把过去那些乱哄哄的日子压成一块海绵，浸入知识的长河里，能饱吸多少汁液，假使把那寒夜的苦寂变为积极的思索，又能悟出多少哲理。时间这个冰冷却又公平的家伙，你无情，他就无意；可你有求，他就给予。人生原来就这样被年、月、时，一尺、一寸、一分地度量着，人生又像一支蜡烛，每时都在做着泪与光的交易。但是总有一部分蜡变成光热，另一部分变成泪滴。年，是年年要过的，爆竹是岁岁要响的，美酒是每回都要斟满的，不过，有的人在傻呵呵地随人家过年，有的却微笑着，窃喜自己用“年”换来的胜利。

这么想来，我真清楚了，真的不惑了。我不该诅咒那年，倒后悔自己的过去。人，假使 30 或 20 就能不惑呢？生命又该焕发出怎样的价值？

（《太原日报》1986 年 2 月 6 日）

独白 39

我的修养观

在我的全部修养观中有两点时时警惕不松。一是惜时，二是尽力。人生苦短，在时间这种资源上，只有节流却再没有开源的可能。我们唯一能努力的就是拼命地去利用它。当记者的那几年，每到年初就自制一张大工作历贴于墙上，并题这样几个字："时不待我，我何饶你；孜孜以求，锱铢以计。"我在一则日记里这样写道："我决不会让我的整块时间，一刀一刀地被人碎割。我倒要用一张网，一张很细的网，将时间之鱼一一捕捉。"我们一生下来便开始和生命搏斗，和生命抢时间了。

天生我才必有用。在人才（包括自我）这种资源上，只有不断地开源却不该节流。我们要努力挖潜，最大限度地开发它。与时间搏斗是与自然的生命斗，而自我潜力的开发却是与命运搏斗。因为人的成就、成才除自我学习、努力外还有机遇、环境、人际关系等外部条件。这就难免遇到坎坷挫折。这时唯有抱定目标，不为所动，一块砖一块砖地垒自己的事业大厦。具体说就是不要停下手中的笔，把每个字当作一块铺路石，不信脚下没有路。

诗言志。选一首当时的小诗如下：

英雄不夸少年美

时兮时兮去不回，生命生命逝难追。
莫叫明镜悲白发，宜乘青春急攻垒。
时兮时兮去不回，韶华流水不东归。
英雄不夸少年美，春华待有秋实垂。

（1981年元旦）

相声应以“刺”取笑

每一种艺术形式所以能独立存在，是因为有它自己独特的、其他艺术所不能取代的个性。利用和发展这种个性，则是这种艺术之所以繁荣、之所以能与其他艺术相竞争的诀窍。相声的特点就是讽刺与幽默。

对相声来说，讽刺是形式，是手段，也是目的。对于罪恶和丑行，我们要声讨、要批判，对于错误和落后，我们要批评、要教育。但对于这两个方面我们却可以用一种武器，就是讽刺。讽刺的一种好形式就是相声。相声的讽刺和其他手段的讽刺（比如杂文）不同，它要同时照顾到两个方面，一要刺中问题，二要引起观众的笑声。相声是要将听众心中早就贮满了的对坏人坏事、错人错事的仇恨、诅咒、厌恶、遗憾、追悔及对事情合理结局的希望等情绪，通过语言的火种突然点燃，炸出满座的笑声。这正是相声最妙、最难的地方，也正是它最能争取观众的所在。

分析一下当前有些相声之所以让人笑不出来，一个主要的原因就是忘了讽刺这个特点，而企图说教一种道理，或表彰好人好事。每种艺术都有自己的规律、自己的适应范围和表现方式。相声也是这样，如果你不尊重它的规律，它就惩罚你，观众不笑，演员苦笑。正像不能用杂文写严肃的社论一样，也不能用相声去作政治报告。这种一写作品就说教，就想树一个正面形象（甚至还要“高大”）的弊病，一方面反映了我们的作者还没有从“文艺为政治服务”的模式里解放出来，另一方面也反映了我们的艺术修养还浅。要教育人是可以先打个招呼：我今天要教你什么；笑却不能先打招呼：我今天准备让你怎么笑。观众的笑声在没有准备的情况下触发，才笑得美。演员在“刺”和“逗”时都应举重若轻，无心插柳，而不执意栽花。既不强施教于观众，也不硬求笑于观众。轻松如树下说古，灯下闲话。如果演员一登台，话说三句就露出训人的动机，观众马上产生一种逆反心理，哪里还能笑得出来？所以我认为相声创作要上去，首要的一条，是要坚决恢复相声以讽刺为主的本来面目，坚决杜绝说教，一般也不要用来表扬好人好事。总之是既刺又笑，以刺取笑。相声是笑的艺术，也是讽刺的艺术，但不是说教的艺术。

然而，“讽刺”并不能完全概括相声的艺术特征。除了讽刺，还要幽默。幽默是一种含蓄的趣味。人是高级动物，会思维。思维也是一种享受。观众根据自己看到或听到的，经过思考又想到了什么，理解了什么，得到了一种乐趣。笑，就是这种乐趣的流露，是得到这种思维享受后的满足。与讽刺有目的的笑不同，幽默的笑是一种“无标题的笑”，轻松、闲逸，如音乐中的小夜曲。比如相声《下棋》，并不必去考虑它的什么政治目的、创作动机。相声的幽默就是给人们制造一个得到这种享受和乐趣的契机和由头，而让观众自己去完成，从而产生一种笑的意境，就如诗有意境一样。

由于欣赏者的文化、知识素养的不同，笑，也是分层次的。小孩子觉得可笑的，大人并不一定笑；一个学者认为很有幽默感的语言，也许一个文盲听来毫无乐趣。可见有高层次幽默的笑，也有低层次非幽默的笑。

现在我们的相声里低层次的笑太多，比如唱歌走调、走路不小心碰头、听错了话起误会等等。不是说这些笑的手段绝对不能用，问题在于这些手段在使用时往往脱离了讽刺和幽默。比如有一个段子，内容是表现一个战士牺牲后，他的母亲既难受又坚强。可是在艺术手段上，却是让这位母亲唱歌自慰唱得走了调，以博观众的笑。试想，有着正常的思维和感情的观众，在这时怎么能笑得出来呢？显然作者在创作设计时就没有提炼出一个高层次的笑的意境。姜昆同志在一次谈话中说到现在观众的笑点在转移，有的相声原来以为有笑料的地方，观众却不笑。我们正处在一个普及科学、提高文化、对外开放、对内搞活经济的新时期。我们的观众在思想观念和艺术修养上早有了许多变化，旧的笑话怎能满足新观众的审美要求呢？要提高相声的笑的层次，很重要的一步是提高作者、演员的文化水准。·另外，现在戏剧、电影有专门的学院培养人才，演员中的大学毕业生很多；而相声却没有这种条件，甚至愿意写相声的作家都很少。这种创作者和欣赏者在文化素养上的不同步，恐怕也是造成趣味差异、不能共鸣的一个原因。

相声讲究说、学、逗、唱，要求演员有各方面的基本功。特别是作为语言艺术的相声，突然插进唱和演的艺术手段，观众会耳目一新，演员也常常因为自己不但会说，还会唱、演而自豪。但是问题就在这里发生，一些段子忘记了讽刺和幽默，成了演员的特技展览，观众反生反感。

画家韦启美，在反思自己作画的得失时说："由于技巧有着相对的审美价值，便往往带有从表现对象中游离逃逸的倾向。……作家绘画时，是力求表现对象的形神和自己对对象的感受，抑或是显示自己漂亮的手艺，心往何处着力，常在恍兮惚兮的一念之间。"这种技巧与内容相游离、演员急于亮手艺的倾向也是相声艺术不能升到新高度的又一障碍。

亮手艺和求创造，正是一般匠人和艺术大师的区别。匠人总是进行旧技巧的重复，大师总是在做着新创造的追求。小作坊里的匠人是不要产品图纸的，因为它只会自己的这两下；大工厂没有图纸不行，因为产品主要不是体现工人的手艺，而是体现设计者的创造。我们的相声多属自编自演，和戏剧比，它还处在小作坊阶段。这也是造成它因炫耀而妨害内容的原因之一。毫无疑问，作家应多为相声演员写段子，但作为演员也应自觉到这一点，努力突破它。一个演员能随时适应新本子，就获得了艺术的自由，如果只能让本子来适应自己，甚至进一步让观众来适应自己，他的艺术生命就要开始萎缩了。

讽刺与幽默是相声的生命，舍此二者，无论说教多么正确，内容多么进步，技巧多么高超，但总不成其为相声。当前，要更好地发展相声艺术，就要遵循这门艺术的规律，要尊重它的个性，理直气壮地坚持以讽刺为主，认真追求高层次的幽默趣味，在表演上要尽快突破绘形阶段而达到传神。

（《文艺报》1986 年 10 月 18 日）

独白 40

记者要杂

1986年，电视台搞了一次全国相声比赛，我有感而写了这篇评论。这不是新闻，但就随时所见所闻发发议论，也是记者应该做的。

记者要杂。我对碰到的一切问题都喜欢研究。当然不可能深入研究，但知道这一点，接触一点就在头脑里挂上了号，好比脑子里设了许多电路开关，以后采访时，遇到哪一问题，都能及时噼噼啪啪地接通线路。这是知识背景的准备。

杂，对记者的另一个用途是训练思维。世界上的事千万件，基本的哲学原理、思想方法就那么几条。但这几条的掌握却要从千万件事的分析中才能获得，然后再去指导分析新的未知事物。记者遇事多问、多想、多写。旁逸出一些题目，好像没用，其实是在暗暗加深自己扎于土壤中的根须。遇有好雨，乘着春风，新松定会高千尺。

有一件事可资佐证。电影演员王铁成演的周恩来轰动世界影坛。但这个王铁成，自从戏剧学院毕业后就没有演过一个像样的角色。他平时古今中外、天文地理，直到花鸟鱼虫、红木家具，杂到不能再杂。最后到年过半百时总其成而一鸣惊人。创造是什么？创造就是综合，在综合中出新。对某一单项的重复不可能出新。杂，是创造前的准备。对竞争激烈、写作对象又总在变幻的记者职业来说，要有所创造，杂就更不可少了。

独白 41

告别记者

没有不散的宴席。1987年3月我正在黄河壶口瀑布现场采访，一个电话由北京打到地区、县里，调我回京。我知道记者生涯要结束了。

其实这几年我就有这种预感。记者是年轻人的行当。我25岁开始当记者，一直在基层记者站，干到41岁。后几年我明显觉得老了，记者的生命像运动员的生命，黄金时间很短。虽然也有干到50岁、60岁的，但很难再显高峰，竞争能力也在下降。在调令下来前的几年里，每逢参加记者招待会，或组成记者团集体活动，那些20多岁的青年记者又唱又叫又笑，我却开始享受被尊重的孤寂。该离开了，一个人应该随时选择最适合自己年龄的工作。我留恋这一段风华岁月，我感谢历史，感谢机遇，我也满意自己的创造，终于留下了一个美丽的回忆。

壶口瀑布是黄河上唯一的瀑布，河在平地上突然跌入一个深涧，雷鸣虎啸，烟雾蔽日。我静坐在岸边的巨石上领略这磅礴的气势，生活又要开始新的一段，不知将是什么样子。忆起这几年的记者生活，最大的收获是学做人。四十而不惑，不惑之年告别记者生涯时我才懂得，青年人离开学校后，要有所为还得继续读四本书。这就是社会、大自然、历史和自己。向社会学，知道怎样在这个舞台上立足、生活；向自然学，默默地感知它的美感和气质；多读历史，借这面镜子理解现实；又要时时温习一下自己走过的路，总结出最宝贵的经验，好做以后的铺路石。我开始当记者是在黄河边，内蒙古的河套，黄河静如飘带，和着草滩上的牧歌，无声地漫过广阔的平原。结束记者生活也是在黄河边，晋陕之间的壶口，群山之中，黄河如脱缰野马，挟裹着两岸的雷鸣。生活总是从平静开始走向激烈。

九曲黄河十八弯。我远眺着这条奔腾的巨龙，烟气水雾渐渐融合在淡淡的山色中。山那边不知道是什么样子。

40年前的那一刻

40年前的1978年是中国改革开放的起点。时光过了将近半个世纪，那一年出生的孩子也已步入中年。许多事情说起来，未经过者都不敢相信。

我正好是1978年进入《光明日报》当记者的，驻山西记者站，在基层目睹了这一深刻变化。当时正处于新旧思想和体制的交替阶段。政治上，思想极左，比如“文革”中，全国“学大寨”。大寨就被政治化、神化。报纸上登了一个大寨村干部的照片，有人在她脸上画了一副眼镜，就被打成“反革命”，判刑十年。大寨的水利工程，不按科学办事，有隐患。水利厅的工程师提意见就是“反大寨”。他们出于科学精神和责任心，只能晚上带上大口罩到记者站来反映情况。在经济上，动不动就说“姓社姓资”。农民自己出卖一点农产品就是资本主义，要抓，要批判。我家乡有一座煤矿，有一个青年农民，趁天不亮时去矿上偷卖自家产的猪肉。他本来就有点儿心虚，正剁肉时，有人喊：“来人了!”黑灯瞎火，他一刀下去剁在自己手上，剁掉了四个指头。1978年5月，《光明日报》发表《实践是检验真理的唯一标准》，并发起讨论。报上发了一条四指宽的群众来信《是赶集还是撵集》，直指为什么要禁止集市贸易，却引起轰动效应。有的地方还在禁止集市，农民就在扁担上面挂一张《光明日报》。当时人们抢着订《光明日报》。常有人找到记者站，要求走后门订一份报。就是因为上面有关于真理标准讨论和改革开放的文章。可见那时候改革开放的思想是多么得人心。当时我采访了一位青年农民。大队一个养猪场，年年赔钱，他第一个站出来承包，当年就盈利。这篇通讯得了1982年的全国好新闻奖（中国新闻奖的前身）。这个农民当即被破格转为国家干部，并任地区科委副主任，承担一个小区域的治理。

知识分子是“文革”中被打压的主要对象，也是改革开放中翻身最明显的阶层。我们记者站每天来上访的知识分子络绎不绝。我说过去的旧账算也算不清，干脆自己解放自己，就组织了一个“人才开发公司”，提出“像开发矿产那样开发人才”。省政府很支持，立即拨款40万元。《人民日报》《光明日报》同日发表了消息。这是全国第一个这样的公司。许多长期埋没在基层的知识分子精英，包括一些错划右派，都发挥专长，大放异彩。我报道过的在工厂、农村最基层的知识分子中，有四个人当了全国人大代表，还有的当了全国劳模，当了厅级、省部级干部。王森浩同志，当时是山西一个煤矿的矿长，我去采访时，他还戴着安全帽下井干活呢。稿子见报不久，他就被任命为山西省省长，后来又任煤炭部部长。我将这些记录特殊历史时刻的稿件集成一本书《没有新闻的角落》，为历史存照。这本书出版后连续再版十多次。

恩格斯说文艺复兴时期是一个需要巨人并产生了巨人的时代。40年前的1978年和随后的日子是解放思想、不拘一格、大胆用人、大胆改革，产生了巨人和奇迹的时代。

（《北京日报》2018年2月5日）